역사 속 인물과 함께하는 세계기행

세계의 도시를 가다 1

베를린과 파리

역사 속 인물과 함께하는
세 계 기 행
세계의 도시를 가다 1

부산대학교
한국민족문화연구소
로컬리티 교양총서 6

역사 속 인물과 함께
세계를 걸어보자!

베를린과 파리

부산대학교 한국민족문화연구소 엮음

부산대학교출판부

책머리에

우리는 유럽 역사와 문화의 중심도시 베를린과 파리로 떠납니다.

두 도시는 이곳에 살고 있는 사람들의 자존심을 유지시켜 온 찬란한 역사와 문화적 유산을 고스란히 간직하고 있습니다. 뿐만 아니라 유혈 혁명과 식민주의의 잔해, 그리고 인류 역사에 유례없는 총격전과 학살의 경험이 지나간 자리이며 이에 대한 철저한 자기반성이 지금도 진행되고 있는 현장입니다. 하여, 이 도시들을 걷는 것은 단지 죽은 자의 이국적인 유산을 살펴보는 것을 넘어 현재 우리의 삶을 해석하고 미래를 그려보는 데 도움이 됩니다. 유럽 저편 대도시의 과거 목소리는 현재의 우리에게 적지 않은 영감과 창조의 힘을 전해 줄 것입니다.

우리는 두 도시를 세 시기로 나눈 후 하나의 시간씩을 맡아 자신만의 여행 방식으로 도시 곳곳을 걷기로 했습니다. 홀로 걸어도 외롭지는 않을 것입니다. 각 시기를 대표하는 관광지나 건축물을 부지런히 돌아다녀야하기 때문이고, 도시공학을 전공한 공윤경 교수()가 여섯 시기 모두를 바지런히 돌아다니며 여행지에 대한 건축학적 설명을 틈틈이 해주기 때문입니다.

무엇보다도 우리는 이번 여행에서 여행지와 인연이 깊은 역사 속 인물을 안내인으로 초대하여 대화를 나눕니다. 그렇지만 곧 만나게 될 안내인을 차례로 떠올리면서 가벼운 흥분을 느끼는 동시에 은근한 불안 또한 갖게 됩니다. 이곳은 거대하고 세련된 제국의 도시이고 안내인은 이 도시의 사람인 반면, 우리는 피식민지 경험의 아픔을 여전히 기억하고 있는, 그리고 아직도 그 여파 속에서 살아가야 하는 나라의 학자입니다. 우리의 전공 관련 지식 중 아주 많은 부분이 그들에게 빚진 것은 분명하지만, 우리가 제3세계 국가의 지식인임을 잊지 않는 한 그들과의 대화가 마냥 순조로울 수만은 없습니다. 두 도시로 가는 비행기 편이 점점 늘고 인터넷은 그곳을 순식간에 눈앞에 데려다 놓지만, 우리의 일상 삶이 진행되는 '지금 여기'는 결코 베를린과 파리가 아니기 때문입니다.

이 책은 여행서의 일종이지만 여행 관련 정보를 빼곡히 진열해놓은 여행 가이드북도 아니며 여행의 단상을 가볍게 묘사해 놓은 여행 에세이도 아닙니다. 물론 이 책에서 구체적이고 생생한 여행 관련 정보를 얻을 수는 있습니다. 허나 감탄과 선망의 시선이나 신기함에 가득 찬 관광객의 시선으로 도시를 성급히 훑는 대신, 두 도시 지성인과의 (상상력 풍부한 혹은 날선) 대화를 통해 그곳과 인간을 응시하는 데 더 많은 힘을 쏟고 있습니다. 어쩌면 진정 만나게 되는 것은 베를린과 파리 두 도시가 아니라 두 도시를 바라보는 우리의 '장소'인지도 모르겠습니다. 그래서 이 책은 두 도시 안에 들어가서 읽어도 좋고 한국 어느 곳의 의자에 가만히 앉아서 읽어도 좋습니다. 결국 우리는 '우리의 장소에 대한 재인식'이라는 데서 만나게 될 테니까요.

베를린과 파리를 이해하고 우리 자신의 지금 여기와 삶을 되돌아보는 데 도움이 되기를 바라면서, 우리는 여행을 시작합니다.

부산대학교 한국민족문화연구소
HK로컬리티의인문학연구단

목차

베를린 돔

훔볼트 대학

망명의 정원

제1부 베를린

글상자 / 공윤경

제2부 파리

글상자 / 공윤경

베르사유 궁전

에펠탑

퐁피두센터

제1부

베를린

브란덴부르크문

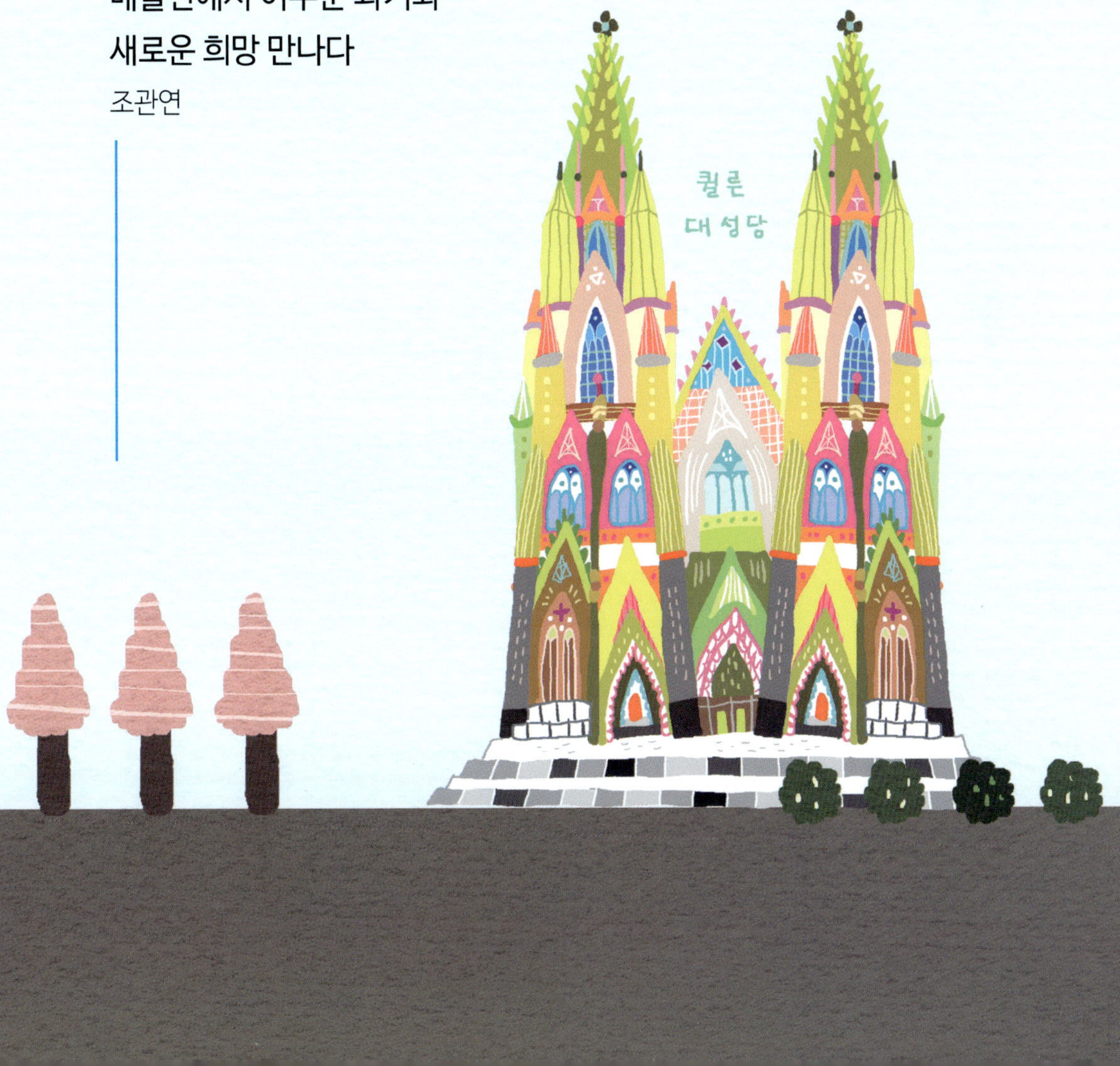
쾰른
대성당

전승기념탑 황금의 엘제를 바라보며 독일제국의 통일을 떠올리다

원윤희

여행지 **카이저 빌헬름 기념교회** Kaiser Wilhelm Gedächtniskirche

안내인 **알베르트 아인슈타인** Albert Einstein, 1879.3.14-1955.4.18

독일 울름 출생. 이론물리학자. 1921년 노벨물리학상 수상.

1920년대에 들어서 세계적인 물리학자로 명성을 얻게 되었으며 특히 그의 특이한 외모 와 체면을 세우지 않는 행동 등은 많은 사람들에게 호감을 주었다. 유대인 출신인 그는 유대민족주의·시오니즘운동의 지지자, 평화주의자로서 활약하였다. 독일에서 히틀러가 정권을 잡고 유대인 추방이 시작되자, 1933년 독일을 떠나 미국의 프린스턴 고등연구소 교수로 취임하였다.

여행지 **전승기념탑** Sieges Säule

안내인 **오토 폰 비스마르크** Otto von Bismarck, 1815. 4. 1-1898. 7. 30

1849년 프로이센 하원의원 선출. 1859년 러시아 주재 프로에센 공사로 임명. 1862년 프로이센 수상 취임. 1871-1890년 독일제국 수상.

빌헬름 1세에 의해 재상으로 임명된 비스마르크는 프로이센 의회에 나가 당시 자유주의적 여론을 정면으로 반박하는 연설을 하였다. "연설과 과반수의 찬성으로 당면한 문제가 해결되지 않습니다. 그것이 1848년과 1849년의 실수였습니다. 문제의 해결은 무엇보다도 '철과 피'를 통해서 가능한 것입니다." 이 유명한 연설이 의미하는 것은 분명하였다. 독일, 당시는 프로이센이 당면한 문제는 자유주의적 이상이 아니라 국가의 힘을 통해 해결된다는 것이었다.

여행지 **샤를로텐부르크성** Schloss Chalottenburg

안내인 **로자 룩셈부르크** Rosa Luxemburg, 1871.3.5-1919.1.15

폴란드 출생. 1917년 스파르타쿠스단 창설. 1919년 독일 공산당 창설. 1898-1914년 독일 사회민주당 당원.

그녀는 20세기 초, 러시아와 독일의 혁명을 주도하며 새로운 자유와 평등 사회를 꿈꾸던 정열의 혁명가이자 마르크스 이래 가장 뛰어난 두뇌의 소유자로 일컬어지던 탁월한 이론가로 순정 사회주의자였다. 1919년 1월 15일 베를린. 150cm가 넘을까 말까 한 신장에 다리가 불편한 한 40대 여인이 군인으로 보이는 사람들에게 둘러싸여 그들이 휘두른 총에 두개골이 으스러지도록 얻어맞고 쓰러졌다. 그리고 그녀의 시신은 그대로 다리 위에서 운하로 버려졌다. 독일의 11월 혁명 정국 속에서 살해당한 이 왜소한 중년 여인은 로자 룩셈부르크였다.

여행지 페르가몬박물관 Pergamonmuseum

안내인 **바실리 칸딘스키** Wassily Kandinsky, 1866.12.16-1944.12.13

러시아 출생. 1922-1933년 독일 바우하우스 교수. 1911년 예술가집단 청기사 결성. 1905년 에스토니아 타르투대학교 교수.

러시아 출신의 화가로 추상 회화의 창시자이다. 모스크바에서 출생, 파리 교외 뇌이 쉬르 센에서 사망했다. 모스크바 대학에서 법률과 국민 경제학을 연구한 후 교수의 초청을 거부하고 1896년 뮌헨으로 이주한 후 슈투크에게 그림을 배웠다. 초기 작품에 유겐트슈틸, 인상주의와 러시아 민예의 영향이 현저하게 나타나 있다. 1914년 러시아로 귀국해 혁명 후 모스크바 미술학교 교수를 지냈다. 1921년 독일에 돌아와 1922-1933년 바우하우스에서 교편을 잡았고, 1933년 파리로 망명했다.

여행지 상수시 궁전 Sanssouci

안내인 **칼 마르크스** Karl Marks, 1818. 5. 5-1883. 3. 14

1835년 본 대학 법학부에 입학. 1836년 베를린훔볼트대학으로 전학. 1846년 엥겔스와 『독일 이데올로기』 집필. 1848년 『공산당선언』 발표. 1864년 국제노동자협회(제1인터내셔널) 참여. 1867 『자본론』 1권 함부르크에서 출판.

마르크스의 삶은 추방의 연속이었다. 1843년 결혼하여 파리로 이주했으나 2년 후 파리에서 추방되어 벨기에 브뤼셀로 이주하였다. 1848 『공산당선언』 발표 후 브뤼셀에서 추방되어 쾰른에서 「신 라인 신문」을 발행했다가 다시 추방되어 런던으로 이주했다. 런던에서 꾸준히 기고활동과 저작활동을 하였으나 1883년 3월 14일 폐종양으로 쓸쓸한 죽음을 맞이하여 하이게이트 공동묘지에 묻혔다.

1월 22일

베를린 중앙역에 밤 9시가 넘어서 도착했다. 여행 계획을 짜며 숙소는 가능하면 중앙역에서 가까운 곳으로 정할 생각이었다. 무거운 가방을 들고 이리저리 지하철을 옮겨 타는 것도 쉽지 않을 것이고, 역에서 걸어가는 거리라 교통도 좋을 것이라 여겼기 때문이다. 중앙역에서 나와 왼쪽 길로 조금 걸어가자 왼쪽 건너편에 대형 슈퍼마켓 알디ALDI가 보였다. 곧 오른쪽에 베를린에서 묵게 될 민박집이 있을 것이다. 밤 9시가 넘은 시간이라 조금 무섭긴 했지만 부지런히 걸어 민박집에 도착했다.

민박집은 중앙역에서 5분 거리에 있었다. 늦은 시간이라 조심스럽게 세수를 하고 이것저것 짐을 풀었다. 혹시 예를 차려야 할 자리에 갈지도 몰라서 모직 코트를 하나 더 챙겨왔는데 그것부터 장롱에 예쁘게 걸어 두었다. 이때만 해도 이 코트를 계절이 세 번이나 바뀌어 다시 겨울이 시작될 무렵 한국에서 받게 될 줄은 상상도 못 하였다. 내일부터는 바쁜 일정이 될 테니 일찍 자는 것이 좋을 것 같았다.

1월 23일

아침 떡국을 먹었다. 새해 첫날 아침 이곳 베를린에서 꼬리곰탕 국물에 끓인 떡국이라니! 민박집 아주머니의 따뜻한 배려에 감사하면서 뜨거운 물이 가득 든 보온병을 받아들고 집을 나섰다. 다시 중앙역으로 가서 베를린에서의 여정을 시작해야 했다.

7년 만에 다시 찾은 베를린은 많이 달라져 있었다. 우선 도착하는 역부터 초역이 아닌 중앙역으로 바뀌었다. 통일되기 전이나 얼마 전까지 독일 여행을 했던 사람들은 모두 초역을 기억하고 있을 것이다. 근처에 동물원이 있어서 동물이라는 뜻을 가진 초Zoo를 역 이름으로 쓴 곳이었다. 우리말로는 동물원역이었다. 하지만 2011년 중앙역이 완성되면서 이제 거의 많은 유럽 도시 간의 열차들이 중앙역에서 출발하고 도착한다.

중앙역에 도착하자마자 우선 안내 창구를 찾아갔다. 베를린 웰컴 카드를 사기 위해서였다. 3일권 교통카드를 살까 고민하다 박물관 몇 군데도 가야 하니 할인받는 것을 생각하면 오히려 그것이 나을 것 같았다.

오늘은 카이저 빌헬름 기념교회와 전승기념탑Sieges Säule을 둘러볼 생각이다. 베를린에 오기 전 미리 시내 투어를 위한 가이드 신청을 해두었기 때문에 그곳까지만 찾아가면 제대로 된 설명을 들을 수 있을 것이라는 기대감이 앞섰다.

중앙역에서 나와 205번 버스를 타고 초역으로 향했다. 중앙역에서 지하철을 탈

카이저 빌헬름 기념교회 Kaiser Wilhelm Gedächtniskirche

독일의 첫 번째 황제였던 빌헬름 1세를 기념하기 위해 1891년부터 1895년까지 슈베크텐Franz Schwechten의 설계로 지어진 신로마네스크 양식의 건축물이다. 118m 높이의 주탑과 이를 보위하는 5개의 작은 탑 그리고 2,000명을 수용할 수 있는 중앙홀이 있었으며 예전에는 서베를린의 상징이기도 했다. 제2차 세계대전 당시 1943년 연합군의 공습으로 심각하게 붕괴되어 교회의 2/3이 파괴되고 5개의 탑 중에서 겨우 한 개의 탑과 입구의 회랑 정도만 남게 되었다. 지금 교회의 내부는 간단한 박물관 형식으로 꾸며져 있다.

그 옆으로 1961년 지은 8각형의 교회와 52m 높이의 6각형 종탑이 있다. 이 두 건물은 건축가 아이어만Egon Eierman에 의해 설계되었는데 전쟁의 잔해인 카이저 빌헬름 기념교회와 현대식 건물을 파괴와 건축의 미학으로 정교하게 결합시켜 베를린의 상징물로 만들었다는 찬사를 받았다. 콘크리트로 지은 교회는 벌집 모양의 유리로 둘러싸여 있는데 이 유리벽은 2.7m의 간격을 두고 이중으로 처리되어 대도시의 소음은 사라지고 내부에는 완전한 침묵만이 존재한다. 건물 전체를 빛나게 하는 내부의 푸른 스테인드글라스는 프랑스 유리공예가 루아르Gabriel Loire가 샤르트르 대성당을 전형으로 만들었다. 종탑에는 빌헬름 1세의 증손인 페르디난드Louis Ferdinand가 만든 종이 설치되어 매시간 울린다.

수 있었지만 버스를 타는 것이 시내를 볼 수 있어서 더 좋을 것 같았다. 다시 역사 앞으로 나와 버스를 타고 민박집 앞을 지나 초역으로 갔다. 초역 앞은 중앙역과 달리 노숙자들이 많이 보였다. 지금까지 느끼지 못했던 이상한 냄새도 나고 쓰레기도 이리저리 굴러다녔다. 지금까지 독일에서 느낄 수 없었던 지저분함이었다. 괜히 어깨에 멘 가방을 손으로 잡아당기게 되었다. 그때 아기를 업고 꼬마 아이 손을 잡은 한 아랍계 여자가 "잉글리시? 잉글리시?"라고 말하며 내게 쪽지를 내밀었다. 나 같은 외국인에게도 길을 묻나 싶어서 쪽지를 유심히 보니 거기엔 "영어 할 줄 아세요? 저는 아이들과 함께 힘들게 살아가는…… 도움을 부탁드립니다." 라고 적혀 있었다. 어떻게 해야 할까 망설이다 1유로를 건네주었다. 그녀는 아이와 함께 연신 고맙다는 말을 하며 저쪽으로 사라졌다.

초역에서 멀지 않은 곳에 카이저 빌헬름 교회가 있는데 아무리 둘러보아도 부서진 교회의 모습이 보이지 않았다. 교회 앞에서 가이드해주시는 분을 만나기로 했는데 이것 참 큰일 났다. 벌집 모양의 저 건물이 맞는데……. 그런데 부서진 교회는 어디 갔지? 가이드는 어디 있는 거야? 한참을 주변을 서성이고 있으려니 50대로 보이는 남자가 내게 말을 걸었다. 낡은 코트를 입고 있는 그는 콧수염에 사자처럼 날리는 머리 모양을 하고 있었다.

"혹시 한국에서 오셨습니까? 카이저 빌헬름 교회 안내 신청하셨지요?"
"아, 네. 저…… 원윤희예요."

그는 자신을 알베르트라고 소개하였다.

벌집 모양의 신 카이저 빌헬름 교회 종탑과 흰 패널에 둘러싸인 구 카이저 빌헬름 기념교회(왼쪽 ©원윤희)와 신 카이저 빌헬름 옆에 있는 카이저 빌헬름 교회의 원형(오른쪽, https://de.wikipedia.org)

"여기가 카이저 빌헬름 교회가 맞아요? 부서진 흔적이 안 보여서……."

"네, 맞습니다. 지금 보수공사 중이에요. 흰 패널 사이를 자세히 보시면 교회의 외벽이 조금 보일 겁니다."라고 그는 웃으며 말했다.

부서진 교회의 모습을 보기 위해 여기까지 찾아 왔는데 그걸 못 보다니! 이렇게 아쉬울 때가 있을까? 그는 교회 안으로 들어가자며 벌집 모양의 건물과 흰 패널로 덮인 건물 사이로 나를 안내했다. 먼저 벌집 모양의 새 교회 안으로 들어갔다. 그는 무심한 듯 말했다.

"이곳은 1961년 새로 지었습니다. 옆의 부서진 건물은 1943년 폭격으로 저렇게 되었죠. 교회의 지붕이 부서져 삐죽삐죽한데 어떤 사람들은 썩은 이빨이라고 하고 어떤 사람들은 텅 빈 이빨이라고 부릅니다."

신 카이저 빌헬름 기념교회의 푸른 스테인드글라스와 예수상(위), 교회 입구에 붙어 있는 기부 안내문(아래) ©원윤희

새로 지은 교회는 벽면이 아름다운 파란색 스테인드글라스로 되어 있었고, 정중앙에는 예수님 상이 걸려 있었다. 왠지 교회 전체를 압도하는 푸른색은 신비롭고 몽환적인 분위기였다. 누군가 연주하는 파이프오르간 소리가 마치 전쟁의 참상과 평화의 소중함을 잊지 말라는 당부처럼 장엄하고 웅장하게 울려 퍼졌다. 경건한 마음으로 사색에 잠기게 하는 힘을 느낄 수 있었다. 잠시 조용히 앉아 오랜만에 느끼는 편안함을 한껏 즐겼다.

맞은편에 있는 구교회로 가기 위해 입구로 나오니 들어갈 때 보지 못했던 표지판이 눈에 띄었다. '당신을 위한 사과 하나가 있습니다. 교회를 위해 1유로를. 감사합니다!'라고 쓰여 있었다. 그 아래는 작은 사과가 여러 개 놓여 있었다. 우리나라 사과보다 참 작다고 생각하며 사과 하나를 집어 들고 1유로를 함에 넣었다.

신교회를 나와 구교회로 들어가기 전 그에게 물었다.

"다른 명소들은 모두 복원되었잖아요? 그런데 이곳은 왜 그대로 둔 거죠?"

"후대 사람들에게 알리기 위해서죠. 전쟁이 얼마나 비참하고 잔인한 것인지 알리려는 겁니다. 독일은 전쟁을 일으킨 당사자예요. 후손들이 이것을 보며 옛날 우리 조상들은 전쟁이라는 아무짝에도 쓸모없는 행위를 했었구나 하고 생각하라는 것입니다."

"그렇군요. 일본 히로시마에도 원자폭탄이 터졌을 때 유일하게 무너지지 않고 남아 있던 건물이 그대로 보존되어 있대요. 일본 사람들은 원폭돔이라고 부른다더군요. 1945년 8월 6일 오전 8시 15분에 원자폭탄이 투하되었고 건물 안에 8시 15분에 멈춘 시계가 그대로 걸려 있다고 했어요. 저도 아직 가보지는 않았어요."

"멈춘 시계라……. 그곳은 시간이 멈춘 곳이군요. 시간은 상대적이에요. 물리적으로는 동일한 시간이라도 사랑하는 연인과 보내는 1시간은 1분처럼 지나가지만, 뜨거운 숯 위에 있는 사람에게는 1분이 1시간 같이 느껴지니까요." 시간의 상대성에 대한 말을 듣자 상대성 이론을 주장한 아인슈타인이 떠올랐다.

"2차대전 당시 미국으로 망명한 아인슈타인이 원자폭탄의 개발을 적극 권했다는데, 아인슈타인은 세기의 영웅이지만 한편으로는 그의 이론이 세기의 비극을 불러일으키기도 했네요."

"제 생각은 다릅니다. 그것도 상대적이라고 해야겠네요. 아인슈타인은 평화주의자였어요. 1914년부터 베를린의 모든 지식인들이 독일 군대와 그 지휘자들을 지지하는 탄원서에 서명을 하고 있을 때, 그는 '유럽인들에게 보내는 호소문'을 작성하여 고삐 풀려 미쳐 날뛰는 민족주의자들의 광분을 끝내자고 촉구했습니다. 물론 그 일은 실패로 끝났지만요. 아인슈타인은 독일이 원자폭탄을 먼저 만들면 이 세계가 더 큰 위험에 빠질 거로 생각했던 겁니다."

우리는 신교회와 구교회 사이에 서서 갑자기 아인슈타인과 원자폭탄의 관계에 대해 토론을 벌이게 되었다. 알베르트 씨의 말에 따르면 아인슈타인은 진정으로 과학이 인류의 평화에 공헌하길 바랐다고 한다. 알베르트 씨는 자신이 갑자기 흥분했었다고 생각했는지 숨을 한번 깊게 내쉬고는 구교회로 나를 안내했다.

폭격을 맞은 구교회는 일부분만 볼 수 있었다. 아니, 현관만 볼 수 있었다는 것이 더 맞는 말이다. 거의 로비 같은 현관에 몇 가지 유물이 전시되어 있었다. 우리 외에도 단체 관람객들이 있었고 벌써 젊은 여성 해설사 한 명이 카이저 빌헬름 교회에 대한 설명을 하고 있었다. 알베르트 씨도 갑자기 자신의 본분이 생각났는지 설명을 시작했다.

"이 교회는 빌헬름 2세가 자기 할아버지인 빌헬름 1세를 기념하기 위해 지은 교회예요. 제가 말했던가요?" 나는 살짝 웃으며 "아뇨"라고 대답했다. 그는 이어서 "여기 천장을 보세요. 완벽하지는 않지만 얼마나 화려했었는지 짐작할 수 있겠지요? 천사 두 명이 황제 빌헬름 1세라고 적힌 판을 들고 있어요. 여기 벽면에는 빌헬름 1세의 모습이 보이네요."

좁은 공간이었지만 복원해 놓은 모자이크와 벽면을 볼 수 있었다. 한쪽에는 신용카드나 휴대폰 번호로 교회의 유지와 복구를 위해 후원을 할 수 있는 장치가 있었다. 독일 통일을 이룩한 빌헬름 1세가 하늘에서 보고 있다면 어떤 생각이 들까? 지금은 통일이 되었지만 2차대전 이후 분단된 독일을 보며 비통한 눈물을 흘리지는 않았을까? 빌헬름 1세와 비스마르크는 독일의 부국강병과 평화적인 외교관계를 주장했었고, 손자인 빌헬름 2세는 아프리카와 터키까지 힘을 뻗쳐 식민지를 갖기를 원했다. 나는 알베르트 씨를 돌아보며 물어보았다.

"아인슈타인은 빌헬름 2세가 황제로 있던 베를린에서 대학교수로 있었어요. 아까 말씀으로는 평화를 위한 호소문도 만들었다면서요? 그럼 평화주의자로서 아인슈타인은 물리학 연구 외에 정치에도 관심이 많았나 봐요?"
"아인슈타인은 정의감이 있었습니다. 그는 유럽 여러 나라들이 독일 과학계에 대해 거부감을 갖자 거기에 맞서 적극적으로 싸웠습니다. 또한 독일의 잘못도 과감히 폭로했어요. 프랑스군이 1923년 루르지방을 점령했을 때는 항의의 의미로 국제지식인 협력위원회도 그만뒀습니다. 당시에는 나름대로 정의감에 근거한 행동들이었어요." 그는 계속해서 말했다.

"그는 병역 거부에 대한 지지활동도 했습니다. 힘으로 모든 것을 해결하려는 군국주의에 반기를 든 것이지요. 그는 오직 스스로 병역 의무를 거부할 용기를 가진 사람들만이 세계를 점진적으로 전쟁의 재난으로부터 건져낼 수 있다고 생각했어요."
"그럼 아인슈타인도 병역을 거부했나요?"
"그는 스위스 국적을 가지고 있어서 군대에 갈 필요가 없었습니다. 그리고 병역 거부 지지를 할 때는 이미 군대 갈 나이가 아니었지요."
"아인슈타인이 유대인이어서 점점 베를린에 살기 힘들었겠어요."
"아인슈타인이 유대인이라는 것은 덮을 수 없는 사실이지요. 그 때문에 그는 이중으로 고통을 당했습니다. 프랑스 사람들은 그가 독일 과학자라서 그를 싫어했고, 독일에서는 나치 정부가 들어선 이후 그가 유대인이라는 이유로 시민권을 박탈했습니다. 그는 미국에 정착할 수밖에 없었습니다."
"그럼 독일에 대한 미움이 점점 커졌겠네요."
"독일에 대한 미움이 아니라 나치 정권에 대한 증오라고 해야겠지요. 병역 의무에 대한 그의 견해도 히틀러가 집권하면서 마음을 바꾸게 되었어요. 벨기에에서 병역을 거부한 젊은 청년에게 지금 상황이라면 자신도 군대에 가겠다고 하는 편지를 보냈답니다. 그래서 그 청년은 아인슈타인에게 아주 실망을 했다는군요. 하지만 전 아인슈타인의 의견에 찬성합니다."
"아인슈타인도 좀 이중적이었네요. 상황에 따라 말을 바꾼 게 되니까요."
"아닙니다. 상대적인 거죠. 히틀러가 장악한 유럽을 상상해보세요. 생각만 해도 끔찍하지 않으세요?"라고 말한 후 벽에 부조되어 있는 빌헬름 황제로 눈을 돌렸다.
나는 어깨를 움찔하고는 몇 개 남지 않은 기념물들을 둘러보았다. 그런데 이 교회는 어떻게 보수를 한다는 걸까? 혹시 몇 년 후에는 완전히 복원된 모습으로 나타나는 걸까? 베를린에 다시 와서 카이저 빌헬름 교회가 어떤 모습을 하고 있을지 보고 싶다는 생각이 들었다. 교회 앞 광장에 서서 알베르트 씨는 상대성에 대해 다시 한번 이야기했다.

"전 우주를 지배하는 보편적인 법칙은 존재합니다. 그러나 우리가 관찰한 우주의 모습은 우리의 입장에 따라 달라집니다. 장님이 코끼리를 묘사하는 이야기 들어 보셨죠? 진리는 보편적이고 절대적이지만 그것을 관찰하는 우리의 인식에는 한계가 있습니다. 따라서 우리는 우리가 관찰한 것이 유일한 진리라고 주장할 수 있습니다. 오늘 본 카이저 빌헬름 교회에 대한 견해도 원윤희 씨만이 생각하는 상대적인 것이 있을 겁니다. 그럼 좋은 여행 되세요."라고 말한 후 자리를 뜨려는 그에게 나도 감사 인사를 드렸다.

점심은 유로파센터 지하에서 커리 부르스트를 먹었다. 베를린에 오면 커리 부

길 건너편에서 바라본 전승기념탑 ©원윤희

르스트를 먹어야 한다는데……. 헬무트 슈미트 전 수상이 자주 갔다는 옛 동독 지역의 크노프케 커리 부르스트 가게에는 못 가더라도 커리 부르스트는 먹어보고 싶었다. 커다란 소시지에 토마토케첩과 비슷한 소스를 뿌리고 그 위에 카레 가루를 뿌리면 완성되는 만인의 간식! 거기에 감자튀김이나 빵을 곁들이면 한 끼 식사로도 충분하다. 가격도 맥도날드 햄버거보다 싸기 때문에 손쉽게 먹을 수 있는 메뉴이다.

유로파센터를 둘러 볼 계획은 없었지만 20층 전망대가 멋있다는 여행 책자의 안내문구가 생각났다. 여기까지 왔으니 한번 올라갔다 와야겠다는 생각에 엘리베이터를 찾았다. 엘리베이터를 타기 위해서는 경비원이 지키고 있는 문을 통과해야 했다. 올라가고 싶다고 말하자 문을 열어주었다. 엘리베이터를 타고 올라갔지만 20층 전망대는 보이지 않았다. 사람들도 없었고, 여러 개의 문만 보였다. 문 하나를 열고 들어가자 술집이었다. 아직 영업을 시작하지 않았다고 한다. 멋쩍어하며 알겠다고 말하고 나왔는데 이제는 엘리베이터로 연결되는 문이 열리지 않았다. 열고 들어올 수는 있지만 나갈 수는 없는 문이었다 전망은 좋았지만, 그걸 즐길 여유는 없었다. 어쩔 수 없이 다시 그 술집 문을 두드리고 사정 얘기를 했더니 잘생긴 독일인 청년이 안으로 들어오란다. 그리고는 술집에서 바로 연결되는 엘리베이터로 1층까지 데려다 주었다. 이번에는 내가 고맙다는 말을 연신 하며 무사히 1층으로 내려왔다. 도대체 20층 전망대는 어떻게 가는 거지? 다음 약속만 없었다면 다시 도전해 보았을 텐데 아쉬움을 뒤로 하며 전승기념탑으로 향했다.

베를린 웰컴 카드가 있으니까 무조건 버스나 트램

베를린 전승기념탑 Berliner Siegessäule

티어가르텐Tiergarten의 정중앙이자 방사형 도로의 한가운데 위치하고 있는 전승기념탑은 여신상을 포함하여 총 높이 67m이며 황금과 유리 모자이크 등으로 탑 전체를 화려하게 치장하고 있다. 1873년 슈트라크스Heinrich Stracks의 설계로 완성되었다. 탑의 꼭대기에 있는 승리의 여신상은 드라케Friedrich Drake가 조각한 것으로 8.3m 높이에 무게는 35톤에 달한다. 기둥의 유리 모자이크는 폰 베르너Anton von Werner가 디자인하였다.

탑은 네 부분의 사암 블록으로 되어 있는데 세 부분은 각각 세 개의 전쟁에서 승리한 것을 기념하는 것이며 네 번째 부분은 1938년 히틀러가 오스트리아를 함락한 기념으로 금으로 장식하였다.

을 타기로 했다. 유로파센터 바로 옆에 100번 버스 정류소가 있었다. 100번 버스를 타고 어디서 내릴까 고민하고 있는데 멀리서부터 전승기념탑이 보이더니 점점 가까워지고 있었다. 바로 옆에 전승기념탑이 있을 때 급하게 벨을 누르고 버스에서 내렸다. 정류소 이름이 '그로써 슈테른' 우리말로 '큰 별'이었다. 우리나라 지명도 '양수리, 세곡'처럼 한자어를 풀이하면 '두물머리, 가느실'처럼 재미있는 표현들이 있지만, 독일의 지명도 참 재미있는 것이 많다는 생각이 들었다. 얼마 전에는 '타우벤펠트', 즉 '비둘기 벌판'이라는 지명도 봤었는데 어디서 봤었는지 기억이 나지 않는다. 만하임이었던가…….
그런데 이번엔 어떤 가이드가 나왔을까? 조금 기대가 되었다. 전승기념탑 앞에서 보기로 했으니까 빨리 길을 건너가야 했다. 그런데 사방이 도로인데 건널목은 보이지 않았다. 표지판을 보니 지하 통로를 통해 건너가게 되어 있었다. 지하 통로로 내려가는 길은 조금 음침해 보였다. 한참을 걸어가자 아래에서부터 조금씩 전승기념탑의 원통형 탑이 보이기 시작했다.
계단을 하나씩 올라갈 때마다 탑의 마디가 조금씩 더 가까이 다가왔다. 계단을 모두 올라가자 비가 내리기 시작했다. 오전부터 날씨가 흐렸는데 드디어 검은 하늘에서 차가운 겨울비가 쏟아졌다. 온전히 비만 오는 것은 아니었다. 진눈깨비가 섞인 비로 눈앞이 뿌옇게 흐려졌다. 가이드는 어디에 있을까? 갑자기 쏟아진 비에 모두 입구 안쪽에 가까이 붙어 서 있었다. 중년 여성이 한 명, 대학생으로 보이는 남녀 커플, 양복을 입은 중년 남성도 있었다. 아마도 출장 왔다 잠시 들른 것처럼 보였다. 백발에 키가 190cm는 되어 보이는 할아버지 한 분도 계셨다. 나는 혼자 있는 중년 여성 쪽으로 다가갔다. 그런데 그녀에게 달려오는 여자아이가 보였다. 딸인 것 같았다. 그럼 누구지? 한쪽에 꼿꼿하게 서 계시던 할아버지 쪽으로 눈을 돌리자 조용히 미소를 지어 보이신다. 저 할아버지? 순간 조금 멈칫거렸다. 전승기념탑은 계단이 이백 개가 넘는다고 들었는데 괜찮으실까 하는 걱정이 되었다.

"반갑습니다. 오토라고 합니다."

힘 있는 목소리로 먼저 인사를 건네시고는 앞장서 걸어가신다. 나는 그 뒤를 조용히 따라갔다.

"이 탑은 프로이센이 세 번의 전쟁에서 승리한 기념으로 지어진 겁니다. 첫 번째는 1864년 덴마크와의 전쟁에서 승리한 것을 의미하고, 두 번째는 1866년 오스트리아를 이겼을 때, 그리고 마지막으로 1870년에서 1871년 사이에 있었던 프랑스와의 전쟁에서 승리한 것을 기념하는 것이지요."

나는 고개를 끄덕였다.

"1864년부터 지어져서 1873년에 완공되었을 때는 국회의사당 앞에 있었어요. 이쪽으로 옮긴 건 나치 정부였어요. 1938년 나치 정부에 의해 탑의 높이가 한 단 더 높아져서 지금의 자리로 옮겨졌답니다. 탑의 받침대는 붉은 화강암으로 되어 있고, 원통형 탑은 4개의 사암 기둥으로 되어 있지요."

비가 내렸지만 모자를 쓰고 탑을 받치고 있는 화강암 받침대의 네 개의 부조를 살펴보았다. 전쟁의 승리를 나타내는 그림들이 있었다. 비를 피하려고 빨리 탑 안으로 들어갔다. 탑의 받침대인 중간 전망대로 가기 전에 전승기념탑의 박물관이 있었다. 안으로 들어서자 좀 전에 오토 할아버지께서 말씀하신 탑의 역사가 기록되어 있었다. 그리고 미니어처 전시장에 온 것처럼 온갖 세계의 여러 유명한 건물들이 전시되어 있었다. 순간 이게 뭔가 하는 의구심이 들었다. 자유의 여신상, 이집트의 피라미드, 피사의 사탑, 이런 것들이 왜 여기 있지? 오토 할아버지를 바라보자,

"여기 전승기념탑이 독일 베를린의 상징인 것처럼 세계 각국의 상징이 되는 것들을 모아놓은 겁니다."라고 말했지만 왠지 궁색한 변명처럼 들렸다.

박물관을 둘러본 후 화강암 받침대 위로 나갈 수 있었다. 그곳 벽면엔 황제의 대관식이 화려하게 모자이크되어 있었다. 흰색 제복을 입은 비스마르크의 모습도 보였다. 난 아까부터 궁금했던 것을 물었다. "아까 버스 정류장 근처에 비스마르크 동상이 있었어요. 몰트케와 론 장군 동상도 있었고요. 이곳은 1871년 당시의 독일 제국의 영광을 되살린 곳 같아요. 그런데 나치 정부가 전승기념탑을 옮기며 세 단으로 되어 있던 탑의 높이를 하나 더 높인 것은 비스마르크의 독일 통일과 나치 정부의 독일 통일을 동일선상에 둔 걸까요?"

오토 할아버지는 잠시 말이 없었다.

“비스마르크는 연설과 다수결이 아니라 철과 피로 독일을 통일할 수 있다고 했어요. 히틀러도 그렇게 생각했던 것 같아요.”

나는 덧붙여서 말했다.

“비스마르크와 히틀러는 다릅니다. 절대 같을 수가 없어요. 비스마르크는 철과 피로 독일을 통일했지만 이후엔 평화를 추구한 사람이에요. 대독일이 아니라 소독일의 통일을 바랐던 거예요. 독일이 통일된 후 그는 유럽의 평화를 위해 애썼어요. 하지만 히틀러는 다르죠. 그는 독일을 넘어 유럽으로 세계로 뻗어가는 대독일을 원했어요.”

우리는 다시 안으로 들어가 탑의 위, 승리의 여신 바로 아래에 있는 전망대까지 올라가기로 했다.

“탑으로 올라가는 계단이 285개입니다. 올라가는 중간에 잠깐 쉴 수 있는 의자가 있으니까 힘들면 쉬었다 가면 됩니다.”

오토 할아버지는 오히려 나를 걱정하며 말씀하셨다.

“탑 위에 있는 승리의 여신은 빅토리아입니다. 베를린 사람들은 ‘황금의 엘제’라고 불러요.”
“네. 베를린 천사의 시라는 영화에서 주인공 다미엘이 빅토리아 여신의 어깨 위에 앉아 있던 장면이 생각나네요.”

계단을 올라갈수록 대화를 계속하기가 힘들었다.
첫 번째 의자를 발견했을 때 우린 나란히 앉아서 잠깐 쉬었다. 오토 할아버지는 비스마르크의 외교적 자질에 대해 좀 더 이야기했다.

“비스마르크는 1949년 정치에 입문한 후 거의 10년 이상을 대사로 활동했습니다. 1862년에는 프랑스 주재 프로이센 공사로 근무했습니다. 근무 기간은 채 1년도 되지 않았지만, 이 시기 그는 나폴레옹 3세의 정책에 대해 깊은 관심을 보였어요. 여기서 그는 외교적 업적을 통해 국내 문제를 해결하려는 나폴레옹 3세의 정책 운영과정을 세밀히 관찰해 향후 자신의 정책에도 활용하겠다는 생각을 하게 되었습니다. 그는 1871년 독일이 통일된 후 영국, 러시아, 오스트리아와의 관계 유지를 위해 온갖 외교적 방법을 모두 동원했어요. 그 결과 유럽에는 거의 30년 동안 평화가 유지되었지요."

오토 할아버지는 부드러우면서도 단호하게 말했다.

"그런 이야기를 저도 듣긴 했어요. 하지만 철과 피로 시작된 독일 통일이니 결국 철과 피로 다시 분열된 게 아닐까요?"

내 물음엔 대답도 없이 오토 할아버지는 다시 앞장서 올라가기 시작했다. 허리를 꼿꼿하게 세운 장신의 할아버지는 나보다 훨씬 잘 올라가시는 것 같았다. 두 번째 의자를 발견했을 때는 숨을 거세게 몰아쉬며 올라가던 중이었다. 그런데 위로 올라갈수록 탑의 폭이 좁아지면서 계단도 좁아졌고 의자 크기도 작아졌다. 이번 의자는 두 명이 앉기엔 좁은 1.5인용 의자였다. 오토 할아버지는 내게 앉으라고 권하셨다. 그래도 그럴 수는 없었다. 70대 할아버지를 두고 어떻게 앉는단 말인가? 난 벽에 기대어 숨을 골랐다. 겨울이라 그런지 탑을 찾는 사람은 거의 없었다. 그래서 편하게 쉴 수 있었다.
오토 할아버지는 첫 번째 의자에서 내가 했던 질문에 대해 이야기하기 시작했다.

"그렇죠. 결국 독일은 빌헬름 2세가 즉위하고 밖으로 영토 확장을 꾀하다 결국 1차 세계대전에서 패하게 됩니다. 하지만 비스마르크가 재상 직을 그만두지 않았다면 어떻게 됐을까요? 아마 빌헬름 2세가 아프리카에 식민지를 개척하는 걸 두고만 보지는 않았을 거예요. 그는 평화를 원했던 사람이에요."
"그렇죠. 빌헬름 2세와 비스마르크가 사이가 좋았다면 독일이 어떻게 달라졌을지는 모를 일이에요."

이번엔 내가 먼저 걸어 올라가기 시작했다. 탑의 폭은 점점 작아지고 있었다. 마

승리의 여신 빅토리아

침내 세 번째로 쉴 수 있는 의자를 봤을 때는 한 사람이 겨우 앉을 수 있는 크기였다. 난 잠시 앉아 있다가 오토 할아버지가 올라오시자 자리를 비켜드렸다. 우리는 곧 승리의 여신 바로 밑에 있는 전망대에 도착했다. 힘들게 올라온 보람이 있었다. 황금 빅토리아 여신 아래에서 바라보는 베를린의 모습은 정말 멋있었다. 전승기념탑을 중심으로 길은 다섯 갈래로 나뉘어 있었다. 저 멀리 브란덴부르크 문이 마주 보였다. 시원하게 뚫린 도로와 양옆의 티어가르텐이 한눈에 들어왔다. 가슴이 뻥 뚫리는 기분이었다. 정말 올라와 보길 잘했다는 생각이 들었다. 아래에서 바라본 승리의 여신은 손에 잡힐 듯 황금빛으로 빛나는 치맛자락을 흩날리고 있었다.

"융에 프라우! 정말 운이 좋습니다. 이 탑은 2010년과 2011년 사이 보수를 했습니다. 400만 유로를 들여 황금빛을 다시 입혔어요. 2011년 5월에 다시 이 모습을 볼 수 있었답니다. 조금만 일찍 왔어도 이렇게 반짝이는 엘제를 볼 수 없었을 거예요."

오토 할아버지도 감회가 새로운 듯 말을 이었다.

"이 탑은 예전엔 통일의 상징이었어요. 하지만 이젠 축제의 상징이며 화합의 상징이에요. 2006년 월드컵 땐 이곳에 끝이 안 보일 정도로 사람들이 몰려들었어요. 2008년엔 미국의 버락 오바마 대통령이 이 탑 앞에서 연설을 했죠. 그 뒤로 이곳은 세계적인 명소가 되었어요."

전승기념탑 건너편에 있는 비스마르크 동상 ©원윤희

나는 여전히 비가 내리고 있는 전승기념탑의 아래를 내려다보았다. 비에 젖은 비스마르크의 동상이 눈에 들어왔다. 해가 지기 전에 브란덴부르크 문에 들렀다 민박집으로 돌아가야겠다는 생각이 들었다. 우린 서둘러 내려왔다. 나선형 계단을 내려오려니 멀미가 날 것 같았지만 올라갈 때보다는 훨씬 수월했다. 세 번의 쉼터에서 쉬지도 않고 곧장 아래로 내려와 다시 아래 받침대 위에서 잠시 머물렀다. 그냥 탑을 떠나기에는 아쉬움이 남았다.

위에서 바라보던 비스마르크 동상이 한결 가깝게 보였다. 그 옆으로 몰트케와 론 장군의 동상도 보였다. 오토 할아버지는 1871년 당시의 통일된 독일을 떠올리는 듯 그윽한 눈길로 세 명의 동상을 바라보고 있었다. 나는 그곳에서 오토 할아버지와 작별 인사를 나누었다.

탑 위에서 바라본 브란덴부르크 문은 가까워 보였지만 실제로 걷기엔 가까운 거리가 아니었다. 날씨가 좋으면 티어가르텐을 가로질러 산책하는 기분으로 가겠지만 이럴 때 유용하게 쓰이는 것이 베를린 웰컴 카드이다. 가까운 거리도 무조건 버스를 타겠다는 생각을 그대로 실행에 옮겼다. 다시 100번을 타고 국회의사당 앞에서 내렸다. 국회 의사당 앞에는 컨테이너 박스 같은 관람객 대기 장소가 있었다. 혹시 들어갈 수 있냐고 물었더니 인터넷으로 예약을 해야 한단다. 예전에는 그냥 줄 서서 들어갔었는데……. 하긴 벌써 7년 전이니 들어가는 방법이 바뀌었을 수도 있겠다고 생각하며 브란덴부르크 문으로 발걸음을 옮겼다.

브란덴부르크 문 앞에서 사진도 몇 장 찍고, 그 근처에 있는 기념품 가게에서 몇 가지 기념품도 샀다. 특히 예전부터 사고 싶었던 동독 시절의 신호등 표시인 암펠만 열쇠고리와 빵틀을 사서 민박집으로 향했다. 사실 걸어도 되는 가까운 거리였지만 이번에도 어김없이 최소한의 걷기를 위해 국회의사당에서 중앙역으로 가는 지하철을 탔다. 이 노선은 국회의사당에서 중앙역까지만 운행하는 셔틀버스 같은 지하철이었다. 중앙역에 내려 민박집으로 가다가 알디에 들러 귤을 한 망 샀는데 가격이 1유로도 되지 않았다. 8개 들어 있었는데 한국 돈으로 1,500원도 안 된다는 말이다. 정말 싼 가격에 맛있는 귤을 먹을 수 있어 기분이 좋았다. 많이 걷지도 않아 발도 별로 피곤하지 않았다. 자려고 누우니 오늘 만난 두 명의 가이드 얼굴이 번갈아 떠올랐다.

1월 24일

아침으로 꼬리곰탕을 든든히 먹고 오늘도 역시 보온병에 물을 가득 채워 민박집을 나섰다. 독일의 날씨는 언제나 종잡을 수가 없었다. 언제 비가 뿌릴지 몰라 항상 우산을 가지고 다녔지만 나중에는 우산 쓰는 것도 귀찮아서 그냥 오리털 점퍼의 모자를 푹 눌러 쓰고 다녔다. 오늘은 오전에는 샤를로텐 부르크 성에 가고 오후에는 페레가몬 박물관에 갈 계획이었다.

민박집 앞에서 먼저 245번 버스를 탔다. 지도를 보니 환승을 해야 했다. 리하르트 바그너 플라츠Richard-Wagner Platz에서 내려 M45번으로 갈아타고 샤를로텐부르크 성 앞까지 갔다. 지하철이나 에스반(국철)보다는 버스가 훨씬 좋았다. 특히 버스의 2층에 앉으면 시내를 볼 수 있어 답답하지도 않고 예기치 않게 멋진 건물이나 경치도 볼 수 있으니 말이다.
정류소에 도착하자 키가 자그마한 30대 여성이 기다리고 있었다. 독일 여자들이 대부분 큰 키인데 반해서 150cm 정도밖에 되어 보이지 않아 내심 놀랐다. 그녀는 로자라고 자신을 소개했다. 이름을 들으며 장미향이 살풋 느껴진 건 나만의 착각이었을까? 그녀가 걸음을 떼는 순간 나는 다시 한번 놀랐다. 한쪽 다리를 약간 절고 있었다. 샤를로텐부르크 성은 가까이 있었지만 우린 천천히 걸어 성 입구에 다다랐다. 성의 입구에는 옛 프로이센의 귀족 복장을 한 남녀가 서 있었다. 처음엔 성을 안내하거나 홍보하는 사람일 거로 생각했었는데 이곳에서 공연하는 오페라를 홍보하기 위해 나온 배우들이었다. 시간이 있으면 오페라도 보면 좋으련만 그럴 시간이 없다는 것이 아쉬웠다.

"이 문은 남쪽 정문이에요."라고 로자가 말했다.

샤를로텐 부르크 성의 남쪽 정문 앞에서 ©원윤희

정문 양쪽 위에 방패를 든 흰색 동상이 마주 보고 있었다. 크지 않은 안쪽 광장에는 빌헬름 2세의 동상이 서 있었다. 오른쪽으로 티켓을 살 수 있는 입구가 보였다. 성 안의 사진을 찍으려면 티켓 외에도 놀이공원의 자유이용권처럼 생긴 자주색 띠를 사야 했다. 3유로를 주고 사진 허가증을 사고 티켓도 베를린 웰컴카드 덕에 할인을 받았다. 오디오 가이드는 무료로 원하는 사람들에게 나누어 주었다. 안내인이 같이 다니기는 했지만 설명은 해주지 않았고 관람객들을 일정 시간 안내하는 역할을 하였다. 어떤 중국인 관광객이 카페트 옆 나무 바닥을 밟자 주의를 주기도 하였다.
제일 먼저 들어간 곳은 거울의 방이었다. 정원 쪽으로 난 창문을 제외하면 거의 대부분 거울이 붙어 있었다. 왕이 앉던 금으로 장식된 붉은색 비단이 덮인 의자도 있었다.

"이 궁은 프로이센의 프리드리히 1세가 왕위에 오르기 전 선제후 시절 황후 소피 샤를로테를 위해 지은 여름 별궁이에요. 처음엔 리첸부르크 궁이라 불렀는데 왕비가 죽고 나서 궁 이름을 왕비의 이름을 따 샤를로텐부르크라고 바꿨죠. 참 대단한 사랑이죠?"라고 거울 속에 비친 나를 보며 말했다. 그 말은 약간 부러워하는 것도 같았고 조금은 비꼬는 것처럼 들리기도 했다. 이런 경우 난 예외 없이 긍정도 부정도 하지 않은 채 애매한 미소로 답한다.

복도를 지나가서 건물의 중심부에 도착하자 정면 창을 통해 정원이 모두 내려다 보였다. 예쁘게 다듬어진 프랑스식 정원이었다.

"소피 샤를로테가 프랑스를 자주 왕래하며 프랑스식 정원을 좋아했나 봐요. 특별히 프랑스식 정원을 만들어 달라고 부탁했었대요."

로자는 이번에도 알 수 없는 어조로 말을 했다.

"그 시절 여성들은 장식품에 지나지 않았어요. 벽에 걸려 있던 왕녀들의 그림 보셨죠? 코르셋으로 얼마나 허리를 조였던지……. 중국의 전족에 비교할 수 있겠네요. 코르셋으로 허리를 잘록하게 하고 대신에 가슴과 엉덩이를 크게 하여 아름답고 풍만하게 보이려 했어요. 나중에는 허리를 조이지 않은 여성은 성적으로 문란하고 부도덕한 여성으로 치부되었기 때문에 수많은 여성들이 어쩔 수 없이 코르셋을 착용해야 했고, 불편함을 견뎌야 했답니다. 어릴 때부터 코르셋을 착용했기 때문에 기형적으로 허리가 기늘거나 장기가 손상되는 경우도 많았대요. 귀족들은 린넨이나 캔버스처럼 튼튼한 직물로 만들었지만 노동자 계층은 동물 가죽이나 고래 뼈, 심지어는 금속이 들어간 것을 입는 것으로 만족해야 했어요."

샤를로텐부르크 성 Schloss Charlottenburg

베를린에 있는 성으로서 네링Johann Arnold Nering이 건축하였으며 베를린의 대표적인 바로크양식 건축물이다. 멀리서도 녹색의 돔과 그 위에 금도금으로 빛나는 여신상을 볼 수 있다. 성 주변은 11개의 다양한 박물관과 미술관들이 모여 있어 베를린에서 두 번째로 큰 문화예술의 중심지이다.

1695년 샤를로테Sophie Charlotte 왕비의 명령으로 여름 별장을 짓기 시작한 이래 100여 년에 걸쳐 확장과 증축이 이루어졌으며 1790년 약 505m에 달하는 완전한 성의 모습을 갖추게 되었다. 성의 중앙부는 슈류터Andreas Schluter가 1695-1699년 건설하였으며 1694년 프랑스의 르 노트르André Le Notre가 전형적인 프랑스식 정원을 설계하였다. 1701-1707년 에오잔다Johann Friedrich von Eosander가 확장공사를 하여 돔을 건조하였으며 1741-1742년 크노벨스도르프Georg Wenzeslaus von Knobelsdorff가 우측 건물을, 1788년 랑그한스Carl Gotthard Langhans가 좌측 건물인 극장과 벨베데르Belvedere를 지었다.

제2차 세계대전 시기인 1943년 성은 심각하게 폭격을 당했으나 1945년 이후 복원사업이 이루어져 성의 대부분은 박물관으로서 역할을 하고 있다. 2004년에서 2006년 초까지 성은 독일 총리의 관저로 이용되기도 했다. 내부는 호화롭게 꾸며져 있는데 특히 식당과 '황금의 갤러리'는 로코코 장식이 아주 뛰어나다는 평을 받고 있다. 끝

"허리가 비현실적으로 약하다고 생각했었는데 저것도 시대를 반영하는 모습이었네요."라고 말하며 로자를 돌아보았다.

로자는 작은 키에 또렷한 눈망울을 갖고 있었다. 우리는 안내인의 재촉에 다음 방으로 서둘러 자리를 옮겼다. 음악실이었는지 피아노가 있었다. 그런데 피아노에 그려진 문양은 중국인의 모습이었다. 그러고 보니 여기저기 온통 중국과

일본에서 온 도자기들로 장식이 되어 있었다. 이 성의 주인은 도자기 수입이 취미였었나라고 생각하고 다음 방으로 옮겼을 때 그곳도 온통 동양에서 온 도자기들로 넘쳐났다. 수천 점에 달하는 중국과 일본 도자기들이 이곳 베를린의 서쪽 지역에 있는 성에 보관되어 있는 것이 놀라웠다.

"이 많은 도자기들을 어떻게 가져왔을까요? 약탈한 것도 아닐 텐데……."

놀라워하며 물었다.

"중국이나 일본은 독일의 침략을 당한 곳이 아니니까 그럴 리는 없겠죠. 하지만 많은 돈이 필요했을 거예요. 그게 모두 어디에서 나왔을까요?"

로자는 또 질문하는 형식으로 말을 중단했다. 이 사람은 왜 자꾸 곤란한 질문만 하는 걸까? 내 대답을 기다리지 않고 로자는 계속 말했다.

"국민들의 세금이겠죠. 물론 프리드리히 2세가 튼튼한 국가재정을 확보했다고는 하지만, 이후 프로이센의 역사를 보면 농민들과 노동자들이 힘들게 살았다는 것을 알 수 있어요."

로자는 자신의 생각을 분명하게 표현하는 사람이었다.
중국과 일본 도자기뿐만 아니라 독일 마인츠의 도자기를 모아 놓은 방도 있었다. 식사용으로 사용했다는 은식기는 너무 깨끗하게 닦아 놓아 얼굴이 비칠 것 같았다. 섬세한 세공이 돋보이는 그릇들이었다. 복도와 또 다른 방에는 프랑스, 이탈리아 등에서 온 그림들도 많이 전시되어 있었다. 이렇게 수집품들이 많아서 입장료가 비쌌나 보다. 왕실을 위한 예배당도 있었다. 작은 파이프오르간까지 있어 작지만 완벽한 예배실 모습이었다. 우리는 안내인의 안내를 받으며 궁전 안의 여러 방들을 구경하고 1층으로 내려와 정원으로 나왔다. 남쪽 정문에서는 보이지 않는 멋진 정원이 궁전 뒤로 펼쳐져 있었다. 가운데 프

샤를로텐 부르크 성안에서 바라본 프랑스식 정원 ©원윤희

랑스식 정원 옆으로는 19세기에 추가로 조성된 영국식 정원이 있었고 멀리 정면에는 호수가 보였다. 한겨울이어서 그런지 꽃들은 없었지만 깔끔하게 모자이크되어 있는 정원이 예뻤다.
우리는 천천히 호수를 향해 걸어갔다. 호수 왼쪽에는 마우솔레움이 있고 오른쪽으로는 벨베데르 정자가 있다고 했다. 우리는 마우솔레움 쪽으로 발길을 옮겼다. 많이 걷는 것이 힘들 것 같아 로자를 쳐다보았다.

"불편해 보이죠? 어렸을 때 병을 앓아서 걷기가 조금 불편해요. 전 유대계 폴란드인이에요. 독일인과 결혼해서 독일인이 되었지만요."

그녀는 나를 바라보며 말했다.

"네, 그랬군요."라고 나는 짧게 대답했다.

"프로이센이 독일 제국이 되고 다시 바이마르 공화국이 되면서 독일에서 황제는 없어졌어요. 그동안 사람들은 지도자가 바뀔 때마다 살기가 조금은 좋아졌다가 또 나빠지기도 했죠. 하지만 한 가지 분명한 건 산업이 발달할수록 노동자들은 살기가 어려워졌다는 거예요. 지금도 힘들게 살고 있는 사람들 많잖아요?"

또 질문으로 끝맺었다. 나는 아예 대답을 포기해버렸다. 그녀는 계속해서 말했다.

"세상이 완전히 바뀌지 않는 이상 그들이 정상적으로 살기는 힘들어요. 이런 시장경제 체제에선 불가능하죠."

그녀는 아주 단호하게 말했다.

"하지만 이미 마르크시즘은 실패한 거 아닌가요?"

나는 동구권의 붕괴와 중국의 시장경제 체제를 생각하며 한마디 던졌다. 로자는 정색을 하며 꾸짖듯 날카롭게 말했다.

"그렇지 않아요. 지금 주변을 둘러보면 모두 행복하게 잘살고 있나요? 몇몇 유산자들만이 여전히 잘살고 있죠. 자본주의는 성공한 것이 아니라 진화했을 뿐이에요."

로자의 말만큼이나 날카로운 겨울바람이 불어왔다. 이러다간 호수까지 못 가고 돌아가야 할 것 같았다. 정원 중간에는 들어가서 쉴 만한 장소도 없었고, 앙상한 나뭇가지들은 매서운 추위로부터 우리를 감싸주지 못했다.

"빌헬름 2세의 독일 확장에 대한 야욕을 왜 말리지 못했을까요? 아니, 오히려 저 같은 사회주의자의 입장에 있는 사람들도 전쟁에 참여해야 한다고 팔을 걷어붙였어요. 먼저 국가를 생각해야 한다고요. 국가가 있어야 국민이 있는 것이라고. 아니에요. 전 그 반대라고 생각해요. 국민이 있어야 국가가 있는 거죠."

갑작스러운 그녀의 열변에 나는 할 말이 없었다. 아니, 정리되어 있는 생각이 없었다. 그냥 그녀가 하는 말을 들어줄 수밖에 없었다. 추위는 점점 거세져서 발까지 얼어붙게 만들었다. 나는 로자에게 그냥 궁전으로 돌아가자고 말했다. 마우솔레움과 벨베데르는 다음에 와서 보겠다고 하였다. 다시 궁전으로 돌아와 몸을 녹이며 우리는 좀 더 이야기를 나누었다. 로자는 다시 이야기를 이어갔다.

"전 마르크스주의자예요. 독일 사회민주당에 입당했어요. 지금도 제 생각엔 변함이 없어요. 타협이라는 것은 없어요. 점점 타협하고 개량주의로 바뀌어가는 사람들을 이해할 수가 없어요."
"시대가 바뀌면 사람의 생각도 거기에 맞게 바뀌는 게 아닐까요?"라고 나는 조심스럽게 말했다.

그녀는 이번에는 대답을 하지 않았다. 대신에 엷은 미소를 보내왔다. 그녀의 미소에는 부드럽고 여린 모습이 남아 있었다. 저 작은 체구에서 어떻게 저런 확고한 신념이 드러나는지 신기하기만 했다.

"전 마르크스주의자이지 레닌주의자는 아닙니다. 사회의 변혁은 위로부터 일어나지 않아요. 독립적인 노동자 운동을 통해 변혁의 과정이 수행되는 겁니다. 대중의 행동을 통해서만 사회를 변화시킬 수 있어요."라고 말하며 환하게 웃었다.

그녀는 자신의 안내가 좋았기를 바란다고 말했다. 로자는 나를 버스 정류소까지 배웅해주었다. 이번에는 M45를 타고 초역으로 왔다. 그곳에서 점심을 먹고 박물관섬에 있는 페르가몬 박물관에 갈 생각이었다. 어제에 이어 다시 오게 된 초역. 두 번째 방문이어서인지 조금 덜 낯설었다. 간단하게 먹고 빨리 이동해야 하는데 뭘 먹을까 망설이다 다시 커리 부르스트를 먹기로 했다. 역사 한쪽에 있는 가게로 들어갔다. 자리에 앉아 있는 사람들도 있고, 스탠드 테이블에 서서 먹는 사람들도 보였다. 이번에는 감자튀김을 곁들여 콜라와 같이 먹었다. 정말 싸고 푸짐한 한 끼 식사였다. 이제는 커리 부르스트 예찬론자가 될 것 같은 생각도 들었다.

간단하지만 든든하게 점심을 챙겨 먹고 밖으로 나왔는데, 옆에서 누군가 "잉글리시?"라고 하는 소리가 들렸다. 돌아보니 어떤 꼬마와 아기를 업고 있는 여자가 보였다. 순간 어제 만났던 사람들인가라는 생각이 들었다. 이번에는 순간적으로 고개를 옆으로 저으며 빠른 걸음으로 정류소를 향했다. 그러고 둘러보니 아기를 데리고 있는 여자들이 여러 명이 보였다. 옆에는 초등학교 2학년 정도 되어 보이는 남자 아이가 손에 종이쪽지를 들고 따라 다녔다. 독일에도 이주민들이 많이 있는데 특히 베를린처럼 큰 도시들에는 더 많을 것이다. 우리나라도 점점 결혼이주민이나 외국인 근로자들의 숫자가 늘고 있는데, 이 문제 역시 우리 사회가 앞으로 보듬어야 할 과제이기도 하다.

무제움스 인젤은 박물관섬이라는 말인데 5개의 박물관이 모여 있는 곳이다. 오후 시간만으로 박물관 5개를 모두 본다는 것은 무리였다. 나는 그중에서 제일 관심이 가는 페르가몬 박물관을 보기로 결정하고 이번에도 안내인을

박물관 섬 Museumsinsel

1999년 유네스코 세계문화유산으로 지정된 베를린의 대표 관광지이다. 구 국립박물관, 구 박물관, 보데 미술관, 페르가몬 박물관, 신 박물관 등 1824-1930년에 세워진 200년 이상의 유서 깊은 5개 박물관이 슈프레Spree 강의 작은 섬에 모여 있어 이를 '박물관 섬'이라 부른다. 각각의 박물관은 유기적으로 연결되도록 설계되어 고대 유적부터 현대 예술에 이르는 6,000년 인류의 역사를 보여 준다.

1824년-1828년 싱켈Karl Friedrich Schinkel의 설계로 건축된 구 박물관은 베를린 최초의 공공 박물관으로 그리스, 로마 시대의 조각상 등을 감상할 수 있다. 궁정 건축가인 스튈러Friedrich August Stüler는 구 박물관 뒤편지역 개발계획을 수립하여 첫 단계로 1843-1847년 신 박물관을 세웠다. 다음으로 1866년 슈트래크Johann Heinrich Strack의 작품인 국립회화관(구 국립박물관)이 건축되었다. 여기서는 모네, 세잔, 르느와르 등 유명한 프랑스 인상파 작품이 전시되어 있으며 19세기의 독일 회화도 다수 감상할 수 있다. 1897년-1904년 현재 보데박물관의 전신인 카이저 프리드리히 박물관이 폰 이네Ernst von Ihne의 설계로 건축되었다. 그리고 1909년-1930년 메셀Alfred Messel이 설계한 페르가몬 박물관이 완공되면서 스튈러의 계획은 완료되었다.

텔레비전 탑과 박물관 선의 보데

예약해 두었다.

에스반을 타고 하케셔 마르크트에 내려도 되지만 이번에도 버스를 탔다. 버스는 알렉산더 광장을 거쳐 갔다. 덕분에 텔레비전 탑을 볼 수 있었다. 텔레비전 탑 전망대에는 1시간마다 회전하며 베를린 시가지를 볼 수 있게 해주는 레스토랑도 있다고 하던데 이번에는 포기해야 했다. 알렉산더 광장에서 하케셔 마르크트로 가는 M5트램을 탔다. 어떻게든 조금이라도 덜 걸으려는 생각이었다. 도로에서 걷지 않아도 페르가몬 박물관에 가면 또 걸을 테니 조금이라도 다리를 아끼자는 생각도 있었고, 베를린 웰컴 카드를 최대한 활용하자는 생각도 있었다. 역시 지상으로 가는 트램은 좋았다. 정류소도 에스반보다 박물관에 더 가까운 곳에 있었다. 슈프레 강을 가로지른 다리를 건너자 드디어 박물관 섬에 들어왔다. 왼쪽으로는 베를린 돔이 보였는데 페르가몬 박물관을 보고 시간이 남으면 들러보고 싶었다.

매표소엔 정말 여러 가지 종류의 티켓이 많았다. 박물관을 2개만 보아도 5개의 박물관을 모두 볼 수 있는 1일권이 싼 가격이었지만 아쉽게도 페르가몬 박물관만 볼 계획이었기 때문에 페르가몬 박물관 1회권을 샀다. 안내인과는 페르가몬 박물관 입구에서 만나기로 하였다. 티켓을 판매하는 곳과 박물관 입구는 조금 떨어져 있었다. 다른 곳에 비해 입구에 사람들이 많이 보였다. 이곳은 관광객들이 제일 많이 찾는 곳이었다. 많은 사람들 중에 키가 크고 체격이 좋으며 단정한 옷차림에 코안경을 쓴 신사가 보였다. 자세를 꼿꼿이 세우고 있어 아주 자신감 넘치는 외교관과 같은 모습이었다. 그는 바실리라는 이름을 갖고 있었다. 그는 원래 러시아 출신이며 화가라고 자신을 소개하였다.

박물관에 들어가기 전 바실리는 이 박물관은 1910년에 첫 삽을 뜬 후 세계 제1차 대전과 1920년대의 대공황 속에서도 계속되다가, 마침내 1930년에 이르러 개관되었다고 잠시 박물관 소개를 했다. 박물관 섬에 있는 박물관 중 마지막으로 개관된 박물관이라고 했다.

페르가몬 박물관 Pergamonmuseum

박물관에는 3개의 부속 건물이 있으며 규모와 비율 면에서 강과 조화를 이룬다. 중심부와 측면의 부속 건물에는 창문이 없는 대신 평평하고 거대한 벽기둥과 가파른 박공벽이 있다. 박물관은 박물관 섬에서 가장 인기 있는 곳으로 고대 컬렉션이 유명한데 특히 고대 페르가몬에서 발굴한 제우스 제단은 헬레니즘 건축의 최고 걸작으로 통한다.

페르가몬 박물관의 제우스 제단 ©원윤희

박물관 안에는 사람들이 많았다. 단체로 보이는 독일 학생들도 보였다. 외투를 맡기려다가 사람들이 너무 많아서 그냥 다니기로 했다. 사실 페르가몬 박물관에 오기로 결정한 것은 여러 가지 이유가 섞여 있다. 독일에서 발견된 유물이 아니라 독일 사람이 발견한 유물이라는 이유로 먼 독일 땅까지 와 있는 여러 가지 유물들을 보는 것이 즐거운 것만은 아니었기 때문이다. 하지만 똑같은 이유로 이 박물관이 보고 싶기도 하였다. 과연 제국주의 시대 때 독일이 무슨 일을 했을까라는 의문도 들었기 때문이다.

먼저 들어선 곳은 박물관의 이름으로 사용되는 페르가몬 신전이 있는 곳이었다. 문을 지나 정면에 펼쳐져 있는 페르가몬 제단은 한 마디로 장관이었다. 제단 계단에 여기저기 자유롭게 앉아 쉬고 있는 사람들도 보였고, 서로 이야기를 나누는 사람들도 있었다.

바실리 씨는 코안경을 만지작거리며 말했다.

"대단하죠? 이곳은 기원전 2세기 경 지어진 제우스의 대제단입니다. 원래는 헬레니즘 시대 터키에 있던 페르가몬이라는 도시의 정상에 있었습니다. 제단 아래 양쪽에는 거인들과 신들의 전쟁을 묘사한 조각들이 있습니다."

사실 놀라웠다. 공간을 가득 채운 신전은 높이가 10m가 넘었고 길이는 30m가 넘었다. 도시의 정상에 있던 이 제단을 가져와 실내에 둘 생각을 하다니. 터키에서는 이 제단을 반환받기 위해 소송을 했다고 하는데 별로 진전은 없다고 했다. 바실리 씨와 나는 다른 관광객들처럼 제단 중간쯤 올라가서 계단에 앉았다. 정말 터키에 있던 이 제단에 앉아 도시를 내려다본다면 어떤 기분이 들까?

"이 박물관은 여러 시대를 거쳐 지어졌다고 하셨죠? 독일은 나라 이름이 바뀌고 정부가 바뀌어도 예술에 대한 사랑은 대단했나 봐요?"

"이 박물관의 기획은 1907년부터 시작되었으나, 설계가 한창이던 1909년에 첫 진두지휘를 맡았던 알프레트 메셀이 사망하고 그의 절친한 친구였던 루트비히 호프만이 이어받는 등의 일 때문에 실제 착공은 1910년이 되어서야 가능했습니다. 박물관 건설 작업은 제1차 세계대전과 1920년대의 대공황 속에서도 계속되다가, 마침내 1930년에 이르러 개관되었죠. 하지만 페르가몬 박물관은 제2차 세계대전 말미에 일어난 베를린 공방전 당시 엄청난 피해를 입었습니다. 전시품들 중 다수가 안전한 곳으로 옮겨졌으며, 이관이 불가능한 거대 전시품의 경우 가벽을 설치해 보호하기도 했습니다."

열심히 설명하던 그는 잠시 멈추었다가

"러시아에서 많은 유물들을 가져가기도 했습니다."라는 말로 마무리를 하였다.

독일이 식민지에서 전리품으로 가져왔던 많은 것들이 다시 러시아의 전리품으로 러시아로 반출되었다는 사실이 역사는 돌고 돈다는 말을 떠오르게 했다. 또 한때 독일에서 거주했던 이 예술가가 자신의 입으로 독일에 있던 유물들을 러시아 군인들이 러시아로 가져갔다는 말을 하는 것이 낯설게 들렸다.

"한나절 만에 이 박물관을 보는 것은 힘들답니다. 다른 곳도 보셔야죠?"라며 바실리 씨는 일어서서 나를 바라보았다.

나도 따라 일어나 조심스럽게 한 계단 한 계단 페르가몬 신전에서 내려왔다. 오른쪽 문으로 나가자 고대 그리스 유적들이 모여 있는 방이었다. 밀레투스의 시장문이 있는 곳이었다. 그 외에도 엄청난 높이와 둘레의 신전 기둥들이 여기저기 세워져 있었다. 어디를 둘러보더라도 놀라움에 입을 다물지 못하게 하는 규모였다. 이런 것들이 실내 박물관에 있다는 사실이 신기하면서도 묘한 씁쓸함을 느끼게 했다. 아테나 여신상이 세워져 있는 뒤에는 아테나 여신을 위한 신전의 기둥들이 신의 위엄을 보여주듯 우뚝 솟아 있었다.
다음으로 찾은 곳은 중동전시관에 있는 바빌론의 이슈타르 문과 '행렬의 길'이었다. 이슈타르 문은 직사각형으로 된 성벽에 있는 아치형의 문으로 짙푸른 벽돌 바탕에 정체를 알 수 없는 동물 문양이 모자이크되어 있었다. 문 양쪽으로는 날씨의 신인 황소와 도시의 신인 용이 부조되어 있고, 양쪽 벽면을 따라 행렬의 길에는 사자 문양이 부조되어 있었다. 색깔이 어쩌면 이리도 선명하고 예쁠까?

바빌론의 이슈타르문(왼쪽)과 행렬의 길(오른쪽)©원윤희

감탄이 절로 나왔다.

"색깔이 정말 예뻐요. 규모도 물론 엄청나고요."

바실리 씨는 생각에 잠긴 듯 바라보며 말했다.

"정말 대단하지요? 색깔 자체가 이미 음악의 선율이 우리를 감동시키듯 우리 마음속으로 빨려 들어오는 것 같아요. 전 언제나 사실적인 묘사도 중요하지만, 외적인 사실성보다는 내면의 의미가 중요하다고 생각한답니다. 그래서 그림도 꼭 사실적일 필요는 없다고 생각해요. 점 하나, 선 한 줄, 거기에 입혀진 색깔 등으로도 충분히 어떤 것을 나타낼 수 있다고 생각합니다. 이 문은 정말 예술이네요."라고 말하며 코안경을 살짝 만졌다.

그는 진지한 말을 할 때면 코안경을 만지는 버릇이 있나보다. 행렬의 길에 부조된 사자는 하늘의 여신인 이슈타르의 상징이라고 하였다. 땅속에 파묻혀 있던 이 유적을 발굴한 독일 탐사단이 처음으로 이슈타르 문을 보았을 때도 똑같이 감탄했을 거라는 생각이 들었다.
바빌론의 유적에 감탄하며 옮겨간 곳은 2층에 있는 이슬람 방이었다. 이곳에는 요르단에서 빌헬름 2세에게 선물한 므샤타 궁정의 유적이 있었다. 섬세하고 화려한 모습이 아직 남아 있었다. 시리아의 부유한 상인인 알레포의 집을 그대로 옮겨와 유리방 속에 넣어둔 모습도 보였다. 붉은 빛이 많이 도는 화려한 문양의 집이었다. 우린 다시 유리벽 앞에서 잠시 걸음을 멈추었다.

대형 유리관 속에 보존된 시리아 상인 알레포의 집©원윤희

"이 집도 정말 화려하네요. 정말 대단해요. 어쩌면 저렇게 섬세하게 문양을 넣었을까요? 이 집 외에도 박물관에 있는 양탄자나 모자이크, 부조되어있던 신들이나 기둥들

의 섬세함에 놀라울 뿐이에요."

나는 정말 놀라움을 그대로 표현했다.

"사실적인 표현을 좋아하시는군요."라고 바실리 씨가 나를 바라보며 말했다.

"전 추상적인 표현은 싫어요. 그림도 추상화는 이해할 수가 없어서요. 있는 그대로 표현한 수채화가 좋아요. 유화도 추상화보다는 사실적인 풍경화가 더 좋고요."라고 미소 지으며 말했다.
바실리 씨는 이번에도 코안경을 살짝 만지고 말했다.

"그럴 수도 있죠. 하지만 상상도 아주 중요하답니다. 전 색의 표현도 그렇게 할 수 있다고 생각해요. 예를 들면 노란색은 트럼펫의 공격적이고 세속적인 소리에 비유할 수 있어요. 그리고 푸른색은 파이프 오르간의 성스러운 소리를 생각나게 하지요. 화가는 색을 지휘하는 지휘자와 같답니다."

그가 푸른색은 파이프 오르간의 성스러운 소리를 생각나게 한다고 말했을 때, 카이저 빌헬름 기념교회의 새로 지은 팔각형의 교회가 생각났다. 파란색 스테인드글라스와 오르간 소리가 다시 들리는 듯하였다.
우리는 다시 페르가몬 제단의 계단으로 돌아왔다. 그곳에서 나는 그에게 바우하우스에 대해 물었다. 사실 바우하우스에도 가보고 싶었지만 그곳까지 갈 만큼 베를린에서의 시간적인 여유가 길지 않았기 때문에 화가인 그의 설명이라도 듣고 위안을 삼을 생각이었다.

"베를린에 있는 바우하우스는 1932년 데사우에서 옮겨온 지 일 년 만에 문을 닫은 곳입니다. 나치의 탄압 때문이었지요. 바우하우스는 현대 조형예술에 지대한 공을 세운 곳이지만 일반 관광객들이 보기엔 이곳이 더 볼거리가 많습니다. 아니면 데사우에 있는 바우하우스도 괜찮아요."

그는 간단하게 설명해주었다. 좀 더 묻고 싶었지만 아쉬움이 있어야 다음에 또 베를린에 올 수 있을 거라는 생각으로 질문을 그만두었다.

베를린 돔

"그보다는 추상화에 관심을 가져보는 것은 어때요? 바우하우스의 교수였던 파울 클레의 작품도 괜찮아요. 아이가 그린 것 같은 클레의 작품은 다양한 색채와 선으로 이루어져 있어요. 제 그림보다 귀엽고 재미있는 것들이 많아요. 전 형태와 색채만으로 음악과 같은 감동을 주고 싶습니다. 그림을 볼 때 상상력을 한 번 발휘해 보세요."

그의 말처럼 상상하여 추상화를 해석할 수 있다면 추상화에 대한 내 생각이 달라질 수도 있겠지만 별로 그렇게 바뀔 것 같지는 않다는 생각이 들었다. 페르가몬 박물관을 나왔을 때는 해가 지기 직전이었다. 박물관에서 왼쪽으로 나와 다시 구박물관을 지나 베를린 돔 앞으로 나왔다. 날씨가 추워서 베를린 돔 앞의 잔디밭에 앉아 여유를 즐길 수는 없었지만 에메랄드 빛 돔 지붕이 참 예쁘게 보였다. 겨울해는 정말 짧았다. 지는 해를 아쉬워하며 베를린 돔 앞의 잔디밭에서 휴대폰으로 사진을 찍었다. 이 잔디밭의 이름은 루스트가르텐이라고 하는데 예전엔 채소밭이었다고 한다. 루스트가르텐은 우리말로 유쾌한 정원이라는 뜻인데 맑은 날 이곳에 있으면 몸과 마음이 모두 즐거워질 것 같았다.

돌아오는 길에는 루스트가르텐 정류소에서 버스를 탔다. 베를린에서 버스를 타는 것은 전혀 두렵지가 않았다. 가다가 아니면 다시 내리면 된다는 생각이 기본적으로 마음 깊숙이 깔려 있었기 때문이다. 버스를 타고 다시 국회의사당 앞에 내려서 지하철로 갈아타고 민박집으로 돌아왔다.

박물관섬에 갔지만 페르가몬 박물관밖에 보지 못해 아쉬움이 남았다. 베를린돔 앞에서 찍은 사진을 오늘 날짜를 넣어 카카오톡 대문 사진으로 바꿨다. 자려고 누웠는데 1학년 1학기 때 내 강의를 들었던 은애에게서 연락이 왔다. "베를린에 계세요? 저도 베를린에 있어요."라는 문자를 본 순간 얼마나 반갑던지……. 카카오톡 대문 사진을 보고 연락을 한 것이었다. 정말 세상 좁다는 생각이 들어 베를린을 떠나기 전 만나자는 약속을 했다. 내일은 포츠담에 갔다가 모레 아침 베를린을 떠날 생각이었기 때문에 우리는 다음날 저녁 브란덴부르크 문 앞에서 만나기로 했다.

1월 25일

포츠담은 베를린 시내에서 조금 떨어진 곳이다. 우리에게는 제2차 세계대전 후 독일의 전후 처리 방침을 두고 포츠담의 체칠리엔 호프 궁전에서 연합국의 회의가 있었던 곳으로 '포츠담 회담'이라는 이름으로 더 잘 알려진 곳이다. 포츠담까지는 중앙역에 가서 에스반을 타고 가야 했다. 독일 날씨를 종잡을 수가 없어 걱정했지만 다행스럽게도 날씨가 나쁘지 않았다. 물론 화창한 날씨는 아니었지만 비도 눈도 내리지 않는 날씨였다.

내가 산 베를린 웰컴 카드는 C구역에 있는 포츠담까지 사용할 수 있는 카드였다. 따로 차표를 구입하지 않고 곧장 에스반 7호선을 타러 플랫폼으로 갔다. 포츠담 중앙역이 종점이라고 생각하고 있었는데 몇 정거장을 지나자 갑자기 방송이 나왔다. 포츠담으로 갈 사람들은 내려서 열차를 바꿔 타라는 방송이었다. 어떤 사람들은 빠른 걸음으로 내려 열차를 바꿔 탔고, 나와 몇몇 관광객으로 보이는 사람들은 어리둥절하여 두리번거리다가 기차에 내렸다. 차를 바꿔 타기 전에 혹시나 하는 마음에 다른 승객들에게 물어보니 바꿔 타는 기차가 포츠담으로 가는 것이 맞다고 한다. 같은 에스반 7호선이라도 이곳을 지나면서 양쪽으로 나눠져 최종 목적지가 달라진다고 말해주었다. 그때서야 안심하고 나도 열차를 바꿔 탔다.

버스 정류장에서 올라가다 본 상수시 궁전의 코린트 양식 기둥 ©원윤희

포츠담에 내리니 많은 관광객들이 눈에 띄었다. 단체로 온 학생들도 있었다. 포츠담에도 많은 궁전들이 있지만 상수시 궁전을 찾는 사람이 제일 많은지 안내 데스크에 가서 물으니 상수시 궁전으로 가는 버스 번호가 적혀 있는 작은 쪽지를 주었다. 버스 정류소에서도 별로 고민할 필요가 없었다. 대부분의 사람들이 같은 버스를 탔고 내릴 때도 우르르 같이 내렸다.

조금 걸어 올라가니 먼저 코린트식 기둥이 원을 그리며 늘어서 있는 모습이 보였다. 이번 여행에서 처음 보는 파란 하늘과 어울려 단아하게 느껴졌다. 길을 따라 조금 올라가자 궁전 입구가 보였다. 입구에는 전통 의상을 입고 플루트를 연주하는 남자가 있었다. 궁전 입구에서 만나기로 한 안내인을 기다리며 잠시 연주를 들었다. 연주가 멈추자 연주를 듣고 있던 사람들이 박수를 치며 앞에 놓인

상수시 궁전 Sanssouci

1747년 베를린 포츠담에 세워진 여름 별궁으로서 프랑스어로 '근심 없는 궁전無憂宮'이란 뜻이다. 프리드리히 2세는 6단의 테라스를 만들고 포도 덩굴을 심도록 한 후 약 20m 높이 올라간 꼭대기에 궁전을 짓도록 명하였다. 궁전은 길이 97m, 폭 12m의 로코코 양식 건축물이며 대제의 스케치에 근거하여 크노벨스도르프Hans Georg Wenzeslaus von Knobelsdorff가 설계하였다. 디자인과 내부 장식은 상수시 궁전을 직접 감독한 프리드리히 2세의 개인적 취향이 반영되어 '프리드리히식 로코코Frederician Rococo' 양식이라고 불린다. 현관과 상수시 궁전의 심장부인 대리석 홀에는 두 줄로 늘어선 코린트식 벽기둥이 있으며 테라스를 향한 세 개의 타원형 남향 창과 천창에서 빛이 들어온다. 왕의 침실은 1786-1787년 프리드리히 빌헬름 2세를 위해 신고전주의 양식으로 다시 장식하였다.
1918년 호엔촐레른가의 몰락까지 독일 황실에서 가장 좋아하는 거주지역이였으며 제2차 세계대전 이후 관광명소가 되었다. 상수시 궁전을 비롯하여 일대의 궁전들과 공원은 1990년 유네스코 세계문화유산으로 등재되었다.

통에 동전을 넣어 주었다. 나도 1유로를 넣고 주변을 둘러보았다. 오늘 안내인은 20대의 대학생이라고 했었는데 어디 있는 것일까? 궁전 입구 바로 옆에 부드럽게 곱슬거리는 머리카락을 가진 남자가 있었다. 나는 그에게 혹시 베를린 훔볼트 대학에 다니는 칼이냐고 물어보았다. 그는 그렇다고 말하며 고개를 끄덕였다.

궁전에서 오디오 가이드가 지급되었지만 한국어는 없었다. 전화기처럼 한쪽 귀에 대고 안내를 들을 수 있었다. 샤를로텐부르크 성처럼 이곳에서도 사진허가증을 사야 사진촬영이 허락되었다. "들어올 때 보셨죠? 나중에 더 자세히 볼 수 있겠지만 이 궁전은 프리드리히 2세의 지시에 따라 로코코 양식으로 지어졌어요. 프랑스의 베르사유 궁전을 모방했다는데, 비록 오래되긴 했지만 실내에서도 많은 화려한 장식들을 보실 수 있을 거예요." 그는 담담하게 말했다.

정말 처음 들어선 방부터 온통 금으로 장식되어 있었다. 복도에는 왕가가 수집한 그림들이 많이 걸려 있었다. 음악실에는 프리드리히 2세가 사용한 플루트가 전시되어 있었다. 중앙 홀 지붕은 판테온을 연상시키듯 원형으로 만들어져 있었고 거기에도 금으로 장식되어 있었다. 그 아래로 바닥과 연결되는 대리석 기둥들이 서 있었는데 이곳에서 주로 연회를 했다고 칼이 알려 주었다.

칼은 "프리드리히 2세는 문학과 음악에도 조예가 깊었습니다. 조금 전에 플루트 보셨죠? 연주회 때 그가 직접 바흐의 G선상의 아리아를 연주할 정도로 뛰어난 실력을 갖추고 있었어요."라고 말을 이었다.

"프리드리히 2세는 프리드리히 대왕이라고 불리잖아요? 업적이 대단했나 봐요?"라고 내가 물었다.

"대외적으로 영토 확장이 대단했으니까요. 그리고 군주는 백성 위에 존재하는 것이 아니라 백성의 제일가는 하인이어야 한다고 여겼어요. 하지만 그도 결국은 절대군주가 되었습니다. 말년에는 방이 300개가 넘는 신 궁전을 짓느라 백성들의 고생과 걱정이 더 심해졌습니다."
"감자를 들여온 건 정말 필요한 일이었던 것 같아요. 독일이라는 나라를 떠올리면, 맥주, 소시지, 감자가 떠오르니까요. 엄청난 식량원이잖아요." 난 어디선가 들었던 말이 떠올랐다.

"그건 부정할 수 없는 역사적 사실입니다. 하지만 이 궁전 안을 보세요. 이 사치스러운 장식이 백성을 위한 것이라고 할 수 있겠어요? 그는 이 궁전의 프랑스식 이름처럼 '근심 없이sans souci' 이곳에 지내며 자신이 좋아하는 문학과 음악에 빠져 살고 싶었을지도 모릅니다." 그는 약간 격앙되어 말했다.

마지막으로 들어간 방은 노란색 벽면에 온통 다채로운 꽃들과 과일, 앵무새로 장식되어 있는 방이었다. 이 방은 프랑스의 철학가 볼테르가 사용했던 방이라고 했다. 앞에서 금으로 장식되어 있던 방들도 화려했지만 이곳은 정말 색다른 방이라는 생각이 들었다. 화려한 실내의 방을 보자 왠지 칼의 표정이 살펴졌다. 그는 무표정하게 앵무새를 보고 있었다.

여름별궁으로 지어져서인지 궁전은 작았지만 아기자기하고 화려하다는 인상을 받았다. 궁전 내부를 구경하고 밖으로 나와 올라올 때 보았던 기둥 사진을 찍고 정원으로 내려갔다. 6개의 계단형 테라스로 되어 있는 정원은 아래에서 올려다보았을 때 다른 성들과는 아주 다른 모습을 띄고 있었다. 겨울이라 삭막하게 보이지만 그 테라스에는 온갖 종류의 나무들과 포도넝쿨로 봄, 여름, 가을에는 멋진 경치를 보여준다고 하였다.

칼은 내게 보여줄 곳이 있다며 다시 궁전 가까이에 있는 테라스로 올라가자고 하였다. 정원에서 바라본 궁전 오른 쪽 화단에 여러 가지 꽃들과 감자가 놓여 있는 것이 보였다.

"여기가 프리드리히 대왕이 자신의 개 11마리와 함께 묻혀 있는 곳이에요. 그는 이 궁전에서 죽으며 여기에 묻어달라고 유언을 했었어요. 하지만 그의 뒤를 이은 조카는 기독교 전통 때문에 그럴 수가 없어서 교회 묘지에 묻었죠. 하지만 여러 차례 전쟁을 겪으며 이리저리 옮겨지던 프리드리히 대왕은 1991년 이곳에서 안식을 찾았어요."라고 그가 말했다. 화단처럼 보이는 곳에는 '감자 대왕께'라고 적힌 카드도 보였다. 아직도 그를 기억하는 많은 사람들이 있는 것 같았다.

아래 정원에서 올려다 본 상수시 궁전과 테라스식 정원(위), 프리드리히 대왕의 묘에 바쳐진 감자와 장미꽃(아래)©원윤희

"올해가 프리드리히 대왕이 탄생한 지 500년이 되는 해입니다. 그래서 사람들이 더 많이 추모하러 오는 것 같아요."라고 말한 후 "샤를로텐부르크 성에도 가보셨지요?"라고 그가 물었다.'

"네, 그곳도 정말 화려하고 예쁘던데요. 입장료가 좀 비싸긴 했지만."이라고 나는 웃으며 말했다.

"역사적인 곳이어서 복원되고 보존되기는 하지만 그곳이나 이곳에 진열되어 있는 전시품, 가구, 그림이나 도자기, 방의 벽을 장식하고 있는 여러 가지 부조들까지 서민들의 삶과는 너무나 거리가 먼 것들 뿐입니다." 그는 처음부터 하고 싶었던 말을 이제야 하는 것 같았다.

"프로이센이 1701년 왕국이 되고 1871년 독일 제2제국이 된 후 바이마르 공화국, 제3제국으로 이어지는 역사 속에서 지도자들이 진정으로 민중의 편에서 정책을 편 적이 있는지 돌아볼 필요가 있습니다. 노동자들의 비율은 점점 늘어나고 정치화되어갔습니다. 이를 비스마르크는 철저히 탄압했지요. 바이마르 공화국 당시 노동계급은 극단적인 공산당원으로 변해갔습니다. 경제정책의 실패와 정치적 안정에 대한 열망이 결국 독일을 파국으로까지 몰고 갔었죠."

"그래도 독일은 이제 통일도 되었잖아요. 경제적으로도 점점 안정을 찾아가고 있구요."

"지금부터가 더 문제죠. 공정한 분배가 이루어지지 않으면 언제든 독일은 다시 퇴보될 수 있다는 것을 알아야 합니다."

"네, 신중하게 생각해봐야 할 문제네요. 오늘 안내해주셔서 고맙습니다." 궁전 입구를 나서며 그에게 인사를 하였다. 칼은 다른 관광객의 안내를 위해 그곳에 있어야 한다며 내게 인사를 건네고는 오전에 봤을 때처럼 궁전 입구 근처에 서 있었다. 칼은 생각이 깊은 패기 넘치는 청년처럼 보였다.

포츠담 중앙역에서 가볍게 점심을 먹었다. 베를린에 와서 커리 부르트스 팬이 되었지만 독일의 맥도날드 햄버거도 맛보고 싶어서 역사 내에 있는 맥도날드에 갔다. 우리나라처럼 세트메뉴를 시켰는데 치킨이 들어 있는 햄버거 세트가 6.99 유로였다. 10000원이 넘는 가격이었다. 빵 크기도 아주 작았다. 역시 커리 부르스트가 최고라고 생각하며 다시 베를린으로 돌아왔다.

내일이면 베를린을 떠날 거니까 찰리 체크포인트와 장벽박물관을 보고 선물을 산 뒤 은애를 만나러 가야 했다. 체크포인트 찰리에는 옛 검문소가 복원되어 있고, 돈을 받고 같이 사진을 찍어주는 초소병도 서 있었다. 박물관은 좁았지만 베를린 장벽과 관련된 여러 가지 자료들이 전시되어 있었다.

서둘러 브란덴부르크 문으로 이동해서 은애를 기다렸다. 어두워지고 있어서 혹시 모자를 쓰고 있으면 못 알아볼까봐 모자도 벗고 있었다. 어두워지니 브란덴부르크 문에 조명이 들어왔다. 밤에 보는 브란덴부르크 문도 멋있었다. 운터덴린덴 지하철 역 쪽에서 은애가 올라오는 모습이 보였다. 이국땅에서 만나는 지인은 한국에서 우연히 만나는 것보다 더 반가웠다. 오랫동안 독일에 있을 은애를 위해 맛있는 저녁을 사주고 싶었다. 먹고 싶은 것을 물으니 파스타나 초밥이 좋겠다고 하였다. 우리는 한참을 걸어 초밥을 파는 곳에 들어왔다. 비록 한 학기 동안만 같이 공부를 했지만 이것저것 학교 이야기와 은애 동기들 얘기도 나누며 베를린에서의 마지막 밤을 보냈다.

* 후기: 독일 간 첫날 베를린 민박집에 걸어 두었던 코트는 처음에는 만하임에 있는 후배 집으로 부쳐졌다. 그러다 반송되어 다시 민박집으로 돌아왔고 우여곡절 끝에 은애가 찾게 되었다. 은애는 가을학기에 다시 복학을 하여 내 수업에 들어왔다. 은애는 코트를 찾아서 보관하고 있다가 한국에 가지고 왔고 다시 코트를 입을 계절이 돌아왔을 때 내게 건네주었다. 베를린에서 은애를 만나지 못했다면 코트는 어떻게 되었을까?

베를린 자유대학에서 '자유'를 그려보다

정인모

여행지 **브란덴부르크 문** Das Brandenburger Tor, **훔볼트 대학** Humboldt-Universität, **장다르멘 마르크트** Gendarmenmarkt, **하인리히 뵐 재단** Heinrich Böll Stiftung

안내인 **하인리히 뵐** Heinrich Böll, 1917.12.21-1985.7.16

1971-1974 독일펜클럽 회장.

세계 2차 대전에 참전한 이후 쾰른 대학에서 독문학을 공부하였고, 이후 전업 작가가 되었다. 1953년 『그리고 아무 말도 하지 않았다』로 세계적 명성을 얻는다. 1972년 『여인과 군상』으로 노벨 문학상을 수상하였고, 독일 펜클럽 회장, 세계 펜클럽 회장을 역임하였다. 글쓰기와 삶의 일치를 강조하고 양심에 따라 행동하는 작가로, 그는 인권 및 환경보호 운동, 반핵 운동 등에도 적극적이었다. 『카타리나블룸의 잃어버린 명예』 등 많은 작품을 남겼다. 그의 작가 정신을 기리기 위해 설립한 '하인리히 뵐 재단'이 베를린 슈만 슈트라세Schumannstraße에 있다.

안내인 **콘라트 아데나워** Konrad Adenauer, 1876.1.5-1967.4.19

서독 연방 공화국의 초대 수상, 기민당基民黨 Christlich-Demokratische Union 당수.

가톨릭 중앙당 당원으로 쾰른 시장을 역임하고 1918년부터는 프로이센 국가 평의회 위원으로 일하였다. 나치의 집권 후 1933년 공직에서 쫓겨나 수용소에 수용되기도 한 그는 기독교 민주 연맹의 창당에 관여하여 1946년 당수가 되었다. 1948년 그는 세 연합국 점령 지역의 의회 평의회 의장으로 선출되었고, 독일 연방 공화국의 헌법을 기초하였다. 1949년에 서독 연방 공화국의 수상이 되었으며, 1963년 10월 수상의 자리를 물러날 때까지 세 번이나 수상 자리에 올랐다.

여행지 **클라도 산책** Kladow, **반 호수** Wannsee, **베를린 자유대학** Freie Universität Berlin

안내인 **루디 두치케** Rudi Dutschke, 1940-1979

1966년부터 베트남전 반전 시위로 학생운동 시작. 68학생운동의 핵심적인 인물이다. 베를린 자유대학 학생회장으로서 68학생운동을 주도하다 1968년 4월 11일 테러를 당해 심한 부상으로 결국 1979년 12월 24일 사망했다. 좌익 학생운동 이후 APO(원외야당)을 조직하기도 하면서 체계적인 사회운동을 벌였다. 지금도 독일 68운동의 정신적 중심인물로 평가 받고 있으며, 베를린 달렘에서 베를린 자유대학으로 가는 곳에 두치케를 기리는 "루디 두치케 거리"도 있다.

여행지 **모니카 마론 자택** Bei Monika Maron, **베를린 슈타디온** Berliner Stadion

안내인 **모니카 마론** Monika Maron, 1941-

1941년 베를린 노이쾰른에서 태어났다. 동독 초대 내무부장관을 지낸 의붓아버지인 칼 마론 밑에서 엄격한 사회주의 교육을 받고 자라났다. 작가의 자율성이 보장되지 않았던 동독사회에 대한 반감이 싹텄고, 80년 초 자신의 소설 두 권이 동독에서 출판되지 못하자 통일 이전 서독으로 넘어와 버렸다. 통일 직후 발표한 『슈틸레 차일레 6번지』로서 세인의 주목을 받게 되며, 그 이후 『아! 행복』, 『슬픈 짐승』, 『올가의 장례식날 생긴 일』 등 많은 작품을 발표하고 있다.

8월 7일

빵 사는 일은 내 전담. 식구들을 위해 비가 오나 눈이 오나 신선한 빵을 사기 위해 약 200m 떨어진 곳에 있는 콘디토라이(빵집)를 늘 기쁜 마음으로 찾는다. 아침부터 테이블에 앉아 간단히 요기하는 사람들도 있다. 내가 크로아상과 제잠(깨가 발린 빵), 그리고 노말 하드롤빵을 몇 조각 사 들고 서둘러 집에 오면 커피와 샐러드 등 다른 모든 것들은 준비되어 있다.

오늘 스케줄은 아침부터 복잡하다. 저녁까지는 베를린으로 여행 온 제자에게 베를린 구경을 시켜주기로 했기 때문이다. 1년간 안식년을 베를린에서 보내기로 한 것은 잘한 선택이었다. 베를린은 간간이 여행 오는 지인들이 빠뜨리지 않고 꼭 들리는 곳이기에 말이다.

하케셔 마르크트 근처 옥외 갤러리 © 정인모

베를린만큼 독일 역사를 한 몸에 안고 있는 도시가 또 있을까? 프로이센 제국 때부터 명실상부한 독일의 중심 도시 역할을 해 왔지만, 2차 대전 후 독일이 패전국이 되면서 베를린 시는 연합군에 의해 4부분으로 분할 통치되지 않았던가? 미국, 영국, 프랑스 점령지가 서베를린이 되었고, 소련이 점령한 부분이 동베를린이 되어 사회주의 국가의 운명을 걷게 되었다. 통일 전까지 어언 40년의 분단 현실을 견뎌왔던 운명의 도시 베를린. 사실 동·서 베를린은 그 기간 동안 완전히 서로 분리된 도시였다. 그렇지만 장벽이 무너진 통일 후에는 정치, 문화의 중심지가 되어 유럽의 어느 수도보다 더 아름답고 더 많은 가능성이 잠재된 베를린. 그래서 그런지 베를린에서 열리는 세계적 행사는 수 없이 많으며, 베를린이 지닌 인프라는 다른 유럽의 수도들이 갖지 못하는 장점으로 작용한다. 이는 호수와 숲 등 자연친화적 환경과 교통 시설, 그리고 무엇보다 베를린이 갖는 역사적 중요성 때문일 것이다. 그리고 동·서베를린 분단으로 인해 개발되지 않은 채 버려져 있던 건물과 공터 덕분에 오히려 갤러리가 생겨났고, 정형화되고 꽉 짜인 파리나 런던보다 자유롭고 여유 있는 베를린이 선호의 대상이 되는지도 모르겠다. 지금은 작가, 학자, 예술가 등 정말 많은 사람들이 베를린으로 몰려든다. 그리고 많은 행사, 박람회, 전시회, 컨퍼런스, 영화제 등으로 인해 이 도시는 수많은 관광객이 몰려드는 명실상부한 유럽의 중심 도시가 되었다. 2006년 월드컵 축구 결승전이 열린 곳도 바로 베를린이다.

슈파이어에서 행정학을 전공하는 제자는 부산대학교 국제대학원 석사를 마친 후 독일로 유학 온 착실한 학생이다. 둘이 만나기로 한 장소는 촌스럽게도 브란덴부르크 문Brandenburger Tor. 베를린이 초행길은 아니라지만 약속장소를 제대로 찾을 수 있을지 조금은 걱정되었다. 나는 식사 후 평소대로 가벼운 배낭 하나 매고 약속 장소로 향했다. 초역Zoologischer Garten으로 가서 100번이나 200번 버스를 타면 브란덴부르크 문으로 쉽게 갈 수 있다. 초역은 예전 베를린이 분단되었을 때에는 서베를린 중앙역이었다. 평소처럼 100번 버스 정류소는 관광객들로 붐볐다. 2층 버스인지라 가장 좋은 자리는 2층 맨 앞쪽 좌석. 평소 훔볼트 대학을 오갈 땐 절철(S.반)을 이용해 프리드리히슈트라세 역으로 가지만, 가끔 100번을 타고 가기도 한다. 관광 시즌에는 버스를 못 탈 정도로 인파가 몰린다.

브란덴부르크 문 Brandenburger Tor

빌헬름 2세Friedrich Wilhelm Ⅱ의 명에 따라 지어졌다. 높이 26m, 가로 65.5m로서 그리스 아테네의 아크로폴리스로 들어가는 정문인 프로필라이아Propylaes의 영향을 받아 랑한스Carl Gotthard Langhans가 설계한 것이다. 처음에는 도시의 성문으로 만들어졌으나 도시가 점점 커지면서 시내 중심에 자리 잡게 되었다. 19세기에는 프로이센의 막강한 군사력을 상징하는 것이었다.

브란덴부르크 문은 그리스 고전주의에 대한 독일의 관심을 반영한 건축물로서 문 위의 지붕은 두 줄로 늘어선 여섯 개의 도리스식 기둥 위에 얹혀 있다. 기둥 사이로 다섯 개의 길이 있는데 그중에서 약간 더 넓은 중앙의 길은 왕이나 그의 손님들만이 이용할 수 있었다. 끝

브란덴부르크 문 © 정인모

브란덴부르크 문. 그 웅장한 자태가 수많은 관광객들의 마음을 매혹시킨다. 브란덴부르크 문은 1788년에서 1791년까지 기간에 걸쳐 세워진 개선문이었으며 고대 그리스 파르테논 신전의 열주문을 본떠 만들었다. 문 꼭대기의 전차를 탄 여신상은 나폴레옹 침공 때 전리품으로 빼앗겼다가 다시 찾아온 것이다. 통일의 상징이 브란덴부르크 문이라면 역으로 분단의 상징이기도 했다. 통일과 분단은 동전의 양면이기 때문이다. 문 바로 앞쪽에 장벽이 설치된 자리가 표시되어 있다. 1961년 8월 13일 장벽이 설치된 후, 1989년 11월 9일 장벽이 무너질 때까지 서베를

베를린 필하모니 음악당 Berliner Philharmoniker

티어가르텐Tiergarten 지구 남쪽의 켐퍼 광장Kemperplatz 옆에 위치한 이 음악당은 1882년 창단된 베를린 필하모니 오케스트라의 전용 콘서트홀이다. 베를린 문화포럼Kulturforum 지구에 속해 있으며 포츠담 광장Potsdamerplatz과 인접해 있다. 좌석은 약 2,240석이며 샤론Hans Scharon의 설계로 1963년 10월 준공되었다. 건축물은 개관 당시에는 베를린 장벽 바로 옆 서베를린의 끝자락이었지만 통일 후에는 베를린의 중심이 되었다.

화려함과는 거리가 먼 텐트형 지붕과 곡선 형태의 외관은 실용적 모더니즘의 산물이다. 이 곡선은 유행을 따르거나 장식적인 것이 아니라, 내부의 형태가 그대로 밖으로 이어져 만들어진 것이다. 건물 외벽은 예산 문제로 우중충한 흰색과 황갈색 페인트마감이었다. 하지만 1978년-1982년 외관에 알루미늄 패널을 덧붙였다. 기이하게 생긴 건물의 외형 때문에 베를린 사람들은 이 음악당을 당대 최고의 상임지휘자와 연관시켜 '카라얀 서커스장'이라고 부르기도 했다. 건물 앞에는 이 지휘자의 이름을 붙인 폰 카라얀 거리도 있다. 공

필하모니 천장 © 정인모

린은 동독과 장벽에 둘러싸여 '자유의 섬'이라 불렸다. 서베를린은 냉전의 위협과 자본주의 퇴폐문화 사이에서 독특한 문화를 창출해 오지 않았던가? 통일이 된 지 20년이 넘은 지금도 오씨Ossi(게으르고 불평 많은 동독인), 베씨Wessi(거드름을 피우고 잘난척하는 서독인)라고 하면서 서로 차별하는 갈등 상황은 '머릿속의 분단' 현실을 말해준다.

승전기념탑을 바라보고 오른쪽으로 고개를 돌려 보면 국회 의사당이 우뚝 솟아 있다. 불과 100m도 떨어지지 않은 국회의사당으로 가는 길 모퉁이에는 이전 동베를린에서 서베를린으로 탈출하려다 소련군 총에 맞아 전사한 동독 군인을 기리는 추모 장소가 있다. 아, 자유를 찾아 목숨을 걸고 장벽을 넘으려 했던 무명의 병사. 인간을 이데올로기로 나누어 재단해버린 역사의 아이러니. 그 역사를 안타까워하며 그들을 위로하려는 꽃다발과 십자가만이 지금 쓸쓸하게 놓여 있다.

다음 코스는 베를린 필하모니 무료공연이다. 필하모니는 매주 화요일 점심시간을 이용해 일반인들에게 무료로 연주를 해 주고 있다. 물론 정식 공연은 아니고 필하모니 로비에서 약 30분간 공연을 펼침으로써 일반 대중에게 필하모니를 알리려는 것이다. 이전 한국 영재들이 이곳에서 공연을 한 적이 있어 장소는 쉽게 찾아갈 수 있었다. 200번 버스를 타고 5분 만에 필하모니 정문에 도착하였다.

베를린 필하모니 하면 세기적인 지휘자 카라얀이 떠오른다. 카라얀이 눈을 감은 채 지휘봉을 들고 있는 사진은 전 세계에 유포되어 우리에게 친숙하게 각인되어 있다. 지나친 민족주의자라는 비판도 받기는 했지만, 그가 보여주는 오케스트라 지휘는 음악에 문외한인 나에게도 압도적인 카리스마를 뿜어낼 정도이다.

전 세계에서 음악애호가들이 필하모니의 음악을 감상하기 위해 지금도 이곳으로 몰려들고 있지 않은가! 로비 구석에는 공연 전에 차와 간단한 빵으로 요기할 수 있는 간이 카페가 있다. 나는 함께 간 제자와 간단히 커피 한 잔과 브레첼을 먹고 중간쯤 자리를 잡았다. 로비에서의 공연이지만 오히려 자유분방한 느낌이 좋았다. 관객들은 계단에 앉기도 하고 서서 듣기도 하고 자기가 원하는 어느 곳에서도 음악을 들을 수 있었다. 관객은 질서정연했고, 연주 동안은 조용하게 귀를 기울이며 음악을 감상하였고 연주가 끝날 때마다 우레와 같은 박수로 감사를 표시했다.

장다르멘 마르크트 Gendarmenmarkt

운터 덴 린덴Unter den Linden 거리의 남쪽에 자리 잡고 있는 광장은 17세기말 네링Johann Arnold Nering이 만들었고 1773년 웅어Georg Christian Unger가 재건축하였다. 1773년까지 이 광장에 진주했던 프랑스 기병대 장 다르메Gens d'Armes에서 이름이 유래되었다고 전해진다. 이는 '기병대의 시장'이라는 뜻이며 '아카데미 광장'이라고 부르기도 한다. 제2차 세계대전 때 대부분의 건물들이 폭격으로 파괴되었으나 오늘날 대부분 원래 모습으로 복구되었다.

장다르멘 마르크트 © 정인모

다음 코스는 장다르멘 마르크트Gendarmenmarkt이다. 필하모니에서 장다르멘으로 이동하는 중간에 히틀러 벙크가 있는 곳을 지나갔다. 신문 지상에 떠들썩했던 비밀 장소였다. 히틀러는 이곳에서 기적 같은 전쟁의 반전을 기대하면서 끝까지 버티려 했다. 부인 에바와 마지막 운명의 순간을 맞이했던 독재자 히틀러. 전쟁의 상처는 쉽게 아물지 않았고, 독일은 40여 년 동안이나 분단국가의 운명에서 벗어나지 못했던 것이다.

베를린 시내에서 가장 아름답다는 장다르멘 마르크트는 베를린의 품격을 제대로 보여주는 우아함을 간직하고 있다. 광장 양옆에 서 있는 프랑스 대성당과 독일 대성당. 프랑스 돔에는 위그노Hugenotten와 관련된 박물관이 있고, 또 돔 위로 올라가 시내 전망을 바라볼 수 있는 전망대도 있다. 서로 조금씩은 다르지만 대칭되는 두 성당 사이에 콘서트 하우스Konzerthaus가 자리하고 있다. 칼 싱켈이 설계했다는 콘서트 하우스에 이번 가을 정명훈 씨가 이끄는 서울시향 공연이 있다는 포스트가 우리의 눈길을 사로잡는다. 한국의 위상이 생각보다 대단하다. 광장에는 실러 동상도 서 있다. 광장주변으로 베를린의 최고 중심지 프리드리히슈트라세의 명품 가게와 백화점이 줄지어 서 있다.

우리는 근처 체크포인트 찰리Checkpoint Charlie로 갔다. 이곳은 동서 베를린을 오갈 때 거쳐야 하는 검문소였다. 각 검문소가 A(알파), B(브라보), C(찰리) 등의 철자에 해당하는 임의의 이름으로 불리는데, C 검문소에는 찰리라는 이름이 붙었다. 분단의 모습을 느끼게 해 주는 미군 복장을 한 보초가 이제는 관광객들과 사진을 함께 찍는 임무를 담당하고 있었다. 분단 당시 동독 탈출을 시도하던 사람들의 모습이 담긴 사진이나 판넬이 거리에 전시되어 있었고, 그 옆에 장벽 박물관도 자리하고 있어 분단의 아픔을 고스란히 전해주고 있었다. 분단 장벽이 붕괴되기 전 목숨을 걸고 장벽을 넘으려고 시도한 비극의 역사가 전해오는 듯했다. 이곳 근처 아인슈타인 카페에서 차를 한잔하기로 했다. 아인슈타인 카페는 인텔리 풍의 고급스런 분위기를 풍기는 독일의 체인점인데 지식인들과 예술인들이 모여 유명해졌다. 베를린에만 해도 여러 곳이 있어 쉽게 알아볼 수 있다. '혹한 속의 여유!' 비엔나커피 한 잔은 강행군하는 우리에게 단비 같았다.

체크포인트 찰리 Checkpoint Charlie

이곳은 1961년부터 베를린 장벽이 무너지기 전까지 연합군, 외국인, 외교관 등이 동·서 베를린을 왕래할 수 있는 유일한 관문이었다.

1989년 11월 9일 베를린 장벽이 무너지자 1990년 6월 22일 이 검문소도 철거되었다. 이후 2000년 시민들의 모금으로 검문소는 복원되었다. 적색과 백색의 검문차단기와 "당신은 미국 점령지역을 떠나고 있습니다"는 표지판이 있다. 그리고 프리드리히 슈트라세Friedrichstrasse에는 냉전기간 양측의 경계선으로 쓰였던 하얀 선이 아직 그대로 남아 있다.

다시 브란덴부르크 문 쪽으로 나와 운터 덴 린덴 거리로 향했다. 이 길 양쪽과 중앙에 보리수가 늘어서 있어 이런 이름이 붙여졌다. 이전 사냥터로 가는 길이었다고 전해지는 운터 덴 린덴의 여름의 푸른 가로수들이 브란덴부르크 문과 어울려 하나의 작품을 만들어 낸다. 대사관이 즐비한 양옆 건물들에는 관광객을 위한 상점과 레스토랑이 있었는데 많은 관광객들로 붐비고 있었다. 그중 파리 광장 코너에 아들론Adlon 호텔이 눈에 들어왔다. 1907년 빌헬름 2세의 지원을 받아 건축되었다가 1970년 동베를린 시기에 문을 닫고, 1997년 통일 후 다시 문을 연 아들론 호텔 자체가 분단의 역사를 안고 있다. 여전히 유럽 귀족들의 호화로운 사교장의 위풍을 지금도 간직하고 있는 듯 했다. 그리고 아들론 호텔은 독일 팝 문학의 탄생지가 되었던 곳. 크리스티안 크라흐트Christian Kracht를 비롯한 다섯 명의 신세대 '댄디 작가'들이 며칠 동안 이곳에 머물면서 젊은 라이프스타일과 자신의 문학관을 허심탄회하게 피력하며 소위 '팝 문학'의 탄생을 예고했다는데…….

훔볼트 대학 © 정인모

알렉산더 광장Alexanderplatz쪽으로 걷다보면 박물관 섬 근처에 있는 훔볼트 대학이 눈에 띈다. 정문 쪽에는 늘 책 가판대가 있다. 알렉산더 훔볼트Alexander Humboldt와 빌헬름 훔볼트Wilhelm Humboldt 형제의 동상을 대칭으로 배치한 정문을 들어서니 널따란 붉은 대리석 홀 벽면에 칼 마르크스의 글이 눈에 들어온다. "철학자들은 이 세상을 다양하게 해석해왔을 뿐이다. 하지만 관건은 이 세상을 변화시키는 것이다. Die Philosophen haben die Welt nur verschieden interpretiert, es kommt aber darauf an, sie zu verändern."

피히테, 헤겔, 그림 형제 등 많은 독일의 유명 인사들이 거쳐 간 훔볼트 대학. 본관 2층에 가면 역대 노벨상 수상자들의 사진이 걸려 있어 학생들에게 학문의 꿈을 키우게 한다. 아인슈타인 사진도 있기에 이유를 알아보니 그가 이곳에서 강의를 한 적이 있다고 한다.

멘자 옆 카페의 커피 한 잔은 도서관에서 작업하던 나에게 늘 달콤한 휴식이 되었기에, 제자와 그곳에서 차 한 잔을 하기로 했다. 계절이 좋을 때는 카페 실외가 더 쾌적하다. 그곳에서는 바로 옆의 막심 고르키Gorki 극장과 역사박물관을 바라볼 수 있다. 이전 베를린 대학이라 불리던 훔볼트 대학. 대학의 이념은 훔볼트에게서 유래한다. 대학의 본질을 '고독'과 '자유'로 규정하면서 교양의 중요성을 강조했던 훔볼트이다. 분단 시기 동안 동베를린에 편성되면서 라이프치히 대학과 함께 동독의 대학 교육을 선도했으나 통일 직후에는 서독에 세워진 베를린 자유대학에 비해 시설이나 모든 면에서 낙후된 것으로 여겨진 훔볼트 대학은 그 이후 리모델링되고 우수 교수진도 확보함으로써 지금은 자유대학과 더불어 독일의 대표적인 대학으로 자리 잡았다. 전통을 자랑하는 훔볼트 대학은 학부모들이 선호하고, 자유대학은 젊은이들이 선호하는 대학이라는데……

제자와 헤어질 시간이 되었다. 제자는 이전부터 알고 지내던 독일 친구를 만나기로 했고 나는 독문학자 랄프 슈넬Ralf Schnell 교수를 만나기로 했기 때문이다. 슈넬 교수는 한국에도 몇 번이나 왔었고 일본 도쿄에 8년이나 근무해서 그런지 동양에 친숙하다. 그는 지겐대학에서 교수로 재직하다가 말년에는 4년 간 총장직을 수행한 후 정년퇴임하고는 다시 베를린으로 오게 되었다고 한다. 왜 베를린으로 왔느냐는 내 질문에 이곳이 자신의 고향이기 때문이라고 대답했다.

슈넬 교수와 만나기로 한 리터라투어 하우스Literatur Haus는 서베를린을 관통하는 3.5km 길이의 쿠담거리Ku'damm에서 파자넨 슈트라세Fasanenstr.로 약간 굽어 들어가면 쉽게 찾을 수 있다. 다른 레스토랑과는 큰 차이는 없었지만, 이름 때문인지 더 아늑한 분위기를 창출해내고 있었다. 이곳에서는 문학 세미나나 독자와의 대화 등 문학 관련 행사도 열리고 문학 서적 중심의 서점도 있었다. 일반인에게 이러한 문학적 분위기를 느끼면서 차와 식사도 할 수 있게 해 둔 것이다. 평소에 많은 사람으로 붐비는 곳이라 예약하지 않으면 좌석이 없다는데, 아니나 다를까 우리가 실내에 들어섰을 때 그곳은 손님들로 꽉 차 있다. 조금 있으니 나타난 슈넬 교수 부부. 2년 전 정년퇴임한 사람처럼 안 보인다. 이제 완연한 노신사가 되었지만 아직 눈빛은 샤프하다. 다행히 빈자리 하나가 있어 우리는 파스타 류의 음식을 주문했다. 시간적 여유는 그리 없었다. 7시 반에 하인리히 뵐 재단Heinrich Böll Stiftung에서 열리는 하인리히 뵐 쾰른 전집 완간 기념행사에 함께 가기로 했기 때문이다. 뵐의 작품 전체에 주석, 출처 등이 가미된 쾰러너 아우스가베Kölner Ausgabe 전집은 총 10년 동안 1년에 2권정도 지속적으로 출판된 역작 시리즈이다.

"5년 전 상하이에서 보고 참 오랜만에 봅니다. 잘 지내셨지요? 이쪽은 제 처입니다……." "아, 정말 오랜만입니다. 건강히 잘 지내셨습니까? 퇴임하셨다는 소식은 들었지만, 요즘 무슨 일 하시는지요?" "지난번에 나온 메츨러 독일문학사를 다시 손 보고 있습니다. 그리고 약 700페이지짜리 다른 문학사 책을 로볼트 출판사에서 내려하고 있고요."

기념행사가 열리는 7시 반까지 가려면 시간이 넉넉지는 않았다. 초역까지 버스로 두 정거장, 초역에서 전차를 타고 프리드리히슈트라세에 내려 하인리히 뵐 재단까지 도보로 10분 정도 걸으면 되니, 연결편이 그리 나쁘지 않지만 그래도 이동시간이 30분은 족히 걸린다. 날씨는 여름철이어서 좋은 편이었다. 독일의 날씨는 흔히 4월과 11월이 변덕스럽고 아무래도 5, 6, 7, 8월 여름이 가장 좋은 시즌이라고들 한다. 겨울의 날씨는 최악이다. 베를린 같은 경우는 독일 중에도 북쪽에 위치해 있어 겨울에는 오후 4시가 넘으면 어둑해진다. 더욱이 눈이 오거나 흐린 날은 3시만 넘어도 춥고 음산해서 집에 서둘러 들어가 긴긴 시간을 집에서 보낼 수밖에 없게 만든다. 여행이고 뭐고 다 귀찮은 것이, 눈에 푹푹 빠져가며 어딜 다닌다는 게 맘이 끌리겠는가?

하인리히 뵐 행사 시간이 다가올수록 마음이 설렌다. 노벨 문학상 수상작가라서 그런가? 아니면 내가 전공한 작가라서? 작가적 양심과 예술가의 실천적 삶을 강조하면서 소외되고 내밀쳐진 자들을 위해 목소리 높였던 작가 뵐. 행사 시간 전에 도착하니 제법 많은 사람들이 모였다. 하인리히 뵐의 둘째 아들 르네 뵐도 오랜만에 볼 수 있었고, 아일랜드의 뵐 전문가 홀프터Holfter 교수도 참석했다. 이들 모두 약 5년 전 상하이 뵐 심포지엄 때 만났던 인사들이다.

뵐의 생애는 독일의 역사와도 같다. 1차 세계대전 중 쾰른에서 태어나 2차 세계대전 때는 직접 독일군으로 참전하였고, 전쟁 후에는 전쟁체험을 문학으로 승화시키며 본격적으로 작가활동을 시작했다. 이후 그는 끊임없이 정치 사회의 이슈에 대응해 양심에 따라 행동한 작가였다. 2차 세계대전 때 동부전선, 프랑스 등지에 징집되어 어쩔 수 없는 군 생활을 했지만, 뵐은 전쟁을 일으킨 히틀러뿐만 아니라 이에 동조한 독일 국민과 그 정신성을 비판하는 글을 썼다. 종전 후 뵐은 본격적인 사회참여 작가로서 작품 활동을 시작하며 평생 양심에 따라 행동하는 작가로서 모범을 보인다. 세계펜클럽 회장일 때에는 「김지하를 걱정하며」라는 글을 써서 사형선고를 받은 김지하의 구명 운동을 펼쳤으며, 러시아의 솔제니친 등 독재로 핍박받는 양심 있는 작가들의 편에 서서 힘이 되어주고자 했던 독일의 대표적인 전후 작가였다. 그래서 지금도 그의 고향 근처 랑엔브로흐Langenbroich에는 정치적 망명 작가들의 쉼터가 있어 그들이 자유롭게 창작활동 하도록 돕고 있다. 뵐의 작가 정신을 구현하기 위해 만든 '하인리히 뵐 재단'도 마찬가지다. 녹색 환경 운동과 반핵 운동 등 뵐이 직접 실천했던 운동을 이 재단이 이어받아 하고 있으며, 이러한 단체를 지원하고 있다. 뵐 아카이브는 아직 쾰른에 있으나, 몇 년 전 인근 공사로 인한 지반침하로 많은 뵐 자료가 유실되었으며, 지금의 아카이브는 쾰른 시립도서관 일부를 빌려 쓰고 있다.

쉬프바우어담 극장 Theater am Schiffbauerdamm

1892년 젤링Heinrich Seeling에 의해 신바로크양식으로 건축되었다. 이후 1931년 독일 쉬프바우어담 국립극장Deutsches Nationaltheater am Schiffbauerdamm으로 지정되었다. 1954년 이후에는 헬레네 바이겔Helene Weigel과 베르톨트 브레히트Bertolt Brecht가 1949년 창립한 베를린 앙상블 극단의 주요 상연무대가 되었다. 2000년 1월 재건축되어 새롭게 개장하였다. 꿈

쉬프바우어담 극장 Wikimedia Commons

슈넬 교수는 쾰른 전집 출판의 편집장으로 행사에서 축사를 하였다. 리셉션을 포함한 두 시간에 걸친 행사를 마친 후 나는 슈넬 교수를 비롯한 지인들에게 작별인사를 하고 자유롭게 행사장을 빠져 나왔다. 하인리히 뵐 재단은 원래 쾰른에 있었으나 뵐을 쾰른 지역작가가 아닌 세계적 작가로 부각시키기 위해 재단이 베를린으로 옮겨온 것이다.

서독 초대 수상 아데나워 동상 © 정인모

프리드리히 슈트라세 역으로 걸어오면서 보니 그 유명한 베를린 앙상블Berliner Ensemble이 슈프레 강가에 자리하고 있었다. 한창 공연 중인가 보다. 지난번 동료교수와 브레히트의 『코카서스의 백묵원』을 보러간 적이 있어 공연장 안의 분위기가 머릿속을 스쳐갔다. 베를린 앙상블은 20세기 최고 극작가 브레히트가 전쟁 이후 동베를린을 선택하면서 그가 죽을 때까지 활동했던 곳이다.

프리드리히 역에서 전차를 타니 10시가 넘었다. 나는 서둘러 집으로 갔다. 베를린의 교통 연결은 거미줄처럼 몹시 치밀하게 잘 짜여 있어 우리 집으로 가는 버스만 해도 각기 다른 방향으로 5개나 된다. 가장 빠른 길은 초역에서 249번을

타고 가는 것이다. 시간이 늦어 그런지 초역에서 버스 배차시간이 길어 기다리기가 힘들었다. 110번 버스가 먼저 왔다. 버스를 타고 오는 길에 아데나워 광장 Adenauer Platz에 독일초대 수상 아데나워 동상이 창 밖 희미한 가로등 아래 비춰 보였다. 하인리히 뵐과 아데나워 수상. 서로 대척점에 있었던 이 두 사람은 서독 초창기를 대표한다. 한 사람이 독일 라인 강의 기적을 일으켜 독일의 경제를 살렸다면, 또 한사람은 이러한 경제 부흥 시기에 나타날 만한 비인간적인 면들을 비판하며 휴머니즘을 실천하려고 노력했던 작가였다.

내가 오늘처럼 이렇게 빡빡한 일정을 보낸 적도 없는 것 같다. 이 나이에 이래도 되는 건지……. 그래도 오늘은 많은 것을 느낄 수 있어서 맘이 뿌듯했다.

8월 16일

며칠간 비가 계속 오더니만 모처럼 날이 맑아졌다. 오늘은 독일에서 맞는 생일이다. 그래서 오늘 아침은 빵 대신 미역국을 먹는다. 매일 먹던 빵도 맛있지만 오랜만에 아침을 한식으로 먹는 것도 괜찮았다. 가족들이 준비한 생일 카드와 선물을 받았다. 나이가 들어도 선물 받는 건 기쁜 일이다. 생일 축하라도 하는 듯 오늘 마침 한인교회에서 야유회를 가기로 했다.

클라도의 한적한 산책길 © 정인모

야유회 행선지는 반제(반 호수)Wannsee 쪽이다. 반제로 가는 가장 간단한 방법은 주로 포츠담 행 고속철도를 이용하는 것이다. 초역에서 20분 정도면 반제에 도착하기에 충분하다. 하지만 클라도Kladow를 거쳐 가는 것도 색다른 묘미를 더해준다. 클라도는 초역에서 X34번 버스를 타고서 한참 둘러 가야 한다. 빙 둘러서 가기 때문에 시간은 훨씬 더 많이 걸리지만 여유 있을 때는 이 코스가 괜찮다. 버스가 클라도 마을에 도착하니 정말 시골같이 여유롭고 한적하다. 주변에는 온통 산보할 곳이다. 버스를 타고 가면서 보니 이전의 영국군부대와 비행장으로 사용했던 터는 흔적만 남아있으나, 클라도 해변 한구석에는 아직 부대가 자리하고 있었다. 분단의 흔적이 통일 후 20년이 지난 지금에도 여전히 남아 있으니, 참으로 그 상흔이 깊고도 깊은 모양이다.

클라도 선착장은 반제 선착장 건너편에 위치해 있다. 즉, 반제역 쪽으로 가려면 선착장에서 배를 타고 가야 한다. 배를 타는 시간은 30분 정도 걸리지만, 1시간 간격으로 페리가 운행되기 때문에 시간을 잘 맞추어야 한다. 우리는 배를 타기 전 너무도 아름다운 클라도 주변을 돌아보기로 했다. 이런 자연 속의 동네가 베를린에 있다는 게 축복이었다. 호수를 바라보고 왼쪽 가로수가 있는 길로 한참 가니 들길의 온갖 꽃들과 수목이 어우러져 하나의 풍경화를 이룬다. 경치에 푹 빠져 걷자니 고풍스런 건물 하나가 눈에 들어온다. 비스마르크 별장이란다. 확인은 못 했지만 오토 폰 비스마르크가 이곳에서 독일 통일을 꿈꾸었다고 생각하니 감회가 새로웠다. 통일을 이룸으로써 당시 독일의 정치·경제·문화의 후진성을 만회하려 했던 비스마르크, 그는 과연 비범한 인물이었음에 틀림없다.

클라도 페리 선착장 © 정인모

배 시간에 맞춰 선착장에 도착하니 배를 기다리는 사람이 줄을 이루고 있다. 모나츠 티켓(타는 횟수가 아닌 한 달 정기권으로 대중교통을 이용할 수 있다)을 사면 배 값도 공짜이다. 날이 좋아 그런지 호수 해면이 은빛 장관을 이룬다. 반제를 감상하기에 30분은 너무 짧았다. 겨울에는 이 호수가 얼어 있어 그 위를 걸어 다닐 수도 있단다. 호숫가를 따라 요트 계류장도 즐비했다. 반제에는 공작섬Pfaueninsel이 있다고 한다. 이름 그대로 공작을 놓아기르는 바람에 그것들을 보기 위해 많은 사람들이 이 섬을 찾는다는데 2km정도 되는 그 아름답다는 섬 둘레를 다음에 시간 내어 한 번 걸어봐야겠다. 그리고 동·서독 포로교환으로 유명하다는 그리에니커 브뤼케Glienicker Brücke와 윤이상 씨가 살았다는 자크로 키르히벡Sakrower Kirchweg을 다음에는 한번 찾아가 봐야겠다. 동백림 사건에 연루되어 고국의 땅을 다시 밟아보지 못한 한 음악가의 운명은, 한국 분단의 비극이자 독일 분단의 비극인 것이다.

그리고 반제는 또 하나의 비극적 사건을 간직한 곳. 하인리히 폰 클라이스트Heinrich von Kleist가 자살한 곳이다. 평생 괴테를 흠모하며 그를 능가하려 애쓰다 좌절한 작가, 인간의 본능과 이성의 한계에 철저하게 대결하고자 했던 클라이스트……. 결국 그는 애인 포겔과 함께 반제 호숫가에서 권총으로 자살함으로써 생을 마감하게 된다. '칸트 위기' 때문인가, 아니면 또 다른 이유가 있었던 것일까? 클라이스트는 고전주의와 낭만주의시기에 살았어도 어느 사조에도 속하지 않을 만큼 독자적인 문학세계를 구축한 작가이다. 그가 쓴 많은 단편과 희곡은 지금도 많은 독자들의 사랑을 받고 있다.

클라도에서 반제 쪽으로 넘어오니 사람들이 좀 더 많이 붐빈다. 우리는 그루네발트를 관통하는 버스를 탔다. 중간 지점 전망대와 카페가 있는 숲 속의 안식처에 내려 점심을 먹었다. 싸온 갖가지 음식을 내어 놓고 서로 나눠 먹으며 숲 속의 만찬을 즐겼다. 김밥, 주먹밥을 비롯해 각자가 싸온 음식이 풍성하다. "맛있는 반찬이 많으니 많이 드세요." 반찬을 두고 밥그릇 수북이 밥만 드시는 분에게 내가 말을 건넸다. "우리는 이전 전쟁 때에 밥을 제대로 먹지 못해 지금은 밥 많이 먹는 게 습관이 되어버렸어요." 어려운 시절을 다 겪어 오신 칠순 가량 되신 분의 말씀이다.

그루네발트에서 바라 본 반제 © 정인모

배가 부르니 황제가 된 느낌이다. 우리는 반 호숫가 쪽으로 산보하였다. 그루네발트 쪽에서 호수를 바라보니 우리가 페리를 타고 건너온 뱃길이 머릿속에 그려졌고 반제의 선착장이 저 멀리 보인다. 맑은 호수에 발 담그기도 하며 자연을 만끽했다.

그루네발트를 관통하는 버스 배차시간은 한 시간에 한 대이다. 생태보호 차원에서 최대한 자연 훼손을 막으려는 시당국의 조치인 셈이다. 그루네발트의 넓은 숲은 도심에 자리한 티어 가르텐과 더불어 수도 베를린의 녹지의 위력을 보여준다.

그루네발트 역은 나치시절 많은 유대인을 압송해 간 비극의 현장이기도 하다. 그래서 그에 대한 표지판이 지금도 남아 있다. 이곳에서 수많은 유대인들이 동부로 압송되어 갔다고……. 베를린 도처에 이러한 비극의 역사 흔적이 남아 있다. 오라니엔부르크Oranienburg에는 학살 흔적이 남아 있고 프리드리히 슈트라세 역 앞에도 유대인 아동들이 강제로 압송되는 모습을 형상화한 부조물이 서 있지 않은가!

우리는 고급저택들이 즐비하고 각 나라 대사관저가 많기로도 유명한 부촌 로제넥 Roseneck을 거쳐 베를린 자유대학으로 넘어갔다. 방학이지만 학교는 많은 학생들로 붐볐다. 베를린 자유대학하면 머릿속에 떠오르는 것이 68학생 운동이다. 68학생 운동은 유럽뿐 아니라, 미국, 심지어 일본까지 영향을 미쳤던 민주화 운동이었다. 당시 독일의 학생운동을 주도했던 베를린 자유대학, 이 운동의 선봉장이었다가 테러당한 루디 두치케R. Dutschke의 숨결이 캠퍼스를 들어서는 순간 느껴졌다. 그리고 유명한 작가 페트 슈나이더Peter Schneider 역시 기수로 이 운동을 주도하지 않았던가? 그의 대표 소설『렌츠』는 혁명에 좌절한 한 지식인의 심경을 담담히 표현하고 있다. 68학생 운동은 민주화 혹은 반권위를 외친 유럽, 아니 전 세계적 운동이었다. 하지만 독일의 68이 다른 나라의 68과의 차이가 있다면, 독일에는 다른 나라에서 찾아볼 수 없는 나치 과거극복 문제가 또 다른 이슈가 된 점을 들 수 있다. 다시 말해 아들 세대가 나치에 부역한 아버지 세대에게 과거의 처신을 따져 묻는 것이었다. 68학생 운동은 정치와 문화에 많은 변화를 가져왔다. 정치는 1970년대에 접어들면서 두 방향으로 나아갔는데, 하나는 일부 운동권 학생들이 제도권으로 진입하게 되어, 슈뢰더Schröder, 피셔 Fischer처럼 장차 정치가로 진출하는 케이스와 또 다른 하나는 원외야당APO으로 발전하여, 이것이 과격 단체가 되기도 한다.

1970년대 독일은 국내외적으로 암울한 시기였다. 1972년 뮌헨올림픽 때 발생한 이스라엘 선수 저격 테러는 전 세계에 충격을 주었고, 적군파 등 테러리스트들의 소행과 더불어 이에 대한 정국의 대응 등이 사회 불안을 야기했다. 바더-마인호프 사건 등의 과격한 사건들은 결국 1970년대 말에는 '독일의 가을'을 가져왔고, 이는 냉전체제가 고착화되는 상태에서 국내외적 어려움을 겪게 되었다.

한편 동독과의 관계개선의 노력은 결실을 가져와 1970년 초 당시 SPD 출신 수상이었던 빌리 브란트의 동방정책이 추진되었다. 브란트는 동독 에어푸르트를 방문하게 되고 이는 향후 동서독의 해빙무드 조성과 20년 이후 이루어질 통일을 향한 기초 작업이 되었다.

자유대학 인문철학도서관은 새로 단장한 인간 두뇌의 특이한 모양을 하고 있다. 역시 새로 단장한 훔볼트 대학의 그림Grimm 도서관과 더불어 독일 도서관

베를린 자유대학 인문철학도서관

Philologische Bibliothek der Freien Universität Berlin

도서관은 하이테크 건축의 대표주자인 영국 건축가 포스터Norman Foster가 1997년 설계하여 2005년 완공되었다. 베를린의 뇌Das Berlin Brain라는 별명으로 유명하다. 연면적 6,290m²의 4층 규모인 도서관은 철제 프레임과 알루미늄 패널로 이루어진 곡면의 구조물이 하중을 지탱하는 트러스 구조로 되어 있다. 각 층의 중앙에 위치한 서가에는 70만여 권의 단행본과 800여 종의 연속간행물이 보관되어 있다.

베를린 자유대학 도서관 www.fu-berlin.de

시설의 최첨단을 보여주는 곳이다. 멘자에서 커피 한잔은 부지런히 여기저기 쫓아다니느라 피곤한 낭인에게 원기를 회복하게 해 준다. 배가 불렀지만 아펠 스트루델Apfel Strudel(사과 케이크) 한 조각을 곁들이니 커피 맛이 한층 감미롭다.

자유대학에서 집에 오는 길은 지하철(U반) 3번을 타고 하이델베르크 광장에 내려 249번 버스를 타면 된다. 화려한 생일 외출이었다. 집에 오니 달콤한 피로가 몰려왔다. 집에 와서 좀 쉬었다가 저녁 먹고 7시부터 시작하는 도이체 오퍼에 오페라를 보러 가기로 했다.

베를린의 3대 오페라 극장이라면, 구동독에 속했던 슈타츠 오퍼Staatsoper와 코미쉐 오퍼가 있고, 구서독에 속했던 것으로는 도이체 오퍼Deutsche Oper가 있다. 도이체 오퍼는 이전 서베를린에 속해 있어 나름대로 은근한 자부심을 가지고 있다. 오늘 공연은 〈투란도트〉이다. 우리 집주인 올리가 도이체 오퍼 단원에 속해 있다. 부인 아다치도 마찬가지. 올리는 핀란드 출신이고 아다치는 일본인이다. 부부가 단원인 도이체 오퍼 공연에 초대했었지만, 그동안 이런저런 일로 가지 못하다 이번에 두 번째로 관람하게 된 것이다. 지난번에는 가족과 함께 〈오텔로〉를 보러 간 적이 있었다. 이번 공연에도 한국인의 역할이 대단했다. 도이체 오퍼 단원 중 한국인이 6-7명 된다는데 오늘 본 오페라의 주인공도 한국인이었다. 정말 세계적 극장에서 그들이 주연으로 활동하는 모습을 보고는 한국인으로서의 자부심을 느끼지 않을 수 없었다.

도이체 오퍼 Deutsche Oper Berlin

베를린 샤를로텐부르크Charlottenburg지구 비스마르크가에 있는 오페라극장이다. 도이체 오퍼의 전신은 1912년 지어진 도이체스 오페른하우스Deutsches Opernhaus였다. 도이체스 오페른하우스는 1943년 겨울 폭격을 받아 심하게 파괴되었다. 이후 베를린 분할 당시 베를린에서 가장 오래된 국립오페라 극장이 동독지구로 편입되자, 서베를린 사람들은 통일이 되면 두 개의 국립오페라 극장은 필요 없다며 통일이 되기를 기다렸다. 하지만 통일이 되지 않자 1961년 9월 24일 도이체스 오페른하우스 자리에 새로운 극장을 세웠다. 이때 도이체 오퍼로 이름이 변경되었다. 이곳은 오히려 국립오페라 극장보다 규모가 큰데, 호화로운 무대설비와 함께 1,900석의 좌석, 동시에 800명을 수용할 수 있는 넓은 로비 등을 갖추고 있다. 곰

도이체 오퍼 베를린 http://commons.wikimedia.org

좌석은 앞에서 5번째 줄 로얄석이었다. 올리가 배려한 덕에 이렇게 좋은 좌석에 앉아 감상할 수 있었다. 공연은 현대적으로 어느 정도 각색해서 그런지 전혀 지루하지 않고 3시간이 언제 지나갔는지 모를 정도로 재미가 있었다. 중간 휴식시간에는 가볍게 차 한잔 할 수 있는 바가 있어 올리도 볼 수 있었다. 무대에 서랴 바에도 나타나랴 참 부지런하기도 하다 생각하면서……. 예술을 사랑하는 독일인임을 새삼 느끼면서 늦은 밤 발걸음을 재촉하며 서둘러 왔다.

8월 25일 지난밤에는 잠을 설쳤다. 기온이 35도까지 올라간 날씨 때문에 밤에 잠을 제대로 못 잤던 것이다. 독일은 에어컨 문화가 아니라서 이럴 때는 아무런 대책이 없다. 독일 날씨가 이렇게 폭서일 때가 없었지만 최근 들어 기온이 이렇게 높아지기 시작했다고들 한다. 며칠 전 지하철 역에서 차를 갈아타려는데 웬 할머니가 나에게 말을 걸었다. 북극 얼음이 다 녹아내린다고, 이 지구 온난화는 누가 어떻게 막느냐고…….

오전 10시 반에 모니카 마론Monika Maron을 만나기로 했기 때문에 트로이트링어 슈트라세Treuchtlinger Str.로 서둘러 갔다. 마론의 집은 찾기가 쉽지 않았다. 상상했던 것보다 집이 골목 구석에 있었기에 지도를 보고 바이어리쉬 광장Bayerischer Platz 지하철 역에서 조금 걸을 수밖에 없었다.

모니카 마론. 한국에 그다지 알려진 작가는 아니지만, 매우 특이한 이력의 소유자이다. 그녀의 새아버지가 구동독 창설 주역이었던 울브리히트Ulbricht 내각의 내무장관을 지낸 칼 마론Karl Maron이었기 때문이다. 그래서 그녀는 어린

시절부터 가정에서 사회주의 교육을 철저히 받아 성장하였다. 그녀의 수필 「나는 반파시즘의 아이로 태어났다」에서 그녀의 성장 환경을 잘 읽을 수 있다. 그러나 그녀는 동독의 사회주의 체제에 점점 염증을 느끼게 되고 급기야 통일 4년 전 서독으로 이주해 버린다. 전쟁이 끝난 후 진정한 사회주의 국가 모델을 스탈린주의에서 찾아 진정한 이상 국가를 건설하려 했던 구동독. 나치의 파시즘을 그토록 비판하고 경계했지만 훗날 정작 자기의 모습은 독재 파시즘을 그대로 닮아있지 않았던가? 마론은 그런 체제에 염증을 느꼈고 80년대에 『분진』을 비롯한 두 작품을 발표하려고 했지만 동독 내에서 출판금지 당했다. 결국 서독 피숴 출판사에서 두 작품을 펴낼 수밖에 없게 되자 더더욱 동독 체제에 대한 신뢰를 잃게 된다. 이러한 구동독의 스탈린주의에 대한 비판은 통일 직후 나온 『슈틸레 차일레 6번지』에 직설적으로 표현되어 나타난다. 나는 그녀의 이 작품을 우리말로 옮긴 적이 있고 또 그녀의 이력과 작품세계에 관심을 가졌던지라 이번 방문은 개인적으로 매우 뜻 깊은 만남이 될 거라는 기대에 차 있었다. 몇 개월 전 마론과의 첫 대면은 그녀가 태어나고 자란 노이쾰른Neukölln에서 있었던 그녀의 낭독회 때였다. 신작 『두 형제』라는 수필집을 읽고 서로 얘기하는, 소위 독자와의 대화 시간이었다. 그 자리에 동양인, 아니 외국인이라고는 나 혼자라 아마 다른 참석자들이 의아해했을 수도 있었다. 그래도 나는 질문도 하고 인사를 나누었던 기억이 있다. 그 이후로 메일 몇 번을 주고받은 상황이었다.

마론의 집 전면 © 정인모

"반갑습니다. 이렇게 또 집에까지 초대해 주셔서 정말 감사합니다. 그동안 잘 지내셨지요?" "어서 오세요. 이곳까지 오게 해서 정말 죄송합니다. 이 개는 물지 않으니 안심하십시오." 그러고 보니 큰 개 한 마리가 손님인 나를 졸졸 따라 다닌다. 외국인인 내가 그 개에게도 신기한 모양이다. 마론은 지난해 어머니가 돌아가셨다는 메일을 나에게 보낸 바 있다. 마론의 모친 헬라Hella는 칼 마론의 부인이었고 열렬한 사회주의자였다. 마론은 어머니와 이런 사상적인 문제로 갈등을 많이 겪었다. 헬라는 통일 이후 사회주의 이상이 무너진 상황에서 무슨 말을 할 수 있겠는가?

"실제 동베를린에 슈틸레 차일레Stille Zeile라는 거리가 있습니까?" 나의 첫 번째 질문이었다. "아니요. 그 작품 제목은 사실 슈틸레 슈트라세Stille Str.를 말합니다. 판코Pakow에 있지요. 여기서 멀지 않아요." "아, 그렇습니까? 그러면 다음에 판코에 있는 슈틸레 거리를 찾아가 봐야겠습니다." 작품에 쓰여진 구 동독 고위관직에 있었던 그 '고요한 거리'가 이름 그대로 슈틸레 슈트라세였던 것이다. 작품 속 고위관직자 베렌바움의 죽음이 곧 구동독의 멸망을 상징하는 것이라고 쉽게 짐작이 갔다.

마론의 집 방문은 1시간 반 정도의 시간이면 족했다. 마론이 워낙 바쁜 분이기도 했고, 작가의 집을 방문해 시간을 빼앗는다는 것이 창작활동의 리듬을 깨뜨린다는 생각이 들어오래 있지 못했다. 준비해간 질문거리들로 서로 동독문학과 사회에 대해 대화를 하고, 마론이 내놓은 따뜻한 과일차와 쿠헨의 향기, 그리고 손님을 정성스레 맞이한 마론의 따뜻한 마음을 담고 마론 집을 빠져나왔다.

벌써 배가 출출하였다. 우선 근처 레스토랑에서 식사를 하고 템포를 좀 늦추기로 했다. 3시 반부터 축구경기가 있어 바로 베를린슈타디온Stadion으로 서둘러 갔다. 슈판다우Spandau로 가는 지하철이나 고속철도 모두가 축구관람객으로 꽉 찼다. 찌는 여름 날 사람들로 꽉 찬 전철을 겨우 타고 슈타디온으로 가는 내 마음은 여전히 설렜다. 베를린 슈타디온. 아, 이곳이 고 손기정 옹이 베를린 올림픽 때 마라톤 경기에서 우승을 하고도 대한민국 국기 대신 일장기를 달고 금메달을 받았다는 그 비운의 현장. 나라 빼앗긴 민족의 설움이 이런 것이었던가!

20분 정도의 이동 시간은 나에겐 정말 고통이었다. 그런데도 이들은 축구경기를 보러가는 것이 마냥 즐거운가 보다. 그 비좁은 틈바구니에서도 시종일관 웃고 떠들어댔다. 슈타디온 역에 도착해서 약 10분간 앞사람 뒷발치를 따라 걸어가니 경기장 입구가 나온다. 경기장 앞 그 너른 광장은 베를린 헤르타 푸른색 타월을 걸친 인파로 넘쳐났다. 평소 조용하던 독일 거리도 축구하는 날이면 시끌벅적하다. 경기장 앞 광장은 물론이고 심지어 시내 초역이나 중심가에도 축구팬들의 함성은 용인되는 모양이다. 관람 자리는 조금 조용한 남Süd 쪽을 예약했었다. 베를린 슈타디온은 축구전용구장이 아니다. 베를린 올림픽 때 올림픽을 위해 히틀러가 만든 종합경기장이다. 따라서 다른 도시 축구 전용경기장보다 넓고 좌석이 많은 대신 경기하는 선수들과의 접근성은 떨어진다.

시합 10분 전 경기장으로 들어가니 선수들이 몸을 풀고 있고 스폰터즈가 자리한 동쪽 골대 뒤쪽은 벌써부터 난리다. 이들은 경기 시작 혹은 경기 중 내내 쉬지 않고 홈 팀을 응원한다. 오늘은 시즌 2번째 슈투트가르트와의 경기. 보비치 등이 있을 때에는 슈투트가르트의 성적이 좋았으나 요즘은 좀 시원찮다. 베를린 헤르타도 마찬가지. 2부 강등 위기까지 갔다가 겨우 살아남은 팀이다.

분데스리가의 전설 차범근에 대한 추억을 가진 독일인이 제법 있다. 내가 아는 한 독일인도 프랑크푸르트 팬인데, 이전 프랑크푸르트 아인트라흐트에서 뛰던 차범근을 잊을 수가 없다고 한다. 그래서 독일의 중견작가 에크하르트 헨샤이트E. Henscheid도 차범근의 실력을 인정하고 「차범근 찬가」라는 장장 5페이지에 달하는 유명한 시를 남기지 않았던가? 프랑크푸르트와 레버쿠젠에서 활동했던 차범근이 넣은 분데스리가 98골은 대단한 기록이었다. 이제 아우구스부르크에서 뛰는 구자철과 지동원이 그 명맥을 이어가줄까? 분데스리가에 속한 18개 팀의 경기는 전쟁과도 같다. 상위 3팀이 참피언스 리그 진출권을 얻기 때문에 상위권은 상위권대로, 또 18개 팀 중 늘 마지막 2팀은 2부로 강등되고 끝에서 3위 팀은 2부 상위 3위와 승강결정전Relegation을 해서 살아남는 팀이 1부 리그에 속하기 때문에 경쟁이 치열하다. 그래서 이들의 한 게임 한 게임은 늘 살얼음판을 걷는듯하다. 이전에 함부르크, 칼스루에, 레버쿠젠 축구장을 간 적이 있지만 베를린만큼 이렇게 웅장한 슈타디온은 아니다. 고 손기정 옹께서 시상대에서 눈물 흘린 모습이 보이는 듯했다.

베를린 올림피아 슈타디온 wikimedia.org

결과는 1:0 베를린 헤르타의 승리. 올해의 조짐은 괜찮다. 그런데 분데스리가는 중반 이후까지 가봐야 안다. 이전에 보쿰이 중위권에 있다가 막판에 연속으로 경기에 지는 바람에 2부로 강등되지 않았던가?

독일인에게 축구는 하나의 생활이다. 집밖에 나오면 잔디에서 축구하는 사람을 쉽게 찾아볼 수 있다. 그래서 그런지 축구에 관한 에세이나 개인 전기가 서점에 즐비해 있고, 심지어 소설, 시까지 축구를 소재로 한 것이 많이 있다. 유명한 작가 중 귄터 그라스Günter Grass나 한트케Handke, 또

베를린 올림피아 슈타디온 Berlin Olympic Stadium

히틀러는 아리안족의 우수성과 나치의 위용을 과시하기 위해 1936년 베를린 올림픽을 유치하였다. 경기장은 건축가 마르히Werner March가 설계한 것으로서, 베를린 서쪽의 그루네발트Grunewald 숲에 조성된 스포츠단지의 중심 건물이다. 1934년 공사가 시작되어 1936년 여름 완공되었다. 커다란 타원형의 대칭적인 형태를 한 경기장은 나치가 좋아했던 기념비적인 신고전주의 양식으로 지어졌으며 74,000여 명의 관객을 수용할 수 있다.

제2차 세계대전 이후 경기장은 영국 점령군 사령부의 일부로 사용되기도 했다. 현재 독일 분데스리가의 헤르타 BSC 베를린Hertha-Berliner Sport-Club von 1892 e.V의 홈구장이다. 2000년 조명시설과 개폐식 유리지붕 추가, 좌석 교체 등 4년 동안의 개보수를 거친 후 2004년 다시 개장하였다. 2006년 독일 월드컵 결승전에서 이탈리아가 우승한 곳이기도 하다.

차세대 작가 토마스 부루시히Thomas Brussig까지 모두 축구광이지 않은가? 이런 수필 제목도 있다. 「당신의 장례일이 축구 경기하는 날이면 유감스럽게도 나는 갈 수 없소」 이 제목을 보고 얼마나 웃음이 나왔던지. 이들의 축구 사랑은 정말 설명하기가 힘들 정도이다. 분데스리가의 최근 판도는 전통적 강호 바이에른 뮌헨과 최근 더욱 강한 모습을 보이는 도르트문트 간의 시소게임이다. 물론 바이에른 뮌헨이 더 우위에 있지만……. 현대 스포츠는 또 마케팅과 자본의 위력이 강해져 더욱 더 상업화가 되어 가는 실정이다. 바이에른 뮌헨에서 분데스리가의 좋은 선수들을 다 쓸어가기 때문에 다른 팀에서 "엿 먹어라, 바이에른 뮌헨"이란 플래카드를 내걸 정도이다. 바이에른 뮌헨은 나름대로 독일을 대표하는 유럽의 최강 팀을 만들려고 하는 꿈이 있겠지만…….

축구라 하면 자다가도 벌떡 일어날 나에겐 이런 축구장 분위기가 오히려 친숙하게 느껴졌다. 이전 축구에 관한 논문을 한 편 쓴 적이 있다. 「현대 독일문학에 나타난 축구 모티브」라는 제목이었는데, 이 논문을 쓰기 위해 훔볼트도서관에서 자료를 뒤지고, 서점의 많은 축구 관련 서적을 탐독한 적이 있다. 전공과 전혀 동 떨어진 것은 아니었지만 새로운 시도라 엄청 힘들었다. 하지만 이 주제 연구는 색다른 희열을 안겨다 준 경험이었다. 지난번 티어가르텐 벼룩시장에서 1.5유로에 샀던 리하 교수의 『축구, 문학으로 풀다』를 다시 읽어봐야겠다.

축구에도 분단의 역사적 비극이 자리하고 있다. 1974년 서독 월드컵 조별 예선에서 서독이 동독에게 1:0으로 진 적이 있었다. 그 당시 축구의 강호였던 서독이 동독에 패한 것은 서독인에게 엄청난 쇼크였다. 귄터 그라스는 이 경기를 정치적 현실과 관련시켜 『나의 세기』에서 이렇게 피력하고 있다. "1:0으로 독일이 이겼다. 그런데 어떤 독일인가? 이쪽이 내 독일인가, 저쪽이 내 독일인가?" 이처럼 분단의 아픔이 스포츠에도 고스란히 드러난다.

축구장을 빠져나오기는 입장할 때와는 비교가 되지 않았다. 한꺼번에 쏟아져 나오는 인파에 몸을 맡기며 차 탈 때도 걸을 때도 내가 가는 게 아니고 사람에 밀려서 시내까지 나왔다. 집에 도착했을 때 피곤이 몰려왔지만, 저녁에 방영하는 분데스리가 주말 모든 경기 프로그램이 나의 피로를 말끔히 씻어주었다. 아, 독일의 토요일이란!

「차범근 찬가」(일부)

차범근!
동양에서 온 친구여! 너는
더 이상 외지인이 아니다. 너에게
망명은 쓰디쓴 운명이 아니다.
고향, 제2의 고향을 너는 발견했다.
(……)
한국에서 온 사나이 너만이
게임에 정확도가 있다.
너는 냉정하게 패스한다.
큼직한 패스, 급격한 패스는 물론
짧은 패스도 우리는 보았다, 네가
뒤로 차 보내기에도 서툴지 않음을.
너는 또한 먼 아시아에도 발을 거는
교묘한 트릭이 있다는 것을 보여주었다.
(……)

베를린에서 어두운 과거와 새로운 희망 만나다

조관연

여행지 **베를린 유대박물관** Jüdisches Museum

5월 3일

필자가 처음으로 베를린을 방문한 때는 쾰른에 유학하고 있던 1987년 9월의 어느 날이었다. 브란트의 동서 화해정책 덕분에 냉전의 차가운 기운은 많이 없어졌지만 그래도 곳곳에서는 그 어떤 차가움과 무거움이 베를린 시를 지배하고 있던 시기였다. 차를 타고 동독을 가로질러 베를린에 들어서기 위해서는 이 세상 그 어떤 감옥보다 더 높을 것 같은 철제 장벽을 지나가야 했으며, 동독 관리는 의심의 눈초리로 나를 맞이하였다. 서베를린에 유학하고 있던 친구를 만나 이런 곳에서 불안해서 어떻게 살 수 있냐고 푸념을 늘어놓았더니 대륙인 서독보다 못하지만 그래도 한국보다는 안전하다는 대답이 돌아왔다. 친구는 서베를린을 섬으로, 그리고 서독을 대륙으로 지칭하고 있었는데, 그의 말은 서베를린 사람들이 느끼고 있는 고립감을 잘 보여주었다. 사흘 동안 서베를린과 동베를린 곳곳을 다녀보았지만, 아직 이차대전과 냉전의 흔적이 많이 남아있는 베를린 시는 전혀 정이 가지 않는 답답한 도시였다. 쾰른으로 돌아온 나는 살벌한 베를린이나 동유럽 국가들을 다시 방문하고 싶은 마음이 없어졌다.

나는 연구 때문에 1997년 3월 중순에 두 번째로 베를린을 방문하였고, 약 한 달 동안 그곳에서 머물렀다. 그동안 장벽은 무너지고 통일되었을 뿐만 아니라 수도가 된 베를린에서는 거대한 건축공사들이 진행 중이었다. 시내 하늘에는 온통 크레인밖에 보이지 않고 거리에는 중장비의 굉음만이 들리는 어수선한 분위기였다. 이때 독일에서는 베를린을 어떻게 재건할 것인지에 대한 논쟁이 한창이었는데, 예전의 어두웠던 냉전의 기운이 사라진 베를린은 점차 매력적인 거대도시로 변화하고 있었다. 무엇보다 자본주의와 사회주의의 두 가지 흔적을 한 장소에서 안전하게 볼 수 있다는 것이 좋았고 또한 프로이센 시대부터 축적한 문화유산들을 자유롭게 볼 수 있는 점도 남다른 장점이었다. 박물관 섬을 둘러보고, 언론에서 한창 논쟁 중이던 국회의사당 공사현장을 하루에도 몇 차례 지나가면서 어떤 모습으로 새롭게 단장할지 궁금했다. 서독의 막강한 경제력의 지원을 받는 베를린은 그 가능성이 무한대로 열린 도시처럼 느껴졌다.

2012년 나는 5-6월까지 두 달 동안 독일에 연구차 머물게 되었다. 빌레펠트 대학교 학제간연구소에서 연구 활동을 하게 되어 있었지만, 지난 십여 년 동안 베를린이 어떻게 변화하였는지 궁금함을 참지 못한 나는 일주일 동안의 틈을 내서 베를린을 방문하였다. 한 지역의 변화를 지속적으로 관찰하는 것은 문화연구의 기본인데, 베를린처럼 역동적으로 변화하는 도시가 세계에 또 어디에 있을까? 나는 그 거대한 변화를 무조건 보고 싶었던 것이다.

내가 베를린에 도착했을 때 날씨는 예상대로 그다지 좋지 않았다. 하지만 내가 처음으로 독일에 갔던 때와는 그래도 약간 달랐다. 나는 1985년 4월에 독일 유학생활을 시작하였는데, 거의 한 달 동안 온종일 가랑비가 내려서 우울증에 걸릴 지경이었다. 지금은 온난화의 영향으로 독일 날씨도 상당히 더워졌지만 오락가락하는 날씨는 5월임에도 여전했다. 예전에 유럽을 여행하던 미국인 부부를 만난 적이 있다. 함께 아침을 먹으면서 이런저런 이야기를 나누다가, 이들이 하는 독일 날씨 이야기에 크게 웃었다. 이들 말에 의하면 독일 날씨는 종을 잡을 수 없어서 서늘하다가, 비가 왔다, 바로 해가 나고, 또 따뜻해지는 것을 반복한다는 것이다. 그래서 나는 그 부부에게 "독일에서는 변덕이 심한 여자아이를 날씨와 같다고 하는데, 그만큼 독일 날씨는 변덕스럽다. 어느 봄 또는 여름날에 일 년 사계절 날씨를 모두 다 경험할 수 있는 게 독일날씨다."라고 설명하였다.

나는 베를린에서 포츠담 광장 근처에 있는 작은 호텔에 방을 잡았는데, 통독 이후 베를린의 방값이 매우 비싸졌다. 하지만 주요한 문화시설을 보고 시내 관광을 손쉽게 하려고 기꺼이 비싼 값을 내기로 결정했다. 호텔에서 주는 아침을 먹고 베를린 남서쪽에 있는 유대인박물관을 구경하기로 마음먹었다. 오랜 유학생활을 한 나는 호텔에서 주는 통밀빵을 보고 매우 반가웠다. 내가 처음 독일에 왔을 때 통밀빵이 너무나 뻣뻣하고 거칠어 먹기가 힘들어서, 주로 작은 주먹 모양의 브뢰첸을 먹었다. 여기에 잼이나 꿀을 바르고 쉰켄을 넣어서 먹으면 매우 맛이 좋아서 한 끼에 3-4개를 먹기도 하였는데, 그러면 하루를 그 즐거운 포만감에 즐거워했던 기억이 떠올랐다. 나중에는 통밀빵이 건강에 좋다는 사실을 알게 되었고, 열심히 통밀빵과 친해지려고 노력한 덕분에 실제로 일 년이 안 되어서 통밀빵의 구수함에 빠져들게 되었다. 독일 통밀빵은 이스트 대신에 효소로 발효를 하기 때문에 독특한 신맛이 있는데, 이스트에 길든 대부분의 한국 사람은 이 빵의 시큼한 맛을 싫어했는데, 건강에는 이스트보다 효소가 더 좋다는 것은 널리 알려진 사실이었다. 귀국 후에는 한국에서 통밀빵을 구할 수 없어서 매우 아쉬워했는데, 독일 호텔에서 진짜 통밀빵을 다시 보게 되다니…….

5월 4일

베를린 유대박물관Jüdisches Museum 가는 길은 그다지 어렵지 않다. 지하철 U1번이나 U6번을 타고 할레쉐스 토어Hallersches Tor에서 내려서 걷거나, 버스 M29, M41을 타면 박물관 앞에서 내릴 수 있다. 나는 지하철로 갔는데, 중앙역 Hauptbahnhof에서 내려서 약 10분 정도를 걸으면 된다. 중간 중간 방향을 점검하기 위해 지나가는 사람에게 유대박물관 가는 길을 다시 물어보았는데, 어떤 독일인은 웃으면서 가다보면 경찰차가 몇 대 서 있는 큰 건물이 보이는데, 거기가 유대박물관이라고 농담을 하였다. 현재 독일의 유대 관련 건물들은 이슬람 극단주의자들의 주요한 테러 목표가 되었기 때문에 경찰이 삼엄하게 감시하고 있다. 유대인의 극단적인 팔레스타인 정책이 이런 사태를 야기했는데, 이 사실에서 묘한 역설을 느끼게 된다.

유대인박물관을 설명하기에 앞서서 내가 왜 베를린을 좋아하게 되었는지 약간 설명하는 것이 나을 것 같다. 베를린은 매우 독특한 분위기를 가진 도시이다. 18-19세기에는 군국주의와 프랑스의 계몽주의가 어우러져 한 차례 역동적인 도시 분위기가 만들어졌으며, 이후 나치의 폭정으로 인해 암울한 시기를 보냈다. 패전 때문에 베를린은 동독 한가운데 위치한 고립된 섬이 되었을 뿐만 아니라 연합국은 이 도시를 동서로 분할 통치하였다. 베를린은 동서 냉전의 최전선이 되었고, 자본주의와 공산주의가 서로 체제의 우월성을 자랑하는 무대가 되었다. 안보 불안을 느낀 많은 독일인이 베를린을 떠나갔고, 외국 노동이주민과 대안적 삶을 꿈꾸는 독일 젊은이들이 이 빈자리를 메꾸었다. 젊어진 베를린은 비판적이고 국제적인 분위기로 가득했지만, 독일에서 가장 가난하고 꺼리는 도시 중의 하나가 되었다.

독일 통일은 우연히 그리고 극적으로 이루어졌는데, 베를린은 다시 통일 독일의 수도가 되었다. 고급공무원과 정치가 그리고 기업인뿐만 아니라 외국 외교관들이 베를린에 정착하였고, 중앙정부의 적극적인 지원과 투자가 이어지면서 도시 분위기는 또다시 변화했다. 통독 후 베를린이 수도가 되면서 어두웠던 과거를 극복하고 새로운 도시의 정체성을 만들려고 노력하고 있다. 현재 베를린은 세계도시 중에서 가장 역동적이고 지적이며 관용적인 도시로 태어나기 위해 많은 시도를 하고 있다. 베를린에는 독일의 그 어떤 대도시보다도 독특한 역사가 배어있을 뿐만 아니라 독일 역사와 미래의 지향점을 함축적으로 보여주고 있기도 한 인문주의 전통이 잘 살아있는 독일 도시 중의 하나이다. 베를린은 매우 지적이고 역동적인 도시이기 때문에 단기간에 이 도시의 모든 것을 파악하기는 불가능하다. 제한된 시간 내에 베를린의 중층적이고 다양한 측면을 이해하기 위해서는 선택을 할 수밖에 없는데, 나는 독일의 과거와 현재 그리고 미래가 함축적으로 재현되고 있는 장소로 베를린 유대박물관을 꼽는다. 박물관에는 독일 유대인에 관한 다양한 자료들이 있기 때문에 제대로 보기 위해서는 적어도 6시간 이상이 필요하다. 안내대에서 오디오 가이드를 대여하면 더 많은 정보를 얻을 수 있다. 전 세계에서 수많은 관광객이 유대 문화를 이해하기 위해 또는 해체주의 건축을 보기 위해 온다. 시간이 여유 있다면 근처에 있는 대안문화의 요람, 크로이츠베르크 지역을 방문하는 것을 적극 추천한다.

펠릭스 누스바움 박물관

유대박물관은 해체주의 건축양식 덕분에 국제적으로 유명해졌다. 이 건물을 보면 한 건축가의 능력이 얼마나 중요한지 알 수 있다. 이 건물을 설계한 사람은 유대계 미국인인 다니엘 리베스킨트Daniel Liebeskind(1946-)이다. 1946년 폴란드에서 유대인 부모 사이에서 태어났는데, 그의 부모는 나치의 유대인 대학살(홀로코스트)의 생존자였다. 어려서 아코디언을 배웠고, 음악 부문에서 두각을 나타냈다. 7살 때 폴란드 텔레비전에 출연해서 연주한 음악 신동이었으며, 13살 때는 미국유대인 장학금을 받아서 뉴욕으로 유학 갔다. 그는 이후 미국인이 되었는데, 공산화된 폴란드에서 거의 마지막으로 이주한 사람이 되었다. 1965년 미국 시민권을 획득하였으며, 1970년 건축학 학위를 받았으며, 1972년에는 에식스 대학교의 역사와 건축이론 분야에서 학위 후 과정을 수료했다. 그는 음악에 소질이 많았지만 이를 포기하였는데, 이는 유대인 박해가 담고 있는 메시지를 건축에 담기 위해서였다. 유대박물관은 해체주의를 기반으로 한 그의 두 번째 작품이다.

유대박물관 건축설계 공모에 응모할 당시 그는 자신의 건물을 아직 지어본 적도 없는 무명의 건축가였다. 그의 설계안이 당선된 것은 그의 설계안이 담고 있는 파격적인 메시지와 이를 구현한 양식 때문이었는데, 독일 심사단은 그의 개념에 매료되어서 큰 모험을 감행했다. 리베스킨트는 베를린 유대박물관 계획안이 선정된 후 건축을 시작하기 전에 오스나브뤼크의 펠릭스 누스바움 박물관 건축설계 공모에 응모해서 당선됐고, 이 건물을 건축했다. 1998년 완공된 누스바움 박물관이 그가 지은 첫 번째 건물이 된 것이다. 누스바움은 유대계 독일인 화가인데, 리베스킨트는 그의 작품을 전시할 건물에서 인종주의와 불관용을 재현하였다. 박탈, 불가해성, 축출, 억압의 분위기가 건물에 나타나고 있는데, 타임스지와 가디언 지는 '누스바움의 그림과 조화를 잘 이룬 건축물'이라고 호평을 하였다.

리베스킨트는 누스바움 건물을 통해 유명하게 되었을 뿐만 아니라 많은 전문가의 자신에 대한 우려를 불식시켰다. 이전에 다수의 전문가는 설계안대로 건축하는 것이 무모할 뿐만 아니라 건축이 던지는 메시지가 너무 강하다고 비판하였다. 하지만 리베스킨트는 이들의 비판에 대해 "건축은 단순히 기술적 문제가 아니다. 역사와 전통에 바탕을 둔 인문과학이다. 역사와 전통이 건축 설계의 핵심요소가 되지 않으면 안 된다. 내 작품은 건축물이기 이전에 그 장소의 모든 역사를 담아야 한다"고 주

법원동 건물

법원동 건물 Kollegienhaus

독일 건축가 게를라흐Philip Gerlach가 설계한 이 건물은 1735년 완공되어 프로이센 법원 건물로 사용되다가 1913년 법원이 새 건물로 이전하면서 종교회의장으로 사용되었다. 제2차 세계대전 때 건물 외벽이 파괴되었으며 고속도로 건설이 계획되면서 이 건물은 방치되어 있었다. 하지만 도로건설 계획이 취소되면서 1963년부터 본격적인 복구작업이 시작되었다. 베를린 유대박물관이 입주하기 전까지 이 건물은 베를린시 역사박물관으로 이용되었다.

현재 이 건물에는 매표소, 보안검사, 안내소, 식당, 특별전시실, 강당, 그리고 사무실 등이 입주해 있다. 이 건물을 통해 입장하면 박물관과 연결되어 있는 지하통로로 진입할 수 있다.

위에서 본 유대박물관 리베스킨트동(왼) 법원동(오른쪽)

법원 동과 리베스킨트 동

유대박물관 Jüdisches Museum

유대박물관 건설은 1960년대 중반부터 논의되었다. 1989년 현상공모에서 리베스킨트Daniel Liebeskind의 계획안이 당선되었지만 10년이 지난 후에야 완공되었다. 박물관의 의도, 전시 콘텐츠 등으로 논쟁이 이어지다가 2001년에야 개관하였다. 유대박물관 신관은 유럽에서 가장 큰 유대 관련 박물관으로써, 해체주의 양식의 건축물로 국제적으로 유명하다. 신관은 구관인 법원동 건물과 지하로 연결되어 있다. 지하통로는 방문객에게 여러 갈래의 통로를 제공한다. 그리고 연속성의 계단stair of continuity을 통하여 박물관 전시실로 연결된다. 또한 유대인의 추방과 망명을 상징화한 호프만 정원 E.T.A. Hoffmann Garden/The Garden of Exile과 이어진다.

이상한 미로의 심장부에는 두 개의 빈 공간이 관통하고 있다. 24m 높이의 빈 사일로silo로 구성된 막다른 공간인 홀로코스트 타워Holocaust Tower와 22m 높이로 수직으로 솟아있는 텅 빈 공간인 공백의 기억Memory of Void이다.

장했는데, 이 주장이 가능하며 오히려 더 유용하다는 것을 누스바움을 통해 증명해 보인 것이다. 유대박물관 건축을 통해 국제적인 건축가 반열에 오른 리베스킨트는 이후 문화, 상업시설, 박물관, 콘서트홀, 컨벤션홀, 대학, 주택, 호텔, 쇼핑센터 등의 건물들을 지었는데, 이들 중에서 9/11 사태로 붕괴한 세계무역센터 부지에 새로 짓는 건물이 가장 큰 주목을 받았다.

베를린의 유대박물관은 유럽에서 규모가 가장 큰 유대 관련 박물관이다. 이 박물관은 독일의 유대인과 비유대인 간의 약 1,500년에 걸친 굴곡의 역사를 상설전시와 특별전시회를 통해 보여주고 있다. 또한, 이 박물관 안에는 아카이브, 도서관, 연구와 교육기구들이 있는데, 이 모든 기구는 독일과 유대인의 역사와 문화를 상호 소통하는 역할을 담당하고 있다. 베를린 유대박물관은 건물 두 동으로 구성되어 있는데, 바로크 양식의 구건물인 법원 동과 해체주의 양식의 신건물인 리베스킨트 동이 그것이다. 이 두 건물은 지상에서 바라보면 어떤 연결도 없는 독립된 건물처럼 보이지만 지하계단으로 연결되어 있다.

해체주의 형식의 신건물은 리베스킨트 동이라고 주로 불리는데, 외형이 매우 독특하다. 건물은 높은 곳에서 보지 않는 한 전체적인 건물의 크기와 외형을 파악하는 것이 불가능한데, 이는 규모가 크고, 지그재그 형태로 지어졌기 때문이다. 리베스킨트 동은 티타늄과 아연 합금의 금속으로 덮여 있어서 유대인이 살던 수용소의 막사를 연상시킨다. 또한, 길고 좁게 파인 홈 형태의

해체주의 Deconstructivism or Poststructurelism

1920년대 러시아 구조주의의 사회적 이데올로기를 그대로 반영한 것이 아니라, 구조주의에 담긴 역동성을 극대화시켜 현대적으로 재해석하고자 하는 건축사조이다. 1980년대 영국의 AA스쿨을 중심으로 시작되었으며 신구조주의라 칭하기도 한다. 쿨하스, 츄미, 하디드, 젱겔리스 등이 대표적인 건축가이며 이후 아이젠만, 힘멜블라우, 리베스킨트, 베니쉬 등이 합류하였고 광범위하게는 게리도 포함할 수 있다. 하지만 기존 질서를 부정하는 해체의 대상, 내용, 전략 등에 따라 해체주의 건축의 구체적 내용은 건축가별로 편차가 크게 나타난다.

리베스킨트 동의 계단

오디오 전시실

창문들은 기이하고 불안한 느낌을 주는데, 이는 유대인들이 당한 상흔을 상징하고 있다. 경사진 바닥과 맨 콘크리트 벽과 천장은 낯설고, 황량하고, 불안한 느낌을 주고 있는데, 이는 박해받던 유대인들의 상황을 상징하고 있다.

리베스킨트는 해체주의 건축을 통해 유대인들이 겪었던 불행을 현재 우리가 이해하는 것이 불가능하며, 그 고통의 다층적인 면에 대해 이야기하고 있다. 이런 메시지는 건물의 구성에서 두드러지게 드러난다. 박물관은 '유대의 표식'인 '다윗의 별'이 변형된 지그재그 형태로써 일그러진 별의 모습을 하고 있다. 하지만 박물관의 전체적인 모습은 높은 공중에서 보았을 때만 알 수 있다. 관람객들이 안내책자를 통해 평면도를 머릿속에 숙지하고 있더라도, 리베스킨트 동에 들어서는 순간 바로 자신의 위치를 잃게 된다. 해체된 공간과 구조들이 박물관을 나서는 순간까지 자기 위치를 파악하거나 예측하기 어렵게 만든다. 또한, 건물의 해체적 특성은 박물관의 공간과 구조에 대해 예측하는 것을 불가능하게 만들고 있다. 불확정적이고 비선형적인 기묘한 미로들로 박물관은 이루어졌지만, 관람객이 길을 잃고 헤매지는 않도록 설계되어 있다.

5월 5일 어제는 유대박물관의 외형적 특성을 주로 보았다면 오늘은 그 안에 담긴 콘텐츠를 보기로 하였다. 이 박물관은 단순한 건축물이 아니라 인문학적 성찰이 담겨있기 때문에 성공을 거둘 수 있었다. 유대박물관에서 볼 수 있는 유대인 홀로코스트에 대한 콘텐츠는 이미 60년이 지난 이야기이다. 또한, 이 일은 서구에서 벌어진 일이라 한국인과는 별다른 관계가 없을 뿐만 아니라, 자주 접할 수 있었던 것이라 식상한 이야기일 수도 있다. 하지만 여행지에서 만난 한국인들은 왜 이 박물관 콘텐츠에 큰 관심을 보이며, 그 내용에 대해 심리적으로 공감하였을까? 이는 박물관의 다양한 콘텐츠들이 인문학적 성찰을 기반으로 구성되어 있기 때문일 것이다. 인문학은 우리가 당연하고 자연스럽게 느끼고 생각하는 세계의 다양한 현상을 뒤집고 비틀어서 새로운 시선 또는 시각으로 보여준다. 인문학은 이를 위해 현상 뒤의 꼭꼭 숨어있어서 포착하기 어려운 존재론적, 사회적 그리고 문화적 요인들을 심층적으로 분석해서 승화된 형식으로 제시한다. 또한, 인간다운 세상이 무엇인지에 대한 전망, 그리고 이를 이룩하는 데 필요한 우리의 행동양식과 가치와 규범 그리고 세계관은 무엇인지 승화된 형식으로 보여주는 것이 인문학의 요체이다. 인간은 아직 이상적인 사회를 구축하지 못했지만 그래도 이 정도나마 사람의 가치가 인정받는 살기 좋은 사회를 만드는 데 인문학은 큰 일조를 하고 있는 것이다.

상설전시회의 구성은 다음과 같이 15개 주제관으로 구성되어 있다.

A. 아쉬케나Aschkena의 세계(950-1500): 독일 지역에서 번영했던 초기 유대인 공동체 소개
B. 여성의 삶(1646-1724): 글리키 바스 유다 라입Gliki bas Juda Leib의 비망록을 통해 현존하는 가장 오래된 유대 여자의 기억 소개
C. 신앙 문제: 유대교, 기독교 그리고 이슬람교의 제물과 장소 그리고 관습
D. 도시, 지역, 궁정(1500-1800): 농촌 유대인과 소수 궁정 유대인의 차이
E. 모세 멘델스존과 계몽주의(1750-1800): 근대 유대인의 문화와 언어 전유 현상
F. 전통과 변화(역사적 단면): 유대 종교 해석의 다양성과 변화
G. 가족의 삶(1850-1933): 부유한 유대인과 시민의 삶과 문화
F. 독일인인 동시에 유대인(1800-1914): 유대 소수자의 이중 소속감
G. 근대 유대(1800-1933): 학교와 유대 사원의 개혁과 유대 사회 변화
H. 베를린, 베를린(1890-1933): 근대 발전과 유대 사업가, 학자, 예술가
I. 동과 서(1900-1933): 유럽 청년과 시오니즘
J. 위험에 처한 동등권(1914-1933): 사회적 인정의 좌절

K. 아동의 섬: 어린이들을 위한 전시회
L. 민족사회주의(1933-1945): 나치의 등장과 유대 역사의 종말
M. 현재(1945-): 새로운 10만 명의 유대공동체

가족의 삶 전시

상설전시의 콘셉트는 '이천 년의 독일-유대 역사'인데, 당시 소수자였던 유대인의 시각에서 독일을 바라보는 내용으로 구성되어 있다. 상설전시회는 중세 라인 강가의 도시였던 슈파이어, 보름스 그리고 마인츠의 유대공동체를 소개하는 것으로 시작하고 있다. 이 세 도시는 공동의 기준원칙에 따라서 종교법을 해석하는데, 이 덕분에 이들 도시에는 탈무드학파가 발전하였고, 이 학파는 전 유럽에서 높은 명성을 누렸다. 이후 바로크 시대의 소개 부분에서는 유대인 상인 글리 바스 유다 라이프Glikl bas Judah Leib(1646-1724)가 쓴 일기를 통해 함부르크 출신 유대상인 부인의 삶을 조명하고 있다. 18세기 철학 전통은 멘델스존Moses Mendelssohn(1729-1786)을 통해 접할 수 있으며, 당시 농촌 지방에 살던 유대인의 삶도 소개되고 있다. 19세기 독일은 낙관주의, 정치적 발전, 부의 증가 덕분에 해방의 시기로 불리고 있지만, 유대인 공동체는 점차 더 많은 차별에 시달리게 되었는데 이를 자세히 소개하고 있다. 또한, 일차세계대전 동안 겪었던 유대계 독일인의 경험도 소개되고 있다. 나치 시대 유대인에 대한 차별과 박해가 어떻게 강화되고 있는지 그리고 홀로코스트 이후 25만 명의 생존자들이 이주하는 내용을 담고 있다. 또한, 냉전 시기 동서진영에서 각기 유대인 공동체가 생겨나고 있는데, 소련 지역에서 독일로 이주한 20만 명의 유대인이 독일에서 벌이는 미완의 삶을 보여주는 것으로 전시회는 끝을 맺는다.

리베스킨트는 망명의 축에서 생존을 위해 정든 고향을 떠나 망명할 수밖에 없었던 유대인들의 고통을 재현하고 있다. 관람객은 망명의 축을 통과해야 하는데, 벽들은 약간 기울어져 있으며, 정원으로 통하는 문에 다다르기까지 길은 점점 좁아진다. 좁고 답답한 망명의 축을 떠남으로써 관람객은 망명의 정원에 들어서게 된다. 정사각형의 콘크리트 위에 망명의 정원이 있는데, 둘러쳐진 콘크

망명의 정원

리트 담장 때문에 주변지역을 전혀 볼 수 없는 폐쇄적인 구조로 되어있다. 이 정원 안에는 6m 높이의 강화 콘크리트 기둥 49개가 약 12도 정도 기울어진 채로 빼곡하게 들어서 있다. 바닥도 좁고 울퉁불퉁하며 기울어져 있기 때문에 걷기가 불편하다. 이 모든 장치가 결합해서 매우 답답하고, 불안하고, 고립된 느낌을 자아낸다. 49개의 기둥 중 48개는 이스라엘의 건국 연도인 1948년을 의미하며, 49번째 기둥은 베를린 중심에 있다는 것을 의미한다. 또한, 49개의 기둥은 유대교에서 성스러운 숫자인 7을 의미하기도 한다(7×7=49). 망명의 정원은 이스라엘에서 가져온 흙으로 채우려고 하였지만 이루어지지는 못했다. 망명의 정원은 좌초한 역사에서 유대인들이 경험한 방향감각의 상실을 관람객들도 경험하도록 만들어진 공간이다. 망명의 정원은 관람객의 감각적 인식을 의도적으로 교란하고 있다. 이런 공간적 경험은 독일로부터 망명을 떠날 수밖에 없었던 유대인의 경험을 예술적으로 재현한 것이다. 기둥 위에는 러시아 올리브나무가 자라고 있는데, 이는 희망을 상징한다.

관람객들은 이 정원에서 망명의 느낌을 피부로 느낄 수 있다. 관람객들은 망명의 정원으로 가는 축에서 낯섦을 경험한다. 독일에서 보기 어려운 러시아 올리브나무의 꽃이 피는 초여름에는 강한 미지의 향기로 정원이 더 낯설게 느껴진다.

유럽 유대인 살해 추모관

리베스킨트의 망명의 정원 콘셉트는 피터 아이젠만이 만든 '유럽 유대인 살해 추모관Denkmals für die ermordeten Juden Europas'의 건축형태와 유사하다. 리베스킨트는 자신의 아이디어를 아이젠만이 도용했다고 강하게 비난하였다. 포츠담 광장 근처에 있는 유럽 유대인 살해 추모관을 방문해서 이 두 박물관을 비교한다면 매우 재미있는 문화여행이 될 것이다.

유대박물관을 방문한 관람객 중 상당수는 홀로코스트 타워를 가장 인상적이라고 칭찬하고 있다. 홀로코스트 타워는 홀로코스트 축을 따라가면 들어갈 수 있는데, 이 건물은 박물관 본 건물과 이어지지만, 밖에서 보면 독립된 건물이다. 가는 길은 점차로 좁아지고, 어두워지도록 설계되어 있는데, 통로의 벽에는 유대인 파멸의 기록과 증거들이 전시되고 있다. 이 축의 막다른 지점에는 홀로코스트 타워가 있다. 홀로코스트 타워는 지그재그 형태의 리베스킨트 동과 분리되어 있는데, 이는 부재와 단절을 형상화하기 위해서이다. 불안과 공포 그리고 불가입성을 상징하는 직선은 이 공간의 주요 모티브이다. 홀로코스트 타워는 원근법을 왜곡시키는 좁고 긴 사다리 형태로 지어졌는데, 출입문을 제외한 사면이 노출 콘크리트로 되어 있고, 높은 천장의 작은 틈새를 제외한다면 완전히 밀폐되어 있다. 이 안에는 일체의 냉난방과 환기시설 그리고 인공조명 시설이 없어서 어둡고 춥고 답답하다. 천장에 있는 작은 틈새를 통해 소량의 빛과 외부의 소리가 들어오지만, 타워 안의 소리는 밖으로 전혀 새나가지 않는다. 육중한 강철 문을 열고 들어가면, 처음에는 공간 내부가 너무 어두워서 아무것도 볼 수 없지만, 어느 정도 시간이 지나면 내부를 볼 수 있게 된다. 한쪽 벽의 220cm 높이에 구조용 사다리가 천장까지 이어져 있는데, 이 사다리의 높이는 도달할 수 없는 또는 탈출할 수 없는 것을 의미하고 있다. 이 공간은 유대인들이 가스실 또는 수용소 막사에서 겪었던 느낌을 재현하고 있다.

공백의 기억

리베스키트 동 안에 '공백의 기억'이라는 장소가 있는데, 이는 홀로코스트 타워와 묘한 보완관계를 이룬다. 홀로코스트 타워가 공간과 분위기의 재현이라면, '공백의 기억'은 박해받은 유대인들이 겪었던 고통을 재현한 공간이다. 홀로코스트 타워와 마찬가지로 '공백의 기억' 안에도 일체의 냉난방과 환기시설 그리고 인공조명 시설이 없어서 박물관의 다른 공간들과 확연하게 구분된다. 이 공간은 홀로코스트 타워와 같이 사다리꼴 형태로 만들어졌으며, 창문도 없고, 벽들은 노출 콘크리트 상태이다. 이스라엘 출신 예술가, 메나쉬 카디쉬먼Menashe Kadishman은 설치작품 〈낙엽〉을 '공백의 기억'에 배치했다. 강철로 거칠게 만든 만개의 서로 다른 얼굴형상의 마스크를 단위의 콘크리트 바닥에 깔아놓았다. 모든 마스크는 모두 입을 벌리고 있는데, 관람객들은 이 마스크 위를 걸을 수 있다. 관람객이 이 마스크 위를 걸으면, 마스크들이 서로 부딪치면서 강철 특유의 날카롭고 차가운 소리가 난다. 이 소리는 콘크리트벽에 부딪치고 메아리가 되어 되돌아오는데, 이 소리는 마치 희생자들의 비명 또는 혼령들의 외침처럼 들린다. 홀로코스트에 희생된 유대인의 고통이 예술적 형식으로 재현되고 있는 것이다. 홀로코스트 타워와 '공백의 기억'에서 관람객은 유대인 학살로 더는 묘사나 기술이 불가능하게 된 것을 예술적으로 느끼고 체험할 수 있도록 하고 있다.

이 글을 쓰면서 아쉽게도 보지 못한 것이 떠올라서 추가한다. 유대박물관 뒤쪽에 흥미롭게 생긴 장소가 있다. 통상 유리 뒷마당이라고 불리는데, 이 공간이 만들어진 배경과 내용은 다음과 같다. 유대박물관이 예상외로 인기를 끌자 다양한 행사들에 대한 요구가 커졌지만 독특한 박물관 설계 때문에 이런 요구 중 상당수를 실행에 옮길 수가 없었다. 또한, 박물관 방문객이나 지역주민에게 휴식을 제공할 공간도 거의 없었다. 시는 이와 같은 요구를 충족시킬 수 있는 공간을 새로 만들기로 결정하였고, 리베스킨트는 2007년 유리 뒷마당Glashof이라고 불리는 새로운 공간을 창출했다. 새로 만들어진 유리 뒷마당은 건축양식의 측면에서 극단적으로 다른 구 법원건물 동과 리베스킨트 동을 연결하는 역할도 하고 있다. 유리 뒷마당은 바로크 양식의 구 법원건물의 ㄷ자 안뜰에 강철선과 유리로 천장을 만들어서 창출한 공간이다. 리베스킨트는 '가암의 축제Sukkoth'를 모티브로 해서 이 공간을 만들었다. 가암의 축제는 가을 수확을 축하하는 유대교의 축제였다. 사람들은 유대력 티 슐래 월의 15일부터 1주일 동안, 지붕을 초목으로 덮은 작은 초옥(스카)을 뜰이나 베란다에 세우고, 수확물을 이 초옥의 천장에 매달았다. 유대인들은 스카에서 세 끼 식사하였는데, 이는 선조가 이집트를 탈출해서 젖과 꿀이 흐르는 가나안으로 들어갈 때까지 4년 동안 황야를 방랑하면서 초옥에서 살았던 고난을 기억하기 위해서였다. 유리 뒷마당은 약 500명을 수용할 수 있는데, 이곳에서는 다양한 행사들이 개최되고 있다. 유대박물관을 방문하는 사람은 꼭 잊지 말고 봤으면 하는 바람에서 추가한다.

5월 6일

아침에 일어나서 창밖을 보니 오늘은 날씨가 좋을 것 같은 느낌이 들었다. 오늘은 베를린에 있는 국회의사당을 갈 예정이다. 호텔 식당에서 혼자 빵을 먹으면서 관람할 계획을 구상하고 있었는데, 갑자기 중년 부부 한 쌍이 나에게 말을 걸었다. 같이 앉아도 좋으냐고 물었는데, 주위를 둘러보니 빈자리가 없었다. 뜻하지 않게 이들 부부와 합석하면서 나만의 조용한 시간이 깨졌지만, 많은 이야기를 나눌 수 있었다. 중년 부부는 네덜란드에서 온 고등학교 교사인데, 벌써 베를린에 다섯 번이나 왔다고 했다. 베를린에 와서 음악공연과 미술전시회를 주로 보는데, 이들의 말로는 베를린은 이미 런던과 더불어 유럽의 예술 중심지로 확실하게 자리 잡은 것 같다고 했다. 지금 외국에서 젊은 예술가들이 베를린으로 몰려오고 있는데, 이는 좋은 교육기관이 있고, 좋은 예술가들과 교류를 할 수 있으며, 공연이나 전시 기회도 비교적 쉽게 얻을 수 있기 때문이라고 한다. 그리고 무엇보다도 베를린의 방값이 파리나 런던보다 매우 저렴한데, 이 점이 아마 경제적으로 취약한 젊은 예술가들에게 가장 큰 매력일 것이라고 이야기했다.

여행지 국회의사당 Reichstag

이런저런 이야기를 나누다가, 남자가 나에게 오늘 베를린에서 무엇을 할 것인지 물어왔다. 국회의사당Reichstag 구경을 가려고 한다고 하니까, 흥미로운 눈초리로 나를 쳐다보았다. 이미 두 차례 국회의사당을 보았지만, 아직도 못 본 부분이 있고 또 말로 설명하지 못한 그 어떤 매력이 있어서 다시 가보려고 한다고 부연 설명을 해주었다. 이들 부부는 내 말에 전적으로 동감을 하였다. 자신들도 이미 두 차례 국회의사당을 보았는데, 철학이 있는 매력적인 건물이라고 하면서, 네덜란드의 고리타분한 의사당보다 더 매력적이라는 이야기를 덧붙였다. 한 시간 동안 베를린의 매력에 대해 이야기를 나누었는데, 대화는 끝날 기미를 보이지 않았다. 갑자기 조급증이 생긴 나는 양해를 구하고서 자리에서 일어났다.

카메라를 챙겨서 밖에 나오니 거리에는 다양한 피부색을 가진 외국인들을 많았다. 이들 중 일부는 노동자로 온 사람들이고, 또 다른 사람들은 관광객이었다. 하기야 누가 경비가 삼엄한 동독을 지나 냉전의 최전선인 위험한 베를린을 구경하고 싶었을까? 당시 많은 독일인은 위험한 서베를린을 떠나 서독으로 갔기 때문에, 외국인 노동자들이 이들의 일을 대신했다. 이런 역사 때문에 지금도 베를린에는 독일의 다른 어떤 도시들보다도 외국인 비율이 높다.

통독 후 독일 정부는 베를린을 격조 있는 수도로 만드는 것에 만족하지 않고, 유럽의 실질적인 중심도시로 만들기 위해 많은 노력을 기울이고 있다. 유럽의 크레인 절반이 베를린에 모여 있는 것 같은 느낌이 들 정도로 도시 전체가 공사 중이다. 독일 총리관저 수위와 이야기를 하는 도중에 불쑥 "지금 베를린에는 공사를 많이 하는데 '베를린이 십년 후 어떤 모습일 것 같은지" 물어보았다. 그는 멋쩍게 웃으면서 "아마 그때도 지금처럼 계속 공사를 할 것"이라고 대답하였다. 현재 진행되고 있는 수많은 공사를 보면서 아마도 그의 말이 정말로 크게 틀리지 않을 것 같은 느낌이 들었다.

의사당 옆으로 흐르는 슈프레 강

의사당 가는 길

국회의사당은 포츠담 광장에서 그다지 멀지 않은 곳에 있다. 걸어서도 갈 수 있는데, 이 방법을 택하면 가는 중간에 있는 공원을 들를 수 있어서 좋다. 이 공원 안에는 다양한 조각품들이 있고, 이 조각품들은 거의 예외 없이 독일의 관념적인 전통을 잘 보여주고 있다. 하지만 나는 이미 공원에 여러 차례 들른 적이 있고, 국회의사당을 관람하기 위해서는 일찍 예약하는 것이 필요해 나는 전철로 의사당에 가기로 하였다. 내가 추천하는 코스는 베를린 중앙역에서 내려서 시내를 관통하는 슈프레 강을 지나서 가는 길이다. 중앙역에는 많은 지하철과 전철 그리고 버스 노선들이 지나가기 때문에 어디서나 쉽게 갈 수 있다. 또한, 역 안에는 수많은 상점이 있어서 물건 구경하기도 좋고, 역 광장에는 항상 그 어떤 행사들이 열린다. 내가 도착한 날에는 유럽의 풍경을 소개하는 사진전이 열리고 있었는데, 수많은 사진은 서로 앞다투어 유럽의 아름다운 풍경과 환경 파괴의 위험성을 경고하고 있었다. 이 사진전을 보면서 역시 베를린은 진보적인 정신이 넘쳐나는 대도시라는 생각을 다시 하게 되었다.

슈프레 강변에는 많은 노천카페가 있고, 잔디밭에는 젊은이들이 일광욕을 즐기고 있는데 이들의 여유가 부러웠다. 또한, 의사당으로 향하는 길은 전혀 포장되지 않는 흙길이었는데, 많은 사람이 자전거를 타거나 산책을 하고 있었다. 물론

국회의사당 Reichstag

베를린 중심가의 티어가르텐Tiergarten 지역에 위치한 국회의사당은 근대와 현대의 다양한 건축기술이 융합되어서 독특한 분위기를 자아내는 건물이다. 또한 베를린에서 두 번째로 많은 관광객들이 방문하는 장소이다.

1871년 비스마르크의 독일 통일 이후 새로운 중앙의회 건물의 필요성에 의해 1882년 프랑크푸르트 출신의 건축가 발로트Paul Wallot가 설계한 네오르네상스 양식의 건물로써, 독일제국의 첫 의회의사당이었다.

1990년 통독 이후 다시 국회의사당으로 사용하기로 결정되었다. 현상설계로 당선된 영국의 건축가 포스터Normen Foster는 건물의 외벽은 옛 모습을 복원하고 내부는 과감하게 개축을 제안하였다. 1991년-1999년 동안 재건축되어 1999년 완공되었다. 포스터는 19세기 돔을 유리로 개축하여 석조건물과의 대비를 통한 상승효과를 노렸으며 과거 러시아군의 낙서 등을 건물 벽에 그대로 남겨 역사적 흔적을 건축화 하기도 하였다.

의사당을 보기 위해 많은 관광객들이 줄을 지어 가기 때문에 이들을 따라만 간다면 쉽게 의사당에 도착할 수 있다.

의사당을 관람하기 위해서는 사전예약이 필요하다. 돔을 보기 위해서는 아침에 현지에서 예약하는 것으로 충분하지만, 의사당 내부를 관람하려면 홈페이지에서 2-3달 전에 신청해야 한다. 주변에 있는 의원회관도 일반인에게 공개되고 있는데, 역시 약 2달 전에 홈페이지에서 신청해야 관람할 수 있다. 의사당 도서관 건물에는 뛰어난 예술작품들과 도서들이 많은데, 관람하기 위해서 예약할 필요는 없다. 입장료는 모두 무료이다. 여권을 지참하는 것은 필수이다.

의사당 앞 잔디밭에도 젊은 외국 관광객들이 삼삼오오 모여 사진을 찍거나, 아직 날씨가 추운데도 불구하고 잔디밭에 앉아서 일광욕을 즐기면서 담소를 나누고 있었다. 이런 모습을 보면서 자연스럽게 한국의 국회의사당 모습이 떠올랐는데, 국민을 대표하는 한국의 국회의사당은 얼마나 권위적이고, 폐쇄적인가?

1871년 프로이센 주도로 독일이 통일되었는데, 프로이센의 베를린 국회의사당은 새로 편입된 지역 출신 국회의원을 모두 수용하기에는 협소했다. 1870년 발발한 프로이센-프랑스(보불)전쟁에서 승리하고 탄생한 독일제국은 변화한 위상에 걸맞은 의사당 건물을 짓고자 했다. 이를 위해서는 장소를 물색하고, 건축안을 만들고, 이를 구체적으로 실현할 공모전을 여는 것이 필요했다. 부지선정 위원회는 비교적 이른 시일 내에 당시 왕궁 동편에 있는 곳을 부지를 선정했는데, 거기에는 폴란드 공작이며 프로이센외교관의 궁전이 있었다.

1870년의 의사당

본슈테트의 건축안

베를린 돔(중앙)과 왕궁(왼쪽)의 모습

당시 위원회는 빌헬름 1세와 공작이 이 제안을 수용할 것이라고 예단하고, 이 부지에 적당한 의사당 건축설계 공모안을 발표했다. 국제적으로 저명한 백여 명의 건축가들이 참가했고, 1872년 독일 고타 출신의 루트비히 본슈테트Ludwig Bohnstedt의 안이 선정되었다. 그의 공모안은 많은 사람의 사랑을 받았지만, 실행에 옮겨지지는 못했다.

왜냐하면, 표면적으로는 공작이 의사당 용지로 제공하는 것을 거부하였기 때문이다. 빌헬름 1세가 설득하면 공작의 마음을 돌릴 수 있었지만, 공작을 설득하지 않았다. 황제나 비스마르크 그리고 보수적인 정치가들은 왕궁 근처에 의사당이 지어지면 의회의 위상이 강화될 것을 두려워했기 때문에 소극적인 태도를 보인 것이었다. 부지선정위원회는 많은 논쟁 끝에 1881년 왕궁에서 멀리 떨어진 곳에 대체 부지를 선정했는데, 그곳이 바로 지금 국회 의사당이 서 있는 자리이다. 건축용지가 변경되면서 본슈테트의 건축안이 문제가 되었고, 논의 끝에 본슈테트의 건축안이 폐기되었다. 독일어 구사자만이 공모에 참가할 수 있다는 단서를 단 새로운 공모안이 1882년에 발표되었다.

본슈테트를 비롯한 저명한 건축가들이 참가하였지만, 189개 응모작 중에서 프랑크푸르트 출신의 무명 건축가 파울 발로트Paul Wallot의 설계안이 선정되었다. 많은 사람이 새로운 설계안을 좋아했지만, 일부 영향력 있는 전문가는 그의 안을 탐탁하게 생각하지 않았다. 건축아카데미 소속 유명한 건축가들도 공모전에 설계안을 제출했지만 낙선했다. 건축위원회는 건축아카데미의 조언을 받도록 강제하였는데, 아카데미 구성원의 비판은 발로트의 안에 많은 흠집을 냈다. 외부장식과 내부 장식에 대해 많은 요구가 쏟아졌고, 발로트는 이들의 수정요구를 대폭 수용할 수밖에 없었고, 원안은 많이 바뀌게 되었다. 1884년 황제와 귀빈들이 참석한 가운데 의사당

발로트의 건축안

1894년의 제국의회 내부

준공식이 열렸지만, 황제는 의례적인 축사만을 하였다. 황제는 의회권력이 커지는 것에 대해 불만을 품고 있었고, 착공식의 매우 형식적인 축사는 이를 상징적으로 보여준다. 제국의회 건설에 약 2천5백만 마르크가 들었는데, 이 자금의 대부분은 보불전쟁에서 패한 프랑스의 전쟁보상금으로 충당되었다.

의사당 건축에서 가장 큰 관심을 받았으면서도 가장 큰 골칫덩어리는 돔이었다. 중앙의사당 위에 있기로 한 돔을 서쪽 입구 쪽으로 옮기도록 요구받았고, 이에 따라 설계가 변경되었다. 하지만 공사가 진척될수록 초기 모델로 돌아가야 한다는 목소리가 커졌다. 하지만 중앙의사당의 벽면이 이미 설치되었고, 석재로 된 돔을 지탱하기엔 벽들이 너무 약했기 때문에 다시 원래 설계도에 따라 건설하는 것이 불가능하였다. 이 문제를 해결하기 위해 돔의 크기를 원래의 85m에서 75m로 줄이고, 당시 첨단 건축소재였던 가벼운 철과 유리로 만드는 방안이 선택되었다. 설계변경 때문에 첨단 자재로 지어진 제국국회 건물은 당시 민족주의가 기승을 부리던 시기에 독일 건축기술의 뛰어남을 자랑하는 상징이 되었다.

발로트는 제국의회의사당을 역사주의 또는 이탈리아의 신 르네상스 양식에 따라서 설계하였는데, 이 양식은 당시 전 유럽의 행정기관 건물 건축에서 유행이었다. 하지만 내부는 달랐다. 독일 고유의 신 바로크 양식이 대폭 이용되었을 뿐만 아니라 당시 최첨단 자재인 쇠와 유리가 사용됨으로써 민족적이고 현대적인 건물이기도 하였다. 하지만 당시 많은 비평가는 제국의회 건물을 잡동사니들의 불행한 조합이라고 헐뜯었다. 독일의 전통주의자들은 특히 돔 건설에 사용된 현대적 자재를 생경하다고 비판했지만, 젊은 비평가들은 르네상스 양식을 고루한 것으로 간주했다. 당시 독일 건축계에서 가장 영향력 있었던 루트비히 호프만은 제국의사당을 "일 등급 운구차"라고 조롱했다.

1888년 등극한 빌헬름 II는 제국의회의 역할에 대해 그래도 긍정적인 생각을 하고 있었지만, 돔에 대해서는 부정적이었다. 돔의 높이가 베를린 궁전보다 높아서 의회권력이 황제권력보다 더 강한 파워를 가진 것 같은 느낌을 주었기 때문이다. 이 때문에 황제는 공공연하게 의사당 건물을 "개성 없는 불행한 산물의 정점"이라고 깎아내렸고, 비공식 자리에서는 "제국 원숭이 집"이라고까지 조롱했다.

새로 지어진 의사당은 당시 최신 기술이 대폭 적용되었기 때문에 기능적인 측면에서 뛰어났다. 의사당에는 자체 발전시설이 있었고, 화재 감지기와 중앙난방 시설도 설치되어 있었다. 전기로 작동하는 환기장치와 이중창문, 전화, 수세식 화장실 등등의 첨단 편의시설도 갖추어져 있었다. 또한, 도서관에는 약 9만 권이 장서가 갖춰져 있었으며, 장서는 곧 32만 권으로 늘어났다. 이외에도 의회 아카이브에는 약 백만 권의 다양한 자료들이 갖추어져 있었는데, 장서와 자료들은 엘리베이터를 통해 열람실로 바로 배달되었다. 의사당 내부는 16-17세기 독일의 르네상스 양식에 따라서 주로 목재로 치장했는데, 이는 음향 문제를 해결하기 쉬웠고 나무가 석재보다 저렴했기 때문이었다. 목재 장식의 벽, 장미 모양의 박공, 오벨리스크, 녹로질한 기둥과 꽃장식 그리고 알레고리 조각상은 당시 독일의 부유한 시청사 건물들의 주요한 특징이었는데, 의사당도 이런 양식을 대폭 채용했다.

하지만 제국의회 건물에서 몇 가지 부족한 점들이 드러났다. 이 건물은 가로 138m에 세로 96m이었지만, 이는 당시 유럽 국가들의 의사당 규모에 비해 작았다. 따라서 의원들에게 충분한 작업 공간을 제공할 수 없었다. 당시 한 의원은 "고급 나무로 꾸며지고 왕궁을 잘 볼 수 있는 건물이 누구에게 이득이 되겠는가? 만일 조용히 앉아서 읽고 작업할 수 있는 책상과 걸상을 찾을 수 없다면?" 이라고 불만을 토로했다. 왕정이 끝나고 시작된 바이마르공화국에서는 의원의 숫자가 397명에서 600명으로 대폭 늘어나면서, 공간 문제는 더 심각해졌다. 하지만 의사당을 확장하는 것은 살인적인 물가폭등과 경제적 불황 때문에 불가능했다.

독일인에게 나치의 역사는 가장 수치스런 장이지만, 이 덕분에 독일인의 정치의식과 가치는 크게 변하였다. 제국의회는 나치 집권의 시발점이면서도 큰 피해를 본 곳이기도 하다. 여기서는 제국의회와 나치의 관계를 살펴보기로 한다. 히틀러가 제국총통으로 임명된 후 4주 후인 1933년 2월 27일 오후 9시에 제국의회 돔에서 불길이 치솟았고, 중앙의사당과 그 주변이 불길에 휩싸였다. 방화사건이 벌어졌지만, 아직 누구의 소행인지 정확하게 밝혀진 것은 없다. 하지만 이 방화로 가장 큰 득을 본 집단은 나치였다.

제국의회 방화 사건의 용의자로 네덜란드 출신의 공산주의자이자 실직한 벽돌공, 마리뉘스 판 데르 루페가 현장에서 붙잡혔다. 총독 아돌프 히틀러와 국회의장 헤르만 괴링 그리고 요제프 괴벨스 등이 곧 현장에 도착했다. 괴링은 그 자리에서 화재가 공산주의자들의 소행이라고 선언하면서, 공산당 지도자들을 체포하라고 명령했다. 화재가 진압 중이었고, 그 어떤 조사로 시작되지 않은 상태에서 내린 괴링의 명령은 제국의회에서의 화재를 공산주의자들의 방화로 굳어지게 만들었다. 히틀러는 비상사태를 선언할 기회를 잡았고, 방화 다음 날 파울 폰 힌덴부르크 대통령에게 바이마르 공화국 헌법의 인권 조항 대부분을 폐지하는 비상사태법에 서명할 것을 강요해서 받아냈다.

나치는 공산주의자들이 곧 봉기를 일으킬 것이며, 공산당 통치가 곧 시작될 것이라고 선동했다. 또한, 화재 다음날부터 독일에 있는 공산당 각 지역 지부를 압수 수색하고 공산주의자를 비롯한 사회주의자, 민주주의자 그리고 나치반대 지식인 5,000명을 체포하는 등 공포정치를 시작하였다.

히틀러가 제국의회 화재사건을 빌미로 공포정치를 시작한 이유는 다음과 같다. 총선거가 3월 3일 치러질 예정이었지만, 히틀러는 전권 위임법을 통과시키는 데 필요한 절대 과반수 의석을 확보할 가망이 없었다. 전권 위임법은 총리가 의회의 동의 없이 법률안을 의결할 수 있는 사실상의 초법적 권한이다. 나치는 방화사건 전까지 전체 의석의 32%밖에 차지하지 못하고 있었다. 하지만 방화사건 이후 조성한 공안 분위기 덕분에 나치는 총선에서 44%를 득표했고, 군소정당을 협박해 이 법을 통과시켰다. 이후 히틀러의 바람대로 정당, 제국의회 그리고 지방의회가 해산됐다. 이로부터 나치에 의한 무법적인 폭력정치가 본격적으로 시작된 것이다. 의회가 독재자의 손에 떨어져서 민주적으로 운용되지 못한다면 얼마나 불행한 사태가 벌어질 수 있는지 제국의회의 방화사건과 나치의 등장은 잘 보여주고 있다. 이런 이유에서 많은 독일인에게 제국의회건물은 민주주의와 자유의 중요성을 새삼스럽게 깨닫는 교육의 장소이면서, 치욕스런 독일 역사를 환기해주는 장소이기도 하다.

이차대전 후 파괴된 의사당

이차대전 말 제국의회 건물 주변에서는 독일군과 러시아군 사이에서 치열한 전투가 벌어졌다. 수도 베를린에 있는 의사당 건물을 차지하는 것이 독일과의 전쟁에서 최종 승리를 상징하기 때문이었다. 국회의사당뿐만 아니라 주변 지역도 심각한 손상을 입었다. 건물 곳곳에는 총알과 포탄의 파편들이 남아있었고, 의회건물을 점령한 러시아군은 북받치는 감정을 의사당 벽 곳곳에 낙서로 남겼다. 연합군의 분할통치를 받는 동안 의사당 건물은 흉물스럽게 방치되었고, 기근에 시달리는 사람들은 의사당 주변 공터에서 감자나 채소를 재배했다.

이차대전과 함께 제국의 시대가 끝나고, 서독에서는 연방국가의 시대가 시작되었다. 따라서 의사당도 이제는 제국의회가 아니라 연방의회라고 불리게 되었다. 독일과 베를린이 동서로 분단된 후 베를린 장벽과 면한 의회건물은 서베를린 지역에 속하게 되었다. 서독 정부는 수도를 베를린에서 본으로 이전하였고, 본에는 국회건물이 새롭게 세워졌다. 이제는 베를린의 국회의사당이 더 이상 필요하지 않게 되었지만, 적지 않는 정치가들은 이곳에서도 의회를 분산 개최해서 통일을 위한 상징적 연결고리를 유지하고 싶어 했다. 따라서 심각하게 훼손되었지만, 역사적 건축물이기 때문에 건물 해체는 처음부터 논의의 대상이 아니었다. 돔의 무게 때문에 건물 전체가 무너지는 것을 방지하기 위해 1954년 의사당 건물의 꽃인 돔이 해체되었다. 이로부터 한동안 의사당 건물은 돔이 없는 채로 서 있었다.

1955년 국회의사당 보수안이 본의 국회에서 결의되었지만, 어떤 방식으로 보수할 것인지 그리고 무슨 용도로 사용할 것인지에 대해서는 결정이 나지 않았다. 우선 1970년대 초까지 보수를 끝내기로 하였고, 파울 가르트너Paul Gartner의 공모안이 선정되었다. 보수가 시작되면서 건물 전면의 많은 장식이 제거되었고 사면의 탑 높이도 낮춰졌으며 내부의 손상된 건축자재도 현대적인 것으로

1970년의 의사당

대체되었다. 또한, 중앙의사당을 배로 확장시켜서 통독 후에도 모든 의원이 문제없이 사용할 수 있도록 재설계되었다. 하지만 1971년 연합국의 협정 때문에 베를린국회의사당에서 어떤 의회도 개최할 수 없게 되었고, 단지 상임위원회나 분과위원회 모임만 가능하게 되었다. 보수가 끝나더라도 의사당 건물은 사실상 기능을 상실하게 된 것이다. 의회가 이전되기 전까지 박물관으로 사용되고 있는 건물을 독일의 위상에 걸맞게 재건하는 것이 필요해졌다. 투명성Transparenz, 일목요연함Übersichtlichkeit 그리고 모범적인 에너지(절약)기술Energietechnik을 핵심개념으로 하는 의사당 건물 재건 공모안이 1993년 발표되었다.

80개의 제안서 중에서 최종적으로 세 개가 선정되었는데, 영국인 건축가 노먼 포스터Normen Foster의 안이 가장 높은 점수를 받았다. 하지만 그의 계획안은 많은 반대에 부딪혔다. 많은 전문가는 원래 건물 위에 투명한 돔을 제안한 그의 설계안을 '독일에서 가장 큰 주유소'라고 조롱하였고, 재건 비용으로는 13억 마르크나 필요했다. 포스터는 이 비판을 수용해서 수정안을 제시하였는데, 그는 비용만 많이 들고 고루한 상징적 의미밖에 없다고 생각되는 돔을 설계도에서 삭제하였다. 하지만 앞서 살펴본 대로 제국의회 건물의 돔은 민주주의와 국민의 힘을 상징하는 중요한 징표였기 때문에, 독일국민이 포스터의 수정안을 수용하기란 불가능했다. 포스터는 심사자들의 의견을 반영해서 보행할 수 있는 유리 돔을 다시 계획안에 포함했다. 하지만 3등을 한 스페인의 건축가, 카라트라바는 포스터의 최종안이 자신의 설계안의 돔 아이디어를 도용한 것이라고 주장하였는데, 전문가들이 심의를 통해 돔과 같은 전통적인 건축요소에는 저작권이 있을 수 없다는 견해를 제시하면서 논란이 일단락되었다. 하지만 포스터가 최종안에서 제시한 보행 가능한 유리 돔은 1992년에 발표된 독일 건축가 고트프리드 뵘의 설계안에서 이미 제시된 것이었다.

이전의 제국의회는 외국건축가들이 배제된 채 전적으로 독일인의 머리와 손으로만 지어졌다. 독일에는 국제적으로 유명하고, 검증된 건축가들이 많지만, 국가의 상징적 건물인 국회의사당 복구 공모에서 이들을 모두 배제하였다. 이는 독일의 어두웠던 역사가 극단적인 폐쇄주의와 국수주의 때문에 일어났다는 인

의사당 포장하기 퍼포먼스

재건된 국회의사당

식 때문이다. 국제적으로 책임 있는 국가가 되기 위해 그리고 새로운 미래를 열기 위해서는 국제적 개방성을 보여주어야 할 필요가 있다. 이 같은 맥락에서 국가적 상징인 국회의사당 재건 책임자로 외국인 건축가를 선정하고, 독일 전문가들이 포스터에게 부족한 부분을 보완하는 방법을 선택한 것이다. 이제 의사당 재건을 시작하는 것만이 남아 있었는데, 새로운 제안이 의회를 또다시 뜨겁게 만들었다.

불가리아 출신의 설치예술가 자바체프(1935-)와 그의 부인 잔 클로드(1935-)는 1971년부터 수많은 역사적 상징성을 가지고 있었지만 거의 방치되고 있는 의사당 건물을 포장하는 프로젝트를 제안하였지만, 이들의 제안은 여론의 냉대 속에 별다른 주목을 받지 못했다. 하지만 국제적으로 새롭게 출발하는 시점에서 이들의 제안은 또 다른 의미를 가지게 되었다. 의회는 1994년 1월 '국가의 중요한 상징건물이 예술의 대상이 될 수 있는가'라는 주제로 진지한 논의가 벌어졌다. 갑론을박 속에 과반수를 넘는 의원이 이 프로젝트에 동의하였고, 같은 해 6월 24일부터 2주일 동안 의사당 포장하기 설치예술이 시작되었다. 방염 처리된 은색 천으로 의사당 건물을 완전히 덮고, 3cm 강철 파란 끈으로 이를 묶었다. 이에 필요한 재원은 국가지원이 아니라 국민의 모금을 통해 조달되었으며, 설치예술이 끝난 후 포장에 사용된 자재들은 작게 잘라서 기념품으로 판매되었다. 이 프로젝트는 예상외로 국제적으로 커다란 관심과 반향을 불러일으켰다. 이 행위예술이 벌어지는 동안 약 500만 명이 이를 관람하였는데, 이 프로젝트는 독일 통일을 축하하며, 새로운 미래를 선포하는 하나의 거대한 축제가 되었다. 이 성공에 힘입어서 이후 포장하기 행위예술이 세계 곳곳에서 유행처럼 벌어졌다.

5월 7일

오늘은 새롭게 단장한 의사당 건물을 보기로 하였다. 의사당 건물에서 가장 먼저 눈에 띄는 것은 돔과 현관 위에 있는 '독일 국민에게DEM DEUTSCHEN VOLKE'라는 각명이었다. 이 각명은 왕권과 의회권력 사이의 미묘한 힘겨루기

각명 <독일 국민에게>

각명 <주민에게>

에서 의회권력의 부분적 승리를 의미하는 상징이기도 하였다. 한스 하케Hans Haacke는 북쪽 안뜰에 직사각형 모양의 나무함을 만들고, 독일 16개 주에서 가져온 흙으로 이 함을 채웠다. 그 위에는 인간의 간섭 없이 자연스럽게 다양한 식물들이 자라고 있다.

이 함의 중간에는 '주민에게Der Bevölkerung'라는 각명이 있는데, 옥상에 올라가면 볼 수 있다. 하케의 새로운 각명은 바로트의 각명과 묘한 대조를 이루고 있다. 적지 않은 보수적인 독일 국민은 국가 또는 국민을 부정하기 위해 하케가 '독일 국민에게' 대신에 '주민에게'로 각명의 내용을 바꾸고, 이런 각명을 국회에 배치하는 것이 적당한지에 대해 의문을 나타냈다. 하케는 독일 현대 역사에서 민족 또는 국민이라는 개념을 부담스럽게 느끼고 있는 것이 사실이며, 자신의 작품은 국민 또는 민족에 대해 다시 되돌아보는 계기를 제공하고 있다고 주장했다. 하지만 자신은 국민 또는 민족의 긍정적인 측면까지 완전히 부정하는 것은 아니라고 각명의 내용을 변호했다. 예술전문가와 의원들이 모여서 세 차례 논의를 벌인 끝에 하케의 작품에 문제가 없다는 결론이 났다. 하케는 자신의 작품을 통해 독일의회가 독일 국민만이 아니라 독일에 살고 있는 비독일인과 모든 자연물을 위해서도 책임 있는 입법 활동을 할 것을 주문하고 있다. 의사당 건물은 독일의 역사를 고스란히 간직하지만, 의회정치를 투명하고 거짓 없이 국민과 공유하겠다는 의지를 표명하고 있다.

의사당 건물의 구조는 투명성을 일목요연하게 강조하고 있는데, 이 원칙은 실내 장식에도 그대로 적용되고 있다. 원형을 충실하게 반영해서 복구하려고 하였지만, 내부자재와 색과 같이 아주 새로운 콘셉트로 재건된 것들도 많다. 의사당 내부에는 이전과 달리 목재가 아니라 첨단 자재들이 사용되었다. 오염에 강한 강화 콘크리트, 유리와 철과 같은 현대적 자재들 이외에도 밝고 따뜻한 색깔의 석회와 사암 등이 사용되었다. 또한, 건물의 정체성과 방향성을 지시하기 위해 9가지 색들이 사용되었는데, 색 중에서 의사당 의자와 벽 치장에 사용된 '의사당 파란색Reichtagsblau'은 다른 정치집단이 사용할 수 없도록 규정하고 있다. 사민당 적색, 녹색당 녹색, 자민당 노랑, 그리고 기민당 적색처럼 기존 독일 정당들은 모두 다 자기 당을 의미하는 상징색을 가지고 있다. 중앙의사당에 사용된 파란색은 의사결정 과정에서 정당의 이해관계를 떠나, 각자의 양심에 따라 공익적 관점에서 투명하게 결정할 것을 의미하고 있다. 의사당 정면에는 독일 문장인 독수리가 걸려있는데, 전면에서 보면 한 마리처럼 보이지만 뒤에서 보면 두 마리가 겹쳐져 있는 것을 발견할 수 있다. 이렇게 만들어진 독수리 문장은 통일독일이 동독과 서독이 합쳐져서 하나의 국가가 되었으며, 이들 모두를 위한 통합정책이 의회에서 만들어져야 한다는 점을 상기시키는 역할을 하고 있다. 또한, 건물의 외관과 내관의 분위기가 매우 다른데 이를 통해 과거에서 현재를 지나 미래로 가는 느낌이 들게 한다. 전통과 현재 그리고 앞으로 나아가야 할 방향이 건물 안에 조화롭게 어우러져 있는 것이다.

본회의장 모습

밖에서 본 돔의 모습

안에서 본 돔의 모습

현재 국회의사당 건물은 가장 인기 있는 관광명소 중의 하나가 되었으며 돔은 명소가 되는 데 가장 중요한 역할을 하였다. 예약한 관람객은 공항만큼이나 엄격한 보안검사를 거친 다음에 서쪽 문을 통해 돔으로 올라갈 수 있다. 1층에서 엘리베이터를 타면 24m 높이의 옥상에 도달하는데, 주변에 의사당 돔보다 높은 건물을 짓는 것이 금지되어 있기 때문에 옥상에서는 시내를 잘 조망할 수 있다. 시각을 달리하면, 시내 모든 곳에서 국회의 돔을 볼 수 있는데, 이는 국민의 모든 소리를 의회가 잘 들어야 한다는 것을 의미한다. 옥상 위로는 높이 23.5m, 폭 35m의 유리 돔이 솟아있다. 각각 800톤에 달하는 24개의 철강 수직골조가 240톤에 달하는 유리 돔을 버티고 있다. 유리 돔 안쪽에는 나선형의 보행로가 있어 관람객은 이 보행로로 꼭대기까지 갈 수 있다. 돔을 올라가면 중앙의사당 내부가 발밑으로 보인다. 이는 일반인에게 국회의 의사결정 과정이 투명하게 공개되어야 하며, 국회는 국민 위에 군림하는 것이 아니라 국민의 통제 하에서 봉사해야 한다는 것을 의미한다.

즉, 국회의 주인은 국민이라는 사실을 이야기하고 있는 것이다. 의사당 복구에서 가장 중요한 개념으로 제시되었던 '투명성'이 돔에서 일목요연하게 제시되고 있다. 또한, 현재 지구상에서 가장 큰 현안 중의 하나인 대체 에너지와 에너지 절약 기술을 가장 모범적으로 돔은 보여주고 있다. 돔은 중앙의사당의 채광과 통풍을 위한 통로 역할을 하며, 돔 안의 깔때기 모양의 거울은 빛을 채집해서 조명과 발전에 사용하고 있다. 첨단 컴퓨터 프로그램은 겨울에는 채광을 최대화하고, 여름에는 과잉 채광을 막아서 중앙의사당이 과열되는 것을 막고 있다. 또한, 돔은 빗물을 모아서 재활용하는 역할도 하고 있다.

의회건물은 태양광과 지하수를 이용해서 전력과 난방문제를 해결하고 있다. 의회건물의 특수 유리는 열 손실을 최소화하고 있으며, 건물에서 채집된 태양광은 의사당과 인접 부속건물에서 사용하는 전력의 80% 이상을 조달하고 있다. 여름에는 냉방하는 과정에서 생긴 열을 이용해서 물을 70도 정도로 데워서 지하 300m에 있는 저수조에 저장하고, 겨울에는 이 물을 끌어와서 난방하는 구조로 냉난방 문제를 해결하고 있다.

국회의사당은 베를린에서 가장 중요한 예술복합체이다. 의회의 예술자문단은 외부 전문가들의 추천을 받아 국회가 어떤 예술품을 소장할 것인지를 자문해주고 있다. 의회가 복구될 당시 의사당의 역사성과 장소성 그리고 지향점을 예술적으로 제시할 18명의 예술가가 초청되었다. 이들 속에는 예전의 독일과 베를린을 분리 통치하였던 미국, 영국, 프랑스 그리고 러시아로부터 4명의 예술가도 포함되어 있다. 이후 구매와 대여를 통해 의사당 안에는 약 30여 명의 저명한 예술가들의 작품들이 현재 전시되고 있는데, 이미 언급한 하케도 이들 중의 한 명이었다. 이외에도 카타리나 지베딩Katharina Sieverding은 1992년부터 나치 정권에 의해 박해받거나 살해된 국회의원들을 위한 추모장소를 예술적으로 형상화하였다. 의사당 로비에 파괴와 재탄생이라는 5부작의 사진갤러리를 만들었으며, 3권의 추모도서가 책상 위에 놓여있다. 또한, 지그마 폴커Sigmar Polke와 게르하르트 리히터Gerhard Richter는 입구 서쪽 벽에 30m 높이의 벽을 장식하는 일을 담당하게 되었다. 리히터는 흑색, 적색 그리고 황색을 이용해서 독일의 다층적인 다양성을 상징화하였으며, 폴케는 콜라주를 통해 독일 정치와 역사를 유희적으로 형상화하고 있다. 홀쩌Jenny Holzer는 북쪽 입구의 돌기둥에 1871년에서 1992년까지 의원들이 행한 연설과 이에 대한 반응을 보여주고 있는데, 이 작업은 계속 현재화되고 있다.

기도실

독일은 오랫동안 기독교가 국교였었으며, 현재도 많은 국민의 가치와 규범 그리고 세계관 형성에 중요한 역할을 하고 있다. 국회에는 초기부터 기독교 신앙을 가진 일부 의원들에 의해 자발적인 기도 모임이 있었고, 자연스럽게 기도실이 만들어졌다. 기독교민주당 소속 의원들을 중심으로 의회에 기도실을 설치해 달라는 요구가 있었다. 의사당 건물의 남동쪽 2층에 기도실이 만들어졌는데, 독일 사회는 이미 다종족, 다문화 사회가 되었기 때문에 기독교인만을 위한 기도실로만 만들 수는 없었다. 그래서 다양한 종교를 믿는 사람들을 모두 다 포괄할 수 있는 기도실을 만드는 것이 필요해졌다. 위커Günther Ücker는 새로 만든 기도실 입구에 다양한 종교에서 사용하는 제기들을 전시하고 있다. 동쪽을 향한 계단은 유일신 종교인 유대교, 그리스도교 그리고 이슬람 신도들에게 예루살렘과 메카의 방향을 가리키고 있다. 또한, 중세 초기의 납골당 분위기를 내기 위한 간접조명을 사용하고 있으며, 화강암으로 된 제단과 맞춤 제작된 의자와 책상들이 기도실의 분위기를 완성하고 있다. 그는 못, 색깔, 모래, 돌 그리고 재를 사용해서 7개의 판을 만들었다. 이들 중 하나는 못들의 형태들을 통해 십자가를 암시하고 있는데, 이는 일부 의원들이 기도실에 기독교의 흔적을 완전히 없앴다는 비판을 잠재우기 위해서였다. 7개의 판은 벽에 고정되어 있지 않고, 기대어 있는데, 이는 기도하는 사람은 특정한 교파의 좁은 울타리를 벗어나서 세상의 비정주성Unbehaustheit을 고려하라는 의도이다.

의사당 건물은 보면 볼수록 묘한 매력이 있는 건물이다. 이번에는 시간이 없어서 포기하였지만 언젠가 다음에 다시 온다면 주변에 있는 부속건물들을 찬찬히 구경하고 싶다. 내일 베를린을 떠나 함부르크로 갈 예정이라 일찍 호텔로 돌아가서 짐을 정리해야만 한다. 그 전에 내가 가장 좋아하는 도시, 베를린을 기억할만한 선물을 사야 하는데 무엇을 사야할지 딱히 떠오르지 않았다. 왜냐하면, 너무나 매력적인 기념품들이 많으므로……. 중앙역 안의 선물가게에 들러 한참 기념품들을 살펴보다 작은 곰 인형을 골랐다. 곰은 베를린을 상징하는 동물인데다, 곰 인형의 가격도 약 6천 원 정도밖에 안 되어서 부담이 없었기 때문이다. 테디베어처럼 귀엽지는 않지만 그래도 정감이 가는 디자인이었다. 어쩌면 나는 일 년 후에 한국에서 이 곰 인형을 보면서 베를린에서 느꼈던 추억을 회상하고 있을는지 모르겠다.

참고문헌

Arnold, Udo, Preußen und Berlin. Lüneburg, 1981.

Bosetzky, Horst & Jan Eik, Das Berlin-Lexikon, Berlin: Jaron Verlag, 1998.

Hein, Jacob, Gebrauchsanweisung für Berlin, München: Piper, 2009.

Stemmler, Susanne & Sven Arnold(Hrsg.), New York – Berlin: Kulturen in der Stadt, Wallstein, 2008.

제2부

파리

베르사유 궁전

베르사유 궁전에 앉아 절대왕권을 기억하다

장세룡

여행지 **베르사유 궁전** 파리 근교 베르사유 소재

안내인 **이케다 리요코** 池田 理代子, 1947.12.18-

오사카 출생. 동경교육대학(현 츠쿠바 대학) 철학과 졸업. 1972년부터 주간 『마가렛트』 21호에서 52호까지 82주에 걸쳐 연재한 만화 『베르사이유의 장미』는 일본에서 전 10권이 한질로 된 단행본이 1,200만 부 이상이나 팔렸다. 한국에서도 10여 개의 판본으로 출판될 만큼 선풍적인 인기를 끌었고 많은 독자들에게 즐거운 독서의 추억으로 남아있다.

안내인 **생-시몽 공작** duché de Saint-Simon, 1675.1.16-1755.3.2

프랑스 북동부 피카르디Picardie의 명문가 출신으로 아버지가 잠시 루이 13세의 총신이 되면서 궁정에 들어갔다. 1677년에는 루이 14세와 왕비 마리 테레즈를 대부모로 모시는 영광을 가졌지만 부친이 왕의 총애를 잃고 미미한 존재가 되면서 출세 길이 막혀버렸다. 다행히 많은 독서로 학식은 풍부했고 출신에 따라서 군인이 되었지만 여단장 승진에 실패하면서 25세경에는 사직하여 왕의 눈에서 벗어났다. 대봉건귀족 가문 상속녀Marie Gabriel de Dufort와 결혼하여 화려한 인척관계를 형성한 생-시몽은 베르사유 궁정을 30여 년이나 맴돌았지만, 출세 길에서는 배제되고 주변부 관찰자로만 남았다. 루이 14세 사망 이후 섭정기에는 잠시 스페인 대사(1721-1722)로 재기하는 듯 했지만 섭정의 급사로 그것도 끝나고 말았다. 심지어 두 아들이 후사 없이 참척慘慽하면서 가문조차 끝나고 말았다.

그는 고래의 혈통에 바탕을 둔 대검귀족의 위상에 집착한 반동적 보수주의자로서, 루이 14세가 국가운영에 천박한 부르주아와 서출들을 중용한다는 비판과 냉소를 『회고록』(1749년 완성)에 남겼다. 2절판 공책 173권 분량의 방대한 『회고록』은 그 당시 왕과 궁정cour 및 지배 권력의 동향을 이해하는데 큰 참고가 된다. 오랫동안 미간행이었다가 1856-1858년에 전집이 출판되었고 1879-1908년에는 8만 3천 개 각주의 전집 41권, 최근에는 1983-1988년에 전질 8권으로 재출간되었다.

안내인 **안토니아 프레이저** Antonia M. C. Fraser, 1932.8.27-

영국-아일랜드계 역사가, 소설가, 전기작가. 그녀의 남편은 극작가로 유명한 해롤드 핀터Harold Pinter이다. 『마리 앙투아네트』뿐 아니라 『사랑과 루이 14세: 태양왕의 생애와 여성들』(2006년)까지 많은 작품이 있다.

안내인 **아돌프 히틀러** Adolf Hitler, 1889.4.20-1945.4.30

오스트리아 출신. 본래 화가지망생이었고 미술학교 진학에 실패하고 오스트리아 린츠의 실업계학교로 진학했지만 그림그리기를 계속했다. 제1차 대전에 참전하고 1919년 독일노동자당DAP에 가입하였다가 점자 지도자로 두각을 나타내어 1920년 나치당으로 잘 알려진 민족사회주의 독일노동자당NSDAP 지도자로서 두각을 나타내어 1933년 총리, 1934년에는 총통이 되었다. 뛰어난 웅변술과 감각의 소유자로서 제1차 세계대전 패전국 독일의 경제발전에 일정하게 기여했지만 『나의 투쟁』에서 표명한 대로 독일민족생존권 수립정책을 주장하며 제2차 세계대전을 일으켰다. 전쟁 중에 유대인 말살 정책을 집행하여 수많은 유대인을 강제수용소 가스실에서 학살한 것은 유명한 비극적 사실이다.

안내인 **장-자크 아야공** Jean-Jacques Aillagon, 1946. 10. 2-

자크 시락Jacques Chirac 대통령 재임 시기 문화부 장관(2002. 7-2004. 3)을 지냈으며 2007-2011년 공식직함 '베르사유 성과 영지의 공공시설 대표'(Président de l'établissement public du château, du musée et du domaine nationale de Versaille)로서 베르사유 궁전 총괄 디렉터를 역 임했다. 특히 일 년에 한명씩 세계적인 현대 미술가를 선정하여 초청하는 베르사유 오프(Versaille Off)를 기획하여 많은 논란을 불러 일으켰다.

중고등학생 시절 나는 세계사 책의 '베르사유 궁전은 절대주의 군주권력의 상징적인 건축물이다'는 구절에 밑줄을 긋고 외우며 자랐다. 대학원에서 프랑스사를 전공분야로 삼으면서 그곳에 더 큰 관심을 갖게 되었다. 그러나 정작 그곳에 한번 가보고 싶다는 생각을 하게 된 건 일본 동경무비신사東京Movie新社가 제작한 만화영화 〈베르사이유의 장미〉를 보았을 때였다. 이 만화영화는 처음에는 감독 나카하마 타다오長濱忠夫가 1-12회를 담당하였으나, 19회에서 41회까지는 미야자키 하야오宮崎 駿와 어깨를 견줄 만하고 〈보물섬〉, 〈내일의 죠〉, 〈도전자 허리케인〉 등으로 유명한 데자키 오사무出崎 統(1943-2011)가 담당하여 1979년 10월 10일부터 1980년 9월 3일까지 방영했다. 우리나라에서도 1991년에 처음 방영된 뒤로 여러 채널에서 방영하였고 EBS에서 2011년 2월 28까지도 방영하였으니 참으로 친숙한 이름이 아닐 수 없다.

잘 알려져 있지만 내용을 소개하면 이렇다. 장군 자르제Le Général de Jardjais 백작의 딸 오스칼 프랑수아Oscar-François de Jardjais는 아름다운 용모에도 불구하고 검을 다루며 군인으로 키워져서 왕비 마리-앙투아네트의 근위병이 된다. 어릴 때부터 함께 자란 앙드레에게 혈육 이상의 감정을 느끼지 못하던 오스칼은 왕비 마리-앙투아네트의 정부로 알려진 스웨덴 출신 미남 귀족 악셀 드 페르젠Hans Axel de Fersen을 짝사랑하게 되고 여성인 자신과 남성으로 키워진 자신 사이에서 갈등한다. 이때 대혁명이 발발하면서 오스칼의 갈등은 혁명의 불길에 휩싸이고 앙드레와 결혼을 약속하지만 죽음으로 슬픈 최후를 맞는다. 한편 페르젠은 1791년 6월 20일 왕과 왕비의 탈주를 도왔지만 실패하고 왕비 마리-앙투아네트 역시 단두대의 이슬로 사라진다. 이 작품이 역사만화로서 뛰어난 점은 등장인물이 대부분 역사적 실존인물로서 사실감을 극대화시키고 철학도라기보다 역사학도의 실증적 자세로 인물묘사에 능숙한 것이다. 예컨대 루이 16세, 마리-앙투아네트, 마리아 테레지아, 페르젠, 메르시Mercy 대사, 뒤 바리 Jeanne du Barry 부인, 자르제 장군, 노아이유Noailles 백작부인, 폴리냑Polignac 부인, 로앙Rohan 대주교, 가짜 백작 부인 라 모트 잔느 발루아Jeanne Valois de la Motte 그녀의 몸종 로잘리Rosalie Lamorlière, 오스칼과 결투를 벌이려 했던 게메네Le Duc de Guéménée 공작, 로베스피에르, 생-쥐스트 등과 같은 인물 묘사가 바로 그렇다. 심지어 재무총감 네케르와 장-자크 루소까지도 등장한다.

앞서도 말했다시피 내 전공 분야는 프랑스 역사다. 30년 남짓 프랑스와 유럽의 역사, 지성사를 공부해 왔다. 이번 여행을 앞두고 비행기에 오르기 전 먼저 해야 할 일이 있었다. 그동안 학문이란 이름으로 축적한 지식이 선입견을 부과하지 않도록 견제하는 작업이 필요했다. 그래서 이케다 리요코 여사에게 전화로 인터뷰를 요청했다. 지난번에 보낸 전자통신에서 그녀는 짧은 인터뷰라면 응할 수 있다고 했다. 고마운 일이었다.

“감사합니다, 리요코 여사님. 먼저 오스칼과 관련 되는 인물들도 사실인지 궁금합니다” 수화기를 통해 전해지는 그녀의 목소리는 예상 외로 탄력적이었다. “아닙니다. 오스칼과 관련 내용은 모두 허구이고 실제 인물이라도 하더라도 오스카와 관련되는 사건들은 모두 허구의 사건들입니다.”

이 작품이 역사적 사건들을 매우 엄격하고 사실적으로 고증하여 독자들에게 높은 신뢰감을 부여하는 점은 예컨대 이런 것이다. 만화는, 왕비의 목걸이 사건, 전국신분회 개최, 바스티유 함락, 국왕이 탈주를 기도한 바렌느Barenne 사건, 1789년 10월 5일 파리여성들의 베르사유 진격사건 같은 중대한 사건뿐만이 아니라 소소한 에피소드까지도 매우 치밀하게 그려낸다. 예컨대 목걸이 사건에서 그린 목걸이 도판은 사건의 실제 목걸이와 별 차이가 없으며 대혁명 때 사형수를 수용한 파리 재판소 부속 감옥 콩쉬에르쥬리conciergerie에서 마리-앙투아네트가 갇혔던 방을 묘사한 그림도 역사적 고증에 충실한 것을 볼 수 있다. 이 작품의 또 다른 매력은 1710년에서 1760년대까지 베르사유 궁전, 별궁 프티(小) 트리아농petit trianon, 탕플temple 탑, 바스티유 감옥 등의 로코코rococo 양식을 잘 표현한 점이다.

“여사님 『베르사이유의 장미』가 큰 인기를 끈 배경은 무엇이라고 생각하는지요? 그리고 주인공을 하필 남장여자로 설정한 이유가 무엇인가요?” 어쩌면 내 질문은 뻔하고 너무나 많이 들었던 진부한 질문이었을 것이다. 그러나 그녀의 대답은 미안할 정도로 친절했다. “베르사유 궁전이라는 화려한 외관과 빛나는 로맨스를 가진 공간은 이국적 취향과 신분이동에 관한 인간의 일반적 욕망을 적절히 충족시켜 준다고 봅니다. 주인공의 양성적 성향에 관하여, 일본은 특별히 예능에서 양성적 존재를 부각시키는 경향이 있습니다. 일본의 연희인 ‘가부

끼'나 '노'에서도 그런 경향을 볼 수 있지요. 양성에 대한 미학적 전통에 기반을 두면서도 이국적 분위기를 효과적으로 사용한 것이 주효했다고 볼 수 있습니다. 이것은 일본문화가 서구역사와 문화를 재창조하는 데 성공한 것이라고 볼 수도 있지요. 이와 대비되는 것이 『베르사이유의 장미』를 모태로 1978년에 만들어진 영화 〈레이디 오스카Lady Oscar〉지요, 이 영화는 〈쉘부르의 우산〉을 만든 자크 드미Jacques Demy 감독이 많은 제작비와 실제 현장촬영으로 큰 기대를 모았지만 일본적 미학을 보여주지 못했고 주연 여배우 카트리오나 맥콜의 연기가 남성적 측면을 전혀 보여주지 못하며 앙드레 역을 맡은 배우가 만화와는 달리 너무 남성적인 것이 실패 요인이었다고 볼 수 있습니다. 물론 영국 배우가 많이 출연하고 영어 대사로 처리된 것이 프랑스적인 분위기를 약화시킨 것도 문제였겠지요. 결국 『베르사이유의 장미』에서 오스칼의 매력은 여성성의 한계를 넘어서면서도 남성적이지 않은 여성과 남성의 중간적이면서도 섬세한 카리스마로 표현되는 양성의 긍정적 미학을 함께 갖춘 앤드로지니Androgyny에 대한 욕망을 잘 표현한 데서 온다는 것을 이해하지 못한 것이지요." 듣다가도 감탄하는 참 멋있는 설명에 내가 그녀의 팬이라는 게 자랑스러웠다.

7월 6일

온갖 사소한 잡무와 연구로 시달리고 시달리던 끝에 지쳐버린 나는 마침 휴가를 얻어 인천공항에서 에어 프랑스를 타고 프랑스 파리 샤를 드골 공항으로 날아갔다. 에어프랑스 여승무원들은 대한항공이나 아시아나 항공과는 달리 매우 친숙한 체형을 과시하여 듬직하였다. 목적지에는 프랑스 시간으로 수요일에 도착하게끔 여정을 짰다.(월요일은 휴관이다). 몇몇 지인들은 베이사유 궁전만 보고 올 것이라는 내 계획에 많은 돈과 시간을 들여 가서 고작 한 곳에만 머물다 올 거냐고 혀를 찼다. 나의 여행 방식은 늘 정주와 이주의 중간 어디쯤이었다. 나는 파리에 도착하자마자 내가 잠시 정주할 곳, 베르사유로 직행했다.

파리는 도시를 1존, 2존 하는 식으로 구분한다. 보통 유명관광지는 1존과 2존에 분포해 있고 도심지인 1존에서 멀어질수록 대중교통비가 많이 드는데 베르사유는 4존에 위치한다. 그러나 유레일패스를 가진 여행자들은 흔히들 파리로 간 첫날 베르사유로 가는데 그 이유는 RER-C선은 유레일패스 소지자에게 티켓을 무료로 제공하기 때문이다. TGV가 도착하는 파리의 생 미셸ST. Michel 역에서 교외 특급 이층전철인 RER-C선을 타거나 혹은 오스텔리츠 역에서 RER-C를 타고 약 40분을 꾸벅꾸벅 졸면서 가면 종점 베르사유 역이 나온다. 정확한 역 이름은 리브 고쉬 샤또 드 베르사유(Rive Gauche Château de Versaille)다. 역을 나와서 10분 정도 걸어가다 보면 커피 등을 파는 맥도날드 가게를 비롯하여 여러 상점들이 즐비한 거리가 있다. 길을 건너 유인매표소에서 줄을 서서 하루 관광에 18유로 하는 입장권을 샀다. 판매원이 어느 나라에서 왔느냐고 묻더니 안내서를 제공한다. 입장권을 사서 조금 걷다 보면 앞에 별 다른 건물이 보이지 않는 순간 광장이 펼쳐지면서 황금빛 자태를 드러내는 정문 뒤로 베르사유 궁전을 볼 수 있다. 샌드위치와 물을 준비해서 길게 늘어진 줄의 뒷자리에 섰다. 궁전 앞에는 절대군주 루이 14세의 동상이 서 있다. '태양왕'이라 불렸던 루이 14세를 빼고서는 베르사유 궁전을 생각할 수도 없기에 그의 기마상을 한번 슬쩍 올려다본다. 그리고 또 다시 올려다본다. 덥다.

베르사유 아름 광장의 루이 14세 기마상

베르사유 궁전을 즐기는 방법은 여러가지이다. 걸어다는 것도 물론 좋지만 자전거를 빌려 타고서 이곳저곳을 돌아다니는 것도 좋은 방법이다(물론 나는 잠시나마 이곳 거주자 행세를 할 참이므로 자전거를 타지 않았다. 그럼에도 나는 자전거 광이라는 것을 고백한다. 내 정강이의 상처는 대부분 음주자전거 운전의 산물이다). 입장 절차는 요즘 프랑스는 물론 유럽 전체의 시국이 빈발하는 테러로 하수상해서 매우 철저하게 진행된다. 입장하면 무슨 리모컨처럼 생긴 오디오가이드를 제공하는데 한국말 오디오 가이드도 있으니까 알아서 챙기는 것이 꼭 필요하다. 오디오를 들으면서 하나하나 내용 설명을 듣고 이해하면서 시공간 여행을 진행할 수 있기 때문이다. 오디오 사용료는 입장료 안에 포함된 것이므로 절대로 사양하지 말아야 한다.

부르봉 왕조의 루이 14세와 루이 15세 그리고 대혁명기에 단두대에서 처형당한 루이 16세와 왕비 마리-앙투아네트와 관련해서 잘 알려진 익숙한 이름, 베르사유 궁전은 숨은 역사와 내막을 알고서 관람하면 더욱 깊은 맛을 느낄 수 있다. 궁전을 향해서 걸어가던 도중, 지난 2010년 11월 5일부터 2011년 3월 6일까지 서울 예술의 전당 한가람미술관에서 열렸던 전시회 〈프랑스 국립 베르사유 특별전-루이 14세에서 마리 앙투아네트까지〉가 떠올랐다. '세계가 탐내는 유물, 세기의 컬렉션이 한국에 오다'는 모토로 개최된 전시회는 프랑스의 국보인 루이 14세, 15세, 16세의 초상화와 궁정생활을 담은 그림과 조각을 비롯하여 국립 베르사유 궁전 박물관에 소장된 국보급 회화 작품과 유물 등 총 84점을 전시하여 많은 관심을 끌었다. 그 때 베르사유 관장 장 자크 아야공Jean-Jacques Aillagon(1946-)은 전시회 도록에 실은 인사말에서 베르사유 궁이 지난 200년 동안 프랑스 역사를 통틀어서 그 어떤 왕실이나 궁전 및 성들보다 절대적인 위치를 차지하며 정치, 사회 및 문화의 중심이라고 밝혔다.[1] 자크 아야공의 말은 조금도 과장이 아니다. 프랑스의 문화유산 가운데 베르사유 궁전은 최고의 명성을 자랑한다.

베르사유 궁전을 둘러보는 경로야 너무나 다양하지만 일반적 순서대로 중앙 홀-헤라클레스의 방-풍요의 방-비너스의 방-다이아나의 방-전쟁의 방-거울의 방-왕의 침실-평화의 방-왕비의 침실을 차례로 거치기로 마음 먹었다. 관람객이 너무나 많아서 떠 밀려가며, 이 경로를 일별했다. 중앙 홀에 들어가면 부르봉 왕조를 이루었던 왕들의 초상화가 걸려 있다. 그러나 가발 쓴 머리 스타일에서 퀼로트 바지 의상까지 너무 비슷해서 누가 누군지 헷갈린다. 중앙 홀 로비에는 왕실교회가 자리잡고 있다. 헤라클레스의 방, 풍요의 방, 비너스의 방, 다이아나의 방까지 이들은 기본적으로 연회에 사용된 축제의 방이다. 그 다음에는 전쟁의 방이 있고 거기에는 회반죽으로 된 타원 모양의 부조에 말을 타고 적을 물리치는 루이 14세의 모습이 양각되어 있다. 그 다음이 베르사유에서 가장 화려하고 유명한 '거울의 방'이다. 가로 75m, 세로 10m, 높이 12m의 회랑인 이 방은 궁정의식을 치르거나 외국특사를 맞을 때 사용되었는데 프레스코화로 뒤덮인 천정과 전면과 벽면을 가득 채운 거울이 참으로 인상적이다. 이어서 루이 14세가 1715년 9월 1일 죽을 때까지 사용한 침실이 있다. 그 다음이 '평화의 방'인데 '전쟁의 방'에 있던 부조와 같은 크기의 루이 14세의 모습이 역시 그려져 있다. 그리고 왕비의 침실, 여기서는 왕실의 대를 이어갈 19명의 아이들이 출산되었다. 침대 옆에는 밖으로 나가는 작은 문이 열려 있다.

---

1 참고한 도록은 다음과 같다. 홍성일, 프랑스 국립 베르사이유 특별전: 루이 14세에서 마리 앙투아네트까지, 씨엔 미디어, 2010. 그리고 최근 프랑스에서 베르사유 궁전의 거의 모든 것을 상세하게 총망라한 2권짜리 도록이 발간되었다. Pierre Arrizolli-Clémentel, Versailles 2 tomes, Citadelles & Mazenod, 2009, 제1권 pp.1-372, 2권 pp.373-748. 가로 29.5cm, 세로 44cm.

베르사유 궁전에는 루이 14세와 부르봉 왕조 관련 구경거리만 있는 것이 아니다. 후대에 만들어진 나폴레옹 기념실에는 나폴레옹 보나파르트의 초상화와 더불어 1804년 12월 2일 파리 노틀담 사원에서 나폴레옹 1세 대관식 장면이 자크 루이 다비드의 그림으로 남아 있다. 파리 루브르박물관도 소장하고 있는, 이 그림은 이미 대관식이 끝나고 나폴레옹이 조세핀에게 왕비관을 수여하는 모습을 묘사하고 있다. 이는 절대권력을 향한 그의 마음을 잘 표현한다. 그 외에 프랑스 지도자들의 초상화가 걸린 방과 들라크루아를 비롯한 프랑스의 유명한 화가들이 그린 프랑스 역사의 중요한 사건을 묘사한 작품들이 걸린 회랑을 거쳐 밖으로 나왔다. 오디오 가이드를 반납하고 나면 대개 정원을 감상하는데, 정원이 너무 넓어서 대운하에서 궁전까지 이동하는 미니 열차를 이용하는 것도 추천할 만하다.

나폴레옹 기념실에 걸린 자크 루이 다비드의 그림
http://www.chateauversailles.fr

파리 아니 정확하게는 베르사유에서 살아가기 첫째 날은 이렇게 저물어갔다. 호텔로 향하는데 들고 있던 짐이 갑자기 무겁게 느껴졌다. 그러나 어찌 그 무게로 내 마음의 환희를 지울 수 있겠는가? 나는 베르사유에서 도보로 2-3분이면 충분한 르 베르사유 호텔(7 rue Sainte Anne 48000 Versailles) 호텔을 한국에서 미리 예약해 두었기에 호텔까지 걸었다. 파리의 여름해는 저녁 9경까지 유지된다. 해가 기울자 더운 기운은 가라앉았는데 하늘은 밤늦게까지 밝았다. 궁전 부근이라고 하지만 특별할 것도 없는 평범한 동네 거리가 피곤한 내 눈을 차분하게 식혀주었다.

눈으로 보는 것만으로는 베르사유 궁전의 깊은 맛을 알기에는 턱없이 부족하다. 온갖 인생사와 프랑스 역사가 뒤섞인 베르사유 궁전에 관한 이야기를 누구에게서 들으면 가장 즐거운 시간을 가질 수 있을까? 내가 한국에서 미리 준비한 것 중 하나는 안내인을 물색해두는 일이었다. 멀리서 안내인들과 접촉하면서 내가 기대한 것은 이런 것이었다. 17-18세기 프랑스 귀족이며 유명한 『회고록』을 남긴 생-시몽 공작, 최근에 『마리 앙투아네트』[2]에 관한 전기를 쓴 안토니

2 안토니아 프레이저, 정영문 · 이미애 옮김, 『마리 앙투아네트』, 현대문학, 2006

아 프레이저, 독일 제3제국 총통 아돌프 히틀러, 이들이 베르사유 궁전의 저 깊고 깊은 구중궁궐로 나를 안내할 것이다. 그리고 베르사유 관장이었던 장 자크 아야공이 베르사유 궁전의 변신에 관한 이야기를 들려줄 것이다. 이 안내인들은 베르사유 궁전과 그와 관련된 인간의 역사를 직접 관찰하고 평가하고 해석하면서, 베르사유가 프랑스의 역사적 문화유산으로서 인류 공통의 의미에 참여하는 모습을 드러내 줄 것이다. 오랜 시간 비행기에서 시달리고 급하게 베르사유를 걸은 터라 호텔 침대 깊숙이 몸을 내던져 가라앉혔지만 정신은 더욱더 말똥말똥했다. 이 안내인들을 만나는 것 아니 이런 만남을 상상이라도 해보는 것, 그건 흥분 그 자체였다.

7월 7일

오전 호텔에서 아침을 간단히 해결한 후, 나는 베르사유를 향해 얼마 안 되는 거리를 최대한 느긋하게 걷기 시작했다. 내 기억이 맞다면, 그때의 감정은 아마도 갓 사귀기 시작한 애인을 만나기 직전의 설렘 같은 것이었다. 너무나 오랫동안 잊고 있었던, 유치 찬란한 그 감정들이 스멀스멀 올라오는 게 느껴졌다. 살아 있음을 느낀다는 이런 건가. 주변의 온갖 것들에게 관대해지는 느낌마저 들 지경이었다. 그 감정의 끝에 서 있는 베르사유. 입구에 들어서면 건물 정면 폭이 680m에 이르는 베르사유 궁전. 직접 관람하지 않은 사람들도 마치 이미 가본 듯 기시감을 가지는 이곳. 역사책에서 '절대주의 시대'라는 장章에서 태양왕 루이 14세와 연관시켜 친절하게 사진으로까지 소개받았기 때문일까. 아니면 많은 사람이 마음으로 그리고 꿈꾸어왔던 그곳과 신기하게도 닮았기 때문일까?

베르사유 궁전

깊은 심호흡을 하며 느긋하게 걸었지만 나는 이른 약속시간 이전에 궁전 입구에 도착했다. 제법 뜨거운 날씨에 흐르는 땀을 닦아내었다. 잠시 후, 우아하게 몸에 꽉 끼이는 퀼로트 바지를 입은 멋진 귀족이 내 쪽으로 걸어왔다. 나는 베르사유 궁전의 영원한 백수였던 그 인물에게 악수를 청했다.

생제르맹 앙 레 성 Chateau de Saint-Germain-en-Laye
프랑스 일드프랑스 이블린Yvelines의 생제르맹 앙 레 지방에 있는 중세시대의 성으로써, 12세기 루이 6세 때부터 루이 14세까지 왕궁으로 사용되었다. 1348년 샤를 5세가 성을 건축하였고 13세기 루이 9세가 예배당을 지었으나 백년전쟁 때 파괴되었다.
지금의 성은 1539년 프랑수아 1세에 의해 르네상스 양식으로 복원, 개축된 것이다. 성의 형태는 오각형이며 모서리마다 탑이 있고 해자에 둘러싸여 있었다. 앙리 2세, 샤를 9세, 루이 14세가 이곳에서 태어났다.
이후 나폴레옹 3세에 의해 정비되어 1867년 국립골동품박물관Musée des Antiquités Nationales으로 개장하였다. 2차례의 세계대전을 겪으면서 오랜 기간 문을 닫기도 했으나 2001-2003년 대대적인 보수공사를 거친 뒤 2005년부터 국립고고학박물관Musée d'Archéologie Nationale으로 이용되고 있다. 현재 해자에는 잔디가 깔려 있고 길게 이어진 고인돌이 놓여 있다. 끝

"안녕하세요. 반갑습니다. 생-시몽 공작님." "반갑습니다. 어서 오십시오. 베르사유 궁전에 오신 것을 환영합니다. 그런데 어느 나라에서 오셨다고 하셨죠?" 공작은 품위 있는 그러나 어딘지 약간 허세가 들어 있는 목소리로 물었다. "동방의 꼬레에서 왔습니다." "꼬레라고, 머나먼 중국의 동방에 은둔의 왕국이 있다고 말은 들었지."

나는 인사를 서둘러 끝낸 뒤 봇물처럼 질문을 쏟아내기 시작했다. 이제 와서 보니, 그가 직설적이고 성급한 나에게 당황하지 않았을까 하는 생각이 들기도 한다.

"네 그렇군요. 그런데 베르사유 궁전은 공작님께서 일생을 보낸 곳이지요? 참 멋진 궁전입니다. 그런데 루이 14세가 하필이면 그 많은 궁전을 두고도 이 파리 외곽에 베르사유 궁전을 지은 이유가 무엇인지요?"

"차차 말하겠지만 온갖 복합요인이 작용했지요. 물론 본인은 루이 14세가, 루이 9세와 프랑수아 1세의 소중한 유산인 생제르맹 앙 레Saint-Germain-en-Laye 궁을 포기한 것을 비난했습니다. 생제르맹 앙 레 궁이야말로 카페 왕조 이후 왕실 주거지 역할을 해온 역사와 자연이 어울린 장소이며, 군주의 영속성과 다양성을 상징하는 동시에 왕권과 자연경관의 조화를 상징한다고 보았기 때문이지요."

"베르사유 궁정 건축은 생-시몽 공작 당신이 경탄과 증오, 심지어 경멸 등 온갖 복합적 감정을 품었던 루이 14세 개인과 분리시켜 생각할 수 없는데요. 왕은 타고난 위엄, 우아함, 세련된 예의범절, 스페인 혈통에서 유래하는 에티켓 감각, 기사로서 자질, 스포츠맨다운 완벽한 몸매를 가진 인물로 알려졌지요. 생-시몽 공작 당신은 루이 14세를 어떻게 평가하는지요?"

"내가 보기에 무지와 고독 속에서 자란 루이 14세는 평범한 인품의 소유자인데다 이기적이고 자기도취적이며 권위와 영광과 개인숭배에 과도하게 집착한 인물이었어요. 루이는 강고한 정치적 의지를 가졌지만 군사와 행정을 주도하는 능력이 결핍되어 진정한 절대군주가 될 수 없었습니다. 다만 화려한 무대에서 연기를 펼침으로써 절대군주를 자처했을 뿐이지요. 루이에게는 호사스럽고 전지전능하며 화려한 연극무대가 필요했고 베르사유 궁전은 바로 그 연극무대로서 적합했던 것이지요."[3]

"그러니까……" 그는 가볍게 미소를 지으며 한손을 살짝 들어 내 질문을 막더니 다른 손으로 길 건너편을 가리켰다. 카페에서 커피를 마시며 대화를 계속하는 것이 어떠냐는 조심스런 제안이었다. 그러고 보니 개관시간인 9시까지는 시간에 제법 남아 있었다.

"당신은 루이 14세를 한 사람의 연극배우로 보는군요. 인생은 연극이라는 말이 생각납니다. 그런데 베르사유 궁전은 어떻게 건축이 시작되었는가요?"

오랑주리 정원 http://www.chateauversailles.fr

제법 괜찮은 카페라며 그가 안내해간 곳은 〈르 그랑 카페 도를레앙〉이었다. 그는 이 레스토랑 겸 카페에서는 푸아그라(거위 간 요리)가 유명하다면서 꼭 한 번 맛보라고 했다. 그러면서 자신은 매일 이 자리에 앉아 더블 에스프레소를 마신다고 덧붙였다. 그러나 나는 그런 건 조금도 중요하지 않다는 듯 끊겼던 질문을 이어나갔다. 책으로만 그래서 내 머리로만 이해하고 상상해온 것과 그가 체험한 것이 어느 정도 일치하는지가 내 궁금증의 정체였다. 내 조바심을 이해한다는 듯 대답은 친절했다.

"본래 베르사유는 궁전으로 건축된 것이 아닙니다. 루이 13세가 척박한 공간에 사냥과 축제와 휴가용으로 건립한 소박한 별장이 출발점입니다. 르 루아 Philibert Le Roy의 설계로 1624년 건축되어 1631-1634년간 대폭 개수, 증축 및

3 생-시몽, 이영림 옮김, 『루이 14세와 베르사유 궁정』, 나남, 2009.

재배치 작업이 전개되었던 이 옛 성château-vieux은 지금은 '대리석 뜰La cour de Marbre'로 불리며 방문객을 맞는 곳입니다. 베르사유 궁전이 그저 일시적인 정원 쉼터로만 출발했다는 사실을 말해주는 증거는 온실과 동물원을 건립하고 나서 지은 작은 궁전이며, 안팎벽에 루앙Rouen과 리지외Lisieux에서 생산된 흰색, 금색 벽돌과 파란색 점판암 타일을 발랐던 건축물 곧 별서(別墅)라고 할 수 있는 첫번째 트리아농trianon의 침실에 불을 때는 굴뚝조차 없었던 데서 잘 알 수 있지요."

"그러면 본격적인 조경은 언제부터 시작되었나요?"

"중상주의자 재무총감 마자랭이 죽은 1660년대 초반 루이 13세는 베르사유 조경을 시작하여 1668년부터 건축가 르 보Louis Le Vau(1612-1670)에게 기존 성을 감싸는 대규모 건축을 명했지요. 건축가이며 풍경화가였던 르 노트르André Le Nôtre(1613-1700)는 프랑스식 정원인 오랑주리Orangerie 정원을 만들어 연못과 분수와 운하를 설계하고, 화가 르 브렁Charles Le Brun(1619-1690)은 성의 실내 장식을 결정했지요. 천정 가운데 금도금한 화려한 화장 회반죽 장식 위에 올림푸스 신들이 그려지고 주변부에는 고대 영웅을 빗댄 프랑스 왕들의 업적이 묘사되었습니다. 연 4만 명을 동원하여 건축한 이때 베르사유의 모습은 피에르 파텔Pierre Patel(1604-1676)의 작품 〈도시(파리) 쪽에서 본 베르사유 성과 정원 풍경〉(1668)에 잘 묘사되어 있지요."

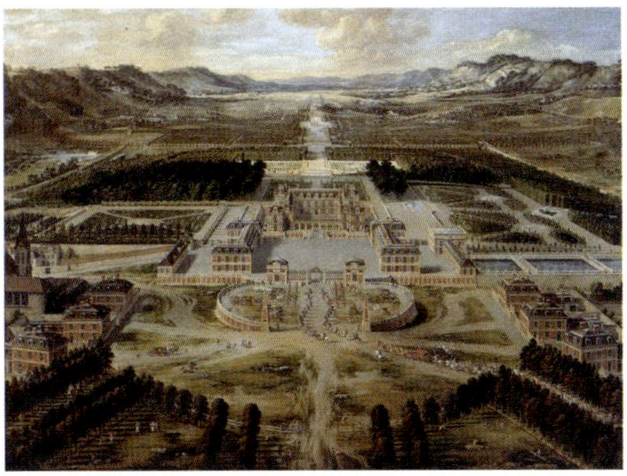

베르사유 궁전 http://en.wikipedia.org

사진으로라면 이미 지겹도록 봐왔기에, 나는 궁전을 보면서 설명을 해주기를 요청했다. 그의 대답을 듣기도 전에 카운터에 재빨리 계산을 하고 궁전으로 향했다. 그도 별다른 말없이 따라오는 것 같았다. 궁전 입구에 다다르자 엄청나게 긴 줄이 이미 우리를 기다리고 있었다. 마침내 줄의 끝에 도달했고, 우리는 궁전 내부를 같이 걸으며 대화를 나누었다. 그런데 독자에겐 미안한 일이지만, 어느 방에서 어떤 대화를 나눴는지 난 기억하지 못한다. 그 체험들은 분리할 수 없는 한 뭉텅이의 느낌 같은 것으로 남아 있어, 실타래 풀듯 하나하나 복기하기는 불가능에 가깝다. 그래서 내 몸과 기억 속에 남아 있는 형태 그대로, 한 뭉치의 커다란 기억의 덩어리 그대로 옮길 수밖에 없다.

중앙홀로 들어서니 현재는 '대사관의 계단' 앞에 모형만 남은 일명 외교사절의 계단이라 불리는 '왕의 대 계단Grand escalier'이 있었다. 그 계단을 오르자 '왕비의 계단'과 연결되고 왕, 왕비, 애첩 몽테스팡 부인Marquise de Montespan의 방이 배치되어 있었다. 국왕 참사회의실, 거울의 방, 왕의 침실은 문으로 서로 연결되어 있고 이들 사이에는 대합실이 있다. 그 밖에 아파르트망이라 불린 큰 처소들이 있는데 '행성의 방'(비너스, 다이아나, 메르쿠리우스, 유피테르, 사튀르누스 방 등)은 루이 14세를 상징하는 태양신 아폴론 살롱을 둘러싸고 있다. 이 방들은 일주일에 세 번 저녁 식사 이전에 게임과 유희장소로 제공되었다. 헤라클레스 방에는 르 무완느Le Moyne가 그린 〈헤라클레스의 영예〉 그림이 힘찬 감동으로 다가온다. 나는 개인적으로 헤라클레스의 방이 내품는 강한 힘이 좋았다. 아마도 너무나 무력하게 살아온 나의 삶에 대한 반작용이었을 것이다. 풍요Abondance의 방에는 우아스Houasse가 그린 그림에 루이 14세가 수집한 예술품이 왕실의 장엄함을 뽐내고 있다. 비너스 방에도 우아스가 그린 아우구스투스 황제의 전차 경주 그림이 자리 잡고 있다. 전투 갤러리에는 클로비스 이후 나폴레옹까지 프랑스 전역사의 전쟁터를 묘사한 그림이 전개되고, 평화의 방과 마르스 방에는 루이 15세와 왕비 마리 레스친스카의 초상화가 걸려 있다. 그리고 전쟁의 방 등에도 수많은 회화들이 걸려 있다.

비너스 방

전쟁의 방

마르스 방

아폴론 방
http://www.chateauversailles.fr

그림들을 따라가는 내 눈과는 상관없이 내 머리는 베르사유의 역사와 그곳 사람들의 삶에 대한 호기심으로 가득 차 있었다.

"그러면 베르사유 궁전에 왕실의 공식 이주가 공식화된 것은 언제 부터인가요?"

"1677년부터 시작하여 1682년 5월에 이주가 완료되었다오. 베르사유에 권력기구와 신도시 공간이 급격하게 거대한 모습을 드러낸 것은 1680년에서 1685년 사이지요. 특수 기계를 이용하여 센Seine 강물을 유입시키고, 1686-1688년에는 세느 강 지류 외르Eure 강물을 끌어들여 베르사유와 인근을 수로와 저수지로 서로 얽히게 만들었지요. 또한 1678-1683년에는 최첨단 채소밭을 조성하여 연중 최상품의 채소가 공급이 가능하도록 만들었다오. 지금의 오페라하우스, 헤라클레스의 방, 부속성당 제2제대, 넵튜누스Neptunus 연못 등은 그 뒤에 만들어진 거라네."

"본래 파리에 소재하는 왕궁으로는 루브르Louvre와 튈르리Tuilerie가 있었지만 루이 13세 시절부터 끊임없이 공사를 진행했고, 왕은 뱅센Vincennes, 생제르맹앙 레 혹은 퐁텐블로Fontainebleau 궁 등을 옮겨 다니며 거주했는데 루이 14세가 시골로 간 이유는 뭘까요?"

"아마도 카페왕조(987-1328) 이전부터 뿌리 깊은 전통인 왕의 이동생활에 주목해야 할 거요. 루이 14세는 베르사유에 거처를 잡았지만 여전히 완전히 정착하지는 않았다오. 1693년까지 매년 봄이면 귀부인과 대신들을 사륜마차에 태워서 전쟁터, 점령지 혹은 대규모 군사작전 지휘에 끌고 다녔지요. 그런 여행과 별도로 사냥과 휴가 여행은 결코 멈춘 적이 없다오. 비록 베르사유의 사냥공원이 오늘날의 코뮌 10개에 해당되고 이웃한 마를리Marly 사냥터까지 바로 연결되는 대규모였지만 루이 14세는 이런 규모에 만족하지 않았어요. 당시 베르사유 주변은 하나의 거대한 '공원' 지역이었지요."

"그러면 도대체 왕은 어디에 거주한 건가요?"

"1669년에 건립한 다목적 공간 '마를리'(Marly)이지요. 마를리는 산비탈 작은 골짜기 끝에 자리 잡은 데다 이탈리아 건축양식으로 대응접실을 중심으로 방사선 모양으로 펼쳐진 4개의 주요 거처로 이루어졌는데, 여기에는 왕의 가족만 갈 수 있었다오. 다만 초대받은 참석자는 서열로 '구별짓기' 하지 않고 왕의 친구로 같은 식탁에서 식사 대접을 받았지요. 그곳은 또한 사랑과 돈이 오가는 장소였다오. 초대받는 50명 정도의 마를리 행 부부 '명단'이 베르사유에서 가까운

그랑 트리아농 Grand Trianon

프티 트리아농Petit Trianon과 함께 베르사유 궁전의 별궁으로 알려져 있다. 가운데 있는 회랑으로 두 건물이 연결되는 형태로서 방마다 기다란 창문이 있고 기둥의 끝 부분은 이오니아식 오더로 꾸며져 있다. 궁전과 그 주변의 정원은 프랑스 혁명 때 일시적으로 방치되었으나 나폴레옹 시기에 복구되어 다시 사용되었다.

1920년 6월 4일 제1차 세계대전이 끝난 후 헝가리의 운명을 결정짓는 트리아농 조약이 체결된 곳이기도 하다. 그리고 1979년 베르사유 궁전 지구에 포함되어 유네스코UNESCO 세계 문화유산으로 등록되었다.

그랑 트리아농 외부(위) 그랑 트리아농 내부(아래)
http://www.chateauversailles.fr

계곡에서 가면무도회와 온갖 놀이와 새로운 형식의 실내악 같은 꿈같은 사생활을 즐기는 '궁정생활의 정수'를 보장해주었지."

공작은 감회어린 마음으로 그때를 회상하고 있음에 분명했다. 그의 꿈꾸는 듯한 목소리는 그때로 돌아가고 있는 자신을 향하고 있는 것 같았다. 그러나 그도 권력의 중심에 있지는 않았으니 얼마나 자주 루이 14세의 친구로 초청받았는지는 알 수 없는 일이다. 그러나, 또 하나 분명한 건 그가 나를 무감각한 관광객쯤으로 취급하지는 않았다는 점이다. 약간 오만한 분위기를 의도적으로 풍기면서, 화려한 과거의 궁정생활을 내가 엿볼 수 있게 동행해준 것만으로도 멀리서 온 나에 대한 그의 태도가 어떠했는지는 충분히 알 수 있는 것 아닌가. 이런 생각을 하면서 다시 물었다.

"그러면 마를리에서 가장 유명한 건물은 무엇인가요?"

"그야 두말 할 것도 없이 왕실건축가 망사르Jules Harduin-Mansard(1646-1708)에게 설계를 맡겨서 1687-1688년 동안 절정기의 바로크 양식을 채용해서 들판에 세운 〈대리석 트리아농〉이지요. 이 건축물은 마를리에 왕이 체류하게 되자 내밀한 공간이 필요해진 것과 연관이 있다오. 루이 14세는 라 발리에르La Vallière 양, 몽테스팡 부인, 퐁탕쥬Fontanges 양에 이어서 사랑하게 된 애첩 맹트농Maintenon 부인의 환심을 사려고 건물을 지었지요. 본래 '그랑(大) 트리아농'이지만 단층 건물로 완공된 궁전이 화려한 내부에 아름다운 분홍빛 대리석 외관을 가졌기에 〈대리

그랑 트리아농 내부
http://www.chateauversailles.fr

석 트리아농〉이라고 불렸지요. 이 트리아농이 북쪽 날개 부속 건물을 통해서 베르사유와 연결되면서 거주공간이 된 거라네."

지금의 〈대리석 트리아농〉은 조각상, 그림, 가구 등 다양한 왕실 장식품과 예술품을 볼 수 있는 곳이다. 2층 건물 마를리가 직각으로 배치된 분산구도형이라면 단층의 '그랑 트리아농'은 팔꿈치 모양으로 세 번이나 꺾이는데 3면이나 남향이고 주랑이 있는데다 중앙이 뚫린 채여서 안뜰 외에도 정원이 세 개나 되고 화단과 숲으로 접근이 용이했다. 그러나 오늘날 남은 것은 사실상은 주랑 현관뿐이다. 이곳은 귀족들의 시중들기조차 제한된, 오직 왕의 직계 가족만 머무르던 공간이었다. 감히 나는 베르사유 궁전을 관람하면서 그랑 트리아농에서 방마다 다른 가구와 전체적인 색감의 배치에 감탄할 기회를 갖지 못한다면 베르사유 궁전의 핵심을 놓친 것이라고 단언한다. 이쯤해서 나는 공작에게 그 동안 많은 사람들이 역사적 사실처럼 믿어온 은밀한 이야기를 슬며시 물어보았다.

"그런데요. 흔히 오늘날 궁전의 웅장함을 감상하는 사람들마저도 궁전이 마치 벌레가 우글거리고 땀과 오줌 냄새가 진동했던 것처럼 여기고 있으며 또 그런 내용을 기술한 책도 있습니다. 더구나 베르사유 성에는 오직 과시적 공간만 있었고 화장실을 비롯한 사적공간이 없어서 심지어 귀부인들조차도 문 뒤에서나 계단모퉁이에서 용변을 보았다는 저술도 있는데 그 말이 사실인지요?"

그러자 백작은 매우 크게 웃었다. "허허허허. 아닙니다. 결코 그렇지 않습니다. 옛 건축평면도만 보아도 드레스룸과 용변실이 체계적으로 갖추어진 것을 볼 수 있다오. 다만 루이14세 시대에는 욕조가 드레스룸에 놓여 있어서 욕실이 지금과 같은 독립공간이 아니었지요. 그러나 루이 15세 시대에는 극도로 세련된 공간으로 변화했어요. 화장실이 없는 지금의 모습은 19-20세기에 주거공간을 박물관으로 변경하려고 드레스룸, 욕실, 변소, 다용도실 등을 거의 다 없애 버린 결과라오.[4] 그런 이야기는 절대군주를 추하게 만들고 부르주아의 성장을 강조하려고 만든 추잡한 이야기일 뿐이지요." 공작은 고개와 검지를 함께 흔들어 자기 말에 확신을 더했다(나는 한국에 돌아와 이 동작을 몇 차례 모방해 보았지만, 반응은 신통치 않았다).

"그러면 베르사유 성에는 사람들이 얼마나 살았는가요?"
"약 5천 명 정도가 거주했는데 그중 4/5 이상은 건물 관리와 보수 및 시중드는 사람들이었어요. 성 밖에도 수많은 관청과 관사, 그리고 창고와 부속건물들이 늘어져 있어서 실제로는 성안의 두 배가 넘는 인구가 살았을 거예요. 만일 베르사유 궁전이 불결했다면 그것은 거주자보다는 방문자들로 말미암은 것이지요. 관례상 베르사유의 공식처소들과 부속성당, 주요 계단, 난간, 안뜰, 정원은 하루 종일 개방되었어요. 그 이유는 국가에서 핵심적 역할과 의무를 가진 프랑스 군주는 모든 정의의 원천이며 가시적이고 수시로 접근이 가능한 존재로서 전통적으로 일상생활 가운데 특정 순간을 공개해야 했기 때문이지요. 베르사유는 행정도시로서 온갖 청탁자들과 납품업자들이 전국에서 떼거리로 몰려왔고 유럽 각국의 내노라 하는 방문객과 관광객들을 끌어들였지요. 그러나 그냥 들어가는 것은 아니고, 단정한 차림이어야 했는데 남자는 스위스 근위병이 몇 수sou 받고 빌려 주는 검을 착용해야 했어요. 루이 14세 시대 베르사유 궁전에는 공개된 공식처소인 접견실이 있었죠. 면적은 엄청났고 집기류는 벽 쪽에 드문드문 붙어 있었고 문들은 일렬로 정렬되었으며 장식들은 신화와 정치적 의미를 띠었죠. 여기서 결혼무도회나 특사접견이 이루어졌어요. 그러나 그렇게나 시끌벅적하던 베르사유 궁전도 왕실 가족이 트리아농이나 마를리로 가거나 매년 퐁텐블로 성에 가는 경우에는 한적해졌고 이때에 맞추어 대대적인 위생관련 작업이 이루어졌어요."

오랫동안, 베르사유는 수많은 귀족들을 붙잡아 놓고 엄격한 의례와 에티켓으로 인형처럼 길들이는 정교한 권력의 미시물리학이 작동하는 덫으로 묘사되어 왔다. 베르사유 궁전의 화려한 생활을 귀족 길들이기로 이론화한 대표적인 저서

4 엘렌 이멜파르, 『베르사유 그 기능과 신화』, 피에르 노라 외, 이영림 옮김, 『기억의 장소: 민족』, 나남, 2010, pp. 151-235.

는 사회학자 노르베르트 엘리아스의 『궁정사회』(1969)였다.[5] 그에 따르면 궁정에서 예절과 일상생활은 군주를 중심으로 대귀족이 공적 위계와 서열에 따라 주연이나 엑스트라로 참여하는 권력의 작동장치에 다름 아니었다. 루이 14세는 서열을 창조함으로써 공간과 시간, 인간의 태도, 심지어 인간의 마음까지도 지배하고 마침내 자아의 집단적 이상형으로 모든 궁정귀족에게 내면화시켰는데, 궁전은 바로 그런 목표에 부합하도록 지어진 것이라는 주장이었다. 이제 역사가로서 생-시몽 공작에게 가장 묻고 싶었던 핵심적인 질문을 던져야 하는 절정의 순간이 다가오고 있었다. 어쩌면 이 질문을 위해서 그와 만난 건지도 모른다. 게다가 공작은 오후에 다른 약속이 있다고 미리 내게 말해주었는데, 그 약속에 늦지 않으려면 잠시 뒤에 출발해야 했다.

"그러면 군주와 귀족신하 사이에서 베르사유 궁전의 역할은 무엇이었나요?" 그러자 백작은 천천히 말을 이어갔다.

"1683년 베르사유에 정착한 왕은 루이 13세 시대 총리 리슐리외 추기경과 재무총감 마자랭 시대에 정치적 역할을 빼앗기고 자신에게서 멀어진 귀족들을 궁정으로 불러 모았다오. 5살 때에 프롱드Fronde반란(1648-1659)을 경험한 루이 14세가 귀족을 두려워하여 부르주아지들을 주변에 모으고 파리고등법원 법복귀족을 탄압한 것은 유명하지요. 내가 국왕이 천박한 부르주아들만 끌어 모은다고 비난한 것도 바로 그런 일 때문이지요. 그러나 루이 14세가 전통적인 위계의 옹호자로서 귀족문화의 핵심인 전사로서 덕성과 명예에 강한 집착을 보였고 자신을 '왕국의 제일 귀족'이라고도 언급한 것도 사실이지요."

"그렇다면 귀족들은 이를 어떻게 받아들였을까요? 궁정의례와 예의범절에 귀족들이 참여했다고 해서 귀족이 복종심을 갖게 되었다고 볼 수 있을까요?"

"그들이 복종의 체계에 순종했다고 보는 것은 단순한 평가입니다. 궁정귀족들은 영지 수입만이 아니라 재정투자, 국가를 상대로 한 대부업으로 큰 수입을 올리고 있었어요. 후견조직망을 토대로 정치적 파벌을 형성한 베르사유에서 엄격

---

5 노르베르트 엘리아스, 박여성 옮김, 『궁정사회』, 한길사, 2003.

한 의례와 화려한 의식은 도리어 권력의 구조적 무능력과 귀족에 대한 원천적 의존성을 은폐하려는 노름이었을 뿐이지요. 귀족들은 겉으로만 사치와 낭비, 과시적 소비에 탐닉하고 순종하는 듯 동참했을 뿐이지요. 정치적 신념과 공익의 문제를 내세웠던 프롱드 반란이 실패로 돌아가면서 귀족들은 이제 부와 권력과 명예에 탐닉했고 베르사유 궁정은 그것을 잘 갖춘 무대였던 것이지요."[6]

귀족을 은근히 변호하는 대답을 듣고 나자 급작스레 피로가 밀려왔다. 엄청난 규모의 번쩍이는 건물들과 정원을 물려준 그들의 풍요한 삶. 아이러니하게도, 그 풍만함을 지탱시켜준 추잡함들. 그리고 그것을 동경하여 멀리서 건너온 건지도 모르는 내 마음의 가난함과 부박함. 어쩌면 이 모든 게 감당하기에 너무나 벅찬 것들인지도 모르겠다. 공작과 작별인사를 하면서 고마워하는 내 마음을 전하였다.

정원으로 나갔다. 맑은 공기도 필요했고 먹을거리도 필요했다. 많은 사람들은 궁전 밖에서 음식을 포장해 들고 와 정원에서 점심을 해결했고 나도 사서 들고 온 샌드위치를 먹었다. 내게 필요한 건 잠시 동안의 방심이었다. 둘러보니 한국인으로 보이는 이들도 적지 않다. 흥미로운 것은 동양인들 가운데서도 한국인을 잘 알아 볼 수 있는데 특히 젊은 여성들이 그렇다. 그 특징은 화장을 매우 진하게 한 것이다.

그렇다. 현재의 베르사유는 루이 14세 시대의 모습을 그대로 보존하고 있지 않다. 1957년 베르사유 궁전의 전체 복원 작업이 끝나고 일반에게 선을 보였지만 처음에 베르사유를 건설하면서 목적한 구조는 여전히 수수께끼로 남아 있다. 이것은 1830년 2월 혁명으로 집권한 시민왕 루이 필립프가 베르사유를 거대한 전시장을 가진 박물관으로 만들면서 왕과 왕비, 세자와 세자빈 거처를 제외하고는 모든 은신처와 시중드는 방과 변소 같은 사적공간을 없애 버렸기 때문에 발생한 일이다. 그나마 남은 것도 군주정 말기인 18세기 말, 심한 경우에는 19세기 초 왕정복고 이후 루이 18세 시대에 만들어진 상태로 전해진다. 여러 사람들의 욕망이 덧칠해진 틈을 비집고 베르사유 원형에 다가가는 작업은 고달프다.

---

6 이영림, 『루이 14세는 없다』, 푸른역사, 2009.

그리고 그 과정에서 나의 분열된 모습을 대면하는 것 같아 서글퍼진다.

7월 7일

오후에 만날 안내인을 생각하면서 또 다시 설렘과 기대를 느끼게 된 건 참으로 다행이었다. 상쾌한 휴식과 가벼운 음식이 내 마음을 가볍게 만든 탓도 있었을 것이다. 그래도 역시 가장 중요한 이유는 베르사유 궁전을 이해하려면 계몽주의 말기의 신고전주의와 전낭만주의적 감수성을 궁전에 대대적으로 도입한 루이 16세와 마리-앙투아네트를 통하는 것이 가장 바람직하다는 걸 알기 때문이다. 마리-앙투아네트에 대한 자료와 저술은 아주 많다. 심지어 영화까지도 몇 편 있다. 최근 것만도 2006년 프랜시스 랙러크 등이 연출하고 카린 바네스가 주인공 마리-앙투아네트 역을 맡고, 올리버 어빈이 루이 16세 역을 맡았던 캐나다와 프랑스가 합작한 매우 사실적인 2부작 영화 〈마리 앙투아네트〉가 있다. 역시 2006년 미국, 프랑스, 일본 합작으로 컬럼비아 픽춰스에서 제작한 〈마리 앙투아네트〉는 커스틴 던스트 주연으로, 제이슨 슈왈츠먼이 루이 16세 역을 맡고 담담하게 시대적 배경을 중립적으로 보여준다. 지금까지 마리-앙투아네트 관련 기록과 저술들은 정치적 신념에 따라 평가를 달리했다. 창녀이며 첩자요 혁명의 적인가 하면 성녀로 묘사한 저술도 있다. 만화영화 『베르사이유의 장미』의 인기 탓인지 국내에도 마리-앙투아네트 관련 저술이 몇 권 번역되어 있다. 그 가운데 스테판 츠바이크의 책은 이미 1932년에 가능한 한 균형 잡힌 시각에서 심리적인 기법으로 앙투아네트를 평범하고 나약한 천성을 가진 여자였으나 엄청난 운명의 수렁에 빠져 들어 무시무시한 개인적 책임에 몰리면서 비극을 겪은 여인으로 묘사하는 뛰어난 솜씨를 보여준다.[7]

그러나 잠시 뒤 '거울의 방' 입구에서 내가 만날 사람은 여류작가 안토니아 프레이저다. 스테판 츠바이크가 아니라 프레이저 여사를 안내자로 모신 이유는 무엇보다 여성의 시선으로 마리-앙투아네트를 보려는 의도 때문이었다. 그녀는 영국-아일랜드계로서 역사가이며 소설가이고 전기작가로 유명하다. 특히 남편은 극작가로 유명한 해롤드 핀터Harold Pinter이다. 그러나 분명히 말하지만 그녀를 남편의 명성 때문에 모신 것은 결코 아니다. 『마리 앙투아네트』뿐 아니라 『사랑과 루이 14세: 태양왕의 생애와 여성들』(2006년)까지 쓴 안토니아 프

---

7 슈테판 츠바이크, 박광자 · 전영애 옮김, 『마리 앙투아네트 베르사유의 장미』, 도서출판 까치, 1979: 청미래, 2005.

레이저가 여성작가로서 마리-앙투아네트를 어떻게 설명할지 궁금했다. 나는 궁전 2층에 있는 '거울의 방'으로 올랐다. 17개의 창문과 578개의 거울이 달려 있는 이 넓고 화려하고 사람들로 북적이는 곳에서 그녀를 알아볼 수 있을까 하는 걱정이 들었다. 그러나, 프레이저는 내가 전자우편으로 미리 알려준 대로 동양인 치고는 호리한 몸매와 큰 키 그리고 살짝 벗겨진 머리를 가진 내 모습을 단번에 알아보고 반갑게 손을 내밀었다. 그들 눈에는 똑같이 생긴 동양인들이 그렇게 많았는데도 말이다. '역시 작가의 눈'은 예민하다고 감탄하면서, 나는 반갑게 질문을 내밀었다.

"안녕하세요. 먼저 질문부터 드립니다. 여사님은 이 책에서 마리-앙투아네트를 어떤 관점에서 접근하였습니까?" 난 이런 게 너무나 자연스러운데 그녀도 과연 그랬을지는……. 알고 싶지 않다.

"네……. 저……. 그러니까……. 좀 덥죠?" 우리 밖으로 나가서 트리아농으로 가면서 이야기를 나누는 것은 어떨까요. 정원 쪽으로 나가면 오비디우스의 『변신』을 모티브로 삼은 라토나 분수(Bassin de latone) 너머 저 멀리 태양왕 루이 14세 자신을 상징하는 태양신 아폴론이 전차를 끌고 천상으로 박 차오르는 모습의 아폴론 분수가 펼쳐진 연못 너머 더 넓은 대운하가 펼쳐진다. 햇볕이 강해서 나무 그늘에는 온갖 관광객들이 앉거나 누워서 사색을 즐기고 있다. 나는 아이스크림 가게에서 더블 아이스크림을 두 개 사서 여사에게 하나를 건네주었다. 아이스크림을 먹으며 나무 그늘 아래로 걸어서 그랑 트리아농과 프티 트리아농으로 가면서 여사는 이야기를 시작했다.

"네에. 저는 마리-앙투아네트를 두 가지 측면 그러니까 정치적 측면과 여성적 측면에서 접근했습니다. 전자는 오스트리아 출신이면서도 매우 적대적인 국가 프랑스의 왕비로서 첩자라고까지 비난을 받은 측면이고, 후자는 열네 살의 세상 물정 모르는 철없는 신부에서 성숙한 여인으로 성장해 나가면서 겪어야 했던 인간적 측면입니다. 저는 가능하면 마리-앙투아네트에게 전가된 온갖 험담들과 신화와 왜곡으로부터 해명할 기회를 주고자 했습니다. 예컨대 '빵 없는 자들은 케이크를 먹어라'고 했다는 말은 처음에는 루이 14세와 결혼한 스페인 왕녀 말로 회자되다가 그 다음에는 다른 왕녀가 말했다는 식으로 돌고 돌아 전해

온 언론과 여론의 상투어였던 것을 밝혔습니다. 온갖 성적 추문을 상식선에서 보면서 저는 이 모든 것의 출발은 루이 15세의 손자와 마리-앙투아네트와의 결혼이 당시에는 흔한 왕가 사이의 정략결혼인데 있었다고 봅니다."

마리-앙투아네트의 식기
http://www.chateauversailles.fr/

"정략결혼이라고요?"

"그렇습니다. 마리-앙투아네트의 결혼은 합스부르크가와 부르봉가의 오랜 갈등과 경쟁의 해소를 목표로 이루어진 세기의 정략결혼이었습니다. 오스트리아의 공동 황제 마리아 테레지아의 딸 마리아 안토니아 요제파 요안나는 루이 15세의 손자와 결혼이 성사되면서 마리-앙투아네트가 되었지요. 결혼 피로연은 그 전까지 무도회가 주로 열린 '마르스 방'이나 '헤라클레스 방'이 아니라 가브리엘Jacques-Ange Gabriel(1698-1782)이 1770년 무도회와 왕실연회를 개최하고자 특별히 건립한 이동식 무대가 딸린 왕립오페라극장Opéra royal에서 열렸습니다. 가브리엘은 부친 자크 5세(1667-1742)를 이어 루이 15세 수석 건축가를 역임하면서 퐁텐블로(1749) 루브르(1755) 콩피에뉴Conpiegne(1751), 슈아지 Choisy(1752)성, 육군사관학교(1752)를 증축했고 베르사유 궁전 대증축 계획을 맡았으며(1763) 현재의 콩코르드 광장인 루이 15세 광장(1755)을 설계했고 1762년 프티(小) 트리아농을 건축했던 인물입니다."

"그러면 베르사유 궁전은 이미 루이 14세의 증손자 루이 15세(재위 1715-1774) 시대에 크게 바뀐 거로군요."

"그렇습니다. 이때 궁전을 대폭 개조, 보수 및 재배치했고 루이 15세가 로카이유rocaille 양식 곧 로코코식을 선호하여 바로크 양식을 신고전주의 양식으로 바꾸었죠. 이때 외교사절의 계단 곧 '왕의 대 계단'도 사라졌어요. 루이 15세는 1736년 공식 처소에서 가장 크고 화려한 '헤라클레스의 방'을 만들고 1741년 넵튜뉴스 연못의 거대한 조각상을 완성시켰죠. 루이 15세의 왕비 마리 레슈친스카 왕비도 취향에 맞추어 부속실을 늘 이리 저리 뜯어 고쳤죠. 현재 베르사유의 내부에는 루이 15세의 계몽주의의 기술적·정치적 합리주의뿐만 아니라 백과전서식 탐구와 역사학을 향한 열정이 반영되어 있습니다. 왕립 오페라극장을 짓

프티 트리아농 Petit Trianon

프티 트리아농은 1760년대 이후 유행한 신고전주의 양식의 단아한 취향을 반영하고 있는 정육면체의 석조건물이다. 왕실 건축가 가브리엘의 설계로 1762년 시작되어 마담 퐁빠두르가 죽은 이후인 1768년 준공되었다. 그래서 궁전은 루이 15세의 마지막 애첩 마담 뒤 바리Madame du Barry가 차지하였으며 이후에도 궁전은 마리-앙투아네트, 마리 루이즈 등 왕비나 왕의 애첩들이 사용하였다.

궁전은 로코코양식에서 신고전주의 양식으로 변해가는 18세기 프랑스 건축흐름을 잘 보여준다. 총 두 개의 층으로 이루어져 있으며 길이 34m인 정육면체의 각 면에는 바닥에서 천장까지 닿는 다섯 개의 프랑스식 창이 설치되어 있다. 정원과 안뜰 쪽 파사드facade에는 코린트식 기둥 4개로 구성된 열주가 배치되었다. 고대 그리스건축의 오더와 절제된 형태에서 영감을 받은 외관은 소박하고 간결한 느낌을 준다. 그래서 궁전이라기보다는 수도원이나 농장 같은 분위기를 풍긴다.

고 난 다음에는 1771년부터 건물들을 건축학적으로 통일시키는 작업으로 건물 정면 외관과 주요 익랑 건물의 규모를 일치시키고 벽돌이 아닌 돌로 덮어 씌우며 기하학적이고 추상적인 양식을 엄격하게 준수시키는 대공사를 개시했지만 완공은 보지 못했습니다. 루이 16세도 아메리카 전쟁 비용 탓에 대규모 공사를 감히 시행하지 못했지요. 반면에 내실과 정원에는 마리-앙투아네트의 취향이 잘 반영되어 있어요."

숨가쁜 질문과 답변이었다. 내 질문에 답하면서 프레이저도 어느덧 평온을 찾은 듯 싶었다. 난 정원을 손으로 가리키며 질문을 이어나갔다.

"마리-앙투아네트 말이 나왔으니 베르사유 정원이 표현하는 바에 대해 질문 드리고 싶네요."

"루이 14세가 베르사유의 황량한 벌판에 정착하기로 결심했을 때 그것은 자연에 대한 '폭정'인 동시에 자신의 영지와 궁정의 귀족과 왕국에 대한 강력한 '지배'를 표현하는 것이었습니다. 루이 14세가 르 노트르에게 맡겨 완성한 베르사유 정원은 '프랑스식 정원'의 정수로서 주로 관목 나무, 돌, 조각으로 이루어진 '녹색식물 건축'이며 공간예술이었습니다."

"루이 14세는 정원감상법을 『베르사유 정원 소개Manière de montrer les jardins de versailles』라는 책자에서 소개했다는데 사실인가요?"

"그렇습니다. 15-16세기 르네상스 이탈리아 정원 개념을 물려받은 이 정원은 자연경관을 균형과 통제로 구성한 예술작품으로, 자연에 대한 인간의 완전한 지배를 상징합니다. 조각상과 분수, 그리고 각종 풀이 식재된 곳에 꽃과 나무로 조각한 자수刺繡 화단을 거쳐 마주치는 대운하와 폭포는 웅장한 통일감에 숭고

한 앙상블을 제공하죠. 정원은 분수 쪽으로 내려가는 큰 오솔길의 화단경계로서 여러 형상으로 손질된 주목과 작은 나무들이 둘러싸고 있습니다. 회양목 등 상록수들의 전지剪枝 방식은 이탈리아 방식이 환상적이라면 프랑스는 기하학적이고 할 수 있죠. 화단 구도 역시 기하학적이고 각각의 구획은 사각형, 타원형, 나선형, 원형으로 전체 설계에 맞게 채택되어 추가나 삭제가 초래한 변형이 없는 기하학적 균형을 이루었습니다. 원형경기장 형태로 굴착한 라토나 화단과 대리석 분수에 50개가 넘는 물줄기가 뿜어져 나오는 라토나 분수가 바로 그런 형식들이지요. 대칭되는 선상은 조각상으로 더욱 강조되고 분위기를 고조시킵니다. 연못과 분수 같은 친수공간, 석조물과 조각의 조화, 오솔길과 가로수길의 기하학적 윤곽, 자수화단은 인공과 자연이 조화되는 이상적 형태로서 자연이 제공하는 기쁨을 느끼고 명상하도록 전망을 제공하는 또 하나의 예술이라 할 수 있습니다."

프티 트리아농(위) 프티 트리아농 내부. 마리-앙투아네트의 침대(중간) 프티 트리아농 내부. 왕비 극장(아래)
http://www.chateauversailles.fr

"이제 마리-앙투아네트와 관련된 정원 이야기를 듣고 싶은데요. 베르사유 궁전 정원에서 마리-앙투아네트와 가장 관련이 큰 건물이라고 하면, 그랑 트리아농에서 조금 떨어진 곳에 있는 작은 입방체 건물 프티小 트리아농(1762-1769년 간 건립)을 떠올리게 됩니다. 이 건물은 원래 루이 15세가 애인 퐁빠두르Pompadour 부인의 환심을 사려고 가족휴식처로 확장시키고 식물원과 동물원을 둔 일종의 농업시험장으로 만들며 식물원 끝에 지은 것이라지요?"

"그렇습니다. 잘 알고 계시네요. 당시에는 일층에 식물학 도서관과 식물원이 있었지만 19살에 이곳을 물려받은 마리-앙투아네트는 가축과 식물들을 없애고 벨베데르 음악당, 에로스 신전, 전망대 등을 세웠습니다. 루이 16세와 마리-앙투아네트는 베르사유를 고상하고 세련되게 만들었다는 평가를 받지요. 루이 15세의 도박실을 황금서가로 바꾸고, 지금은 국립해군박물관과 국립기술박물관에 나누어 전시되는 모형선박과 전기실험 관련 기구 혹은 증기기관 수집품, 국립

자기공장의 설구운 도자기porcelaine de Sèvres로 만든 프랑스 역사상 위대한 인물들의 조상彫像 27개, 계몽사상가 볼테르가 유행시킨 중국풍chinoiserie을 잘 보여주는 중국 사상가 인물화가 걸려 있고, 드레스룸에는 백과전서가 가지런히 놓여있었습니다. 내실은 그리스풍 양탄자 일색으로 꾸미고자 계속 공사를 진행했지만 결국 완공하지 못했지요. 전반적으로 영국풍에 중국풍을 혼합한 이 트리아농에서 희가극, 풍자극, 최루희극, 속담을 소재로 한 소희극 뿐만이 아니라 오스트리아 출신 작곡가 글룩Christoph Williwald Gluck(1714-1787)의 비극 오페라 등이 세자비의 거처(1773-1774) 거울의 방(1775), 트리아농의 온실(1776) 평화의 방(1779-81), 리샤르 미크Richard Mique(1728-1794)가 왕비전용 극장으로 지은 프티 트리아농에 있는 미크 극장(1778-1780), 가브리엘이 건축한 익랑 건물에 있는 파리스Paris와 외르티에Heurtier 대극장(1785-1786), 온실에 지어진 파리스 극장(1780-1786), 남쪽 날개관 건물의 테라스(1787) 등에서 상연되었습니다."

"당시에 가장 말이 많았던 것은 1783-1987년 사이에 '일 드 프랑스'의 작은 촌락을 옮겨 재조성한 것 아닙니까? 더러는 이것이 계몽사상가 장-자크 루소의 『학문·기예론』과 『인간 불평등기원론』에서 표방한 '자연으로 돌아가라'는 명제의 실현이었다고 알려졌지요."

그때 프레이저는 내 질문에 다소 놀라는 것 같았다. 그녀는 내가 역사학자라는 점을 잠시 잊고 있었던 듯하다. 그녀와 나는 한참을 걸어서 프티 트리아농에 도착했다. 2층의 여러 방들을 돌면서 계속 이런 종류의 얘기를 나누었던 것으로 기억한다. 역사학 전공인 나는 눈앞의 사물을 목도하는 데서 만족하지 못했고 건물에 각인되어 있는 수많은 망자들의 호흡과 욕망들을 이해하고 만족할만한 서사로 만드는 데 더욱 골몰하고 있었다. 관광객들이 카메라 렌즈 밖으로 사라지는 순간을 끈질기게 기다렸다가 순식간에 찰칵 하고 셔터를 눌러댄다면, 그 반면에 나는 자신의 시대를 살다간 망자들이 내 시야 속으로 들어오기를 기다렸다, 그 점에서 그들과 나의 인내심의 방향이나 성격은 달랐다.

"잘 알고 계시는군요. 바로 그렇습니다. 그 마을을 두고 당시 사람들은 리본으로 장식된 가짜 초가집이라고 조롱했지만 사실과는 거리가 멀어요. 그곳은 시골영주 저택에 딸린 실제촌락에서 일하면서 명사들과 소일거리를 즐기는 생활의 재현공간으로 만든 것입니다. 농가와 착유시설, 낚시터, 물레방아, 비둘기장과 함께 실제로 농작물이 경작되었으며 심지어는 별도의 지방법원bailli과 순찰대까지 있었습니다. 주민들은 헛간에서 무도회를 열고 공굴리기를 즐겼습니다. 그런데 재미있게도 딱 하나 없는 것이 있었으니 그건 바로 교회였지요. 베르사유의 정원이 자연주의적이고 낭만적으로 바뀐 것은 왕비만이 아니라 왕도 즐겼기 때문인데 루소만의 영향이라고 볼 수는 없지만 당대의 지적 분위기를 일면 반영한 것은 사실입니다."

"이때 과거 루이 14세가 조성한 정원 양식이 크게 바뀌었다죠?"
"그렇지요. 1775년부터 정원 재조성 작업이 진행되면서 기존에 있던 나무 종류와 손질하는 방식 그리고 곳곳에 놓인 조각상 위치까지도 바꾸어 정원의 외관을 급격하게 변모시켰어요. 루이 14세가 만든 작은 숲들은 왕비의 취향에 따른 숲으로 바뀌었고, 아폴론 연못과 미로도 바뀌었습니다. 트리아농은 인위적으로 조성된 구불거리는 잔디밭과 동굴과 시내로 둘러싸여 영국의 대저택처럼 문도 울타리도 없이 촌락의 경작지들과 바로 연결되도록 꾸며졌습니다." 지금의 프티 트리아농 앞에는 오래된 카페가 영업을 하고 있다. 멀리 걸어오느라고 피곤할 것 같아서 같이 커피를 나누려는 마음도 있었지만 빈자리가 없었다. 나는 트리아농에 들어가 보기를 제안했다. 그러나 유감스럽게도 입구를 잘 찾지 못하고 이리 저리 헤매었다.

"마리-앙투아네트와 베르사유의 정원과 관련된 얘기로는 1785년에 벌어진 '왕비의 목걸이 사건'이 유명하다고 들었습니다."

"마리-앙투아네트가 프랑스로 시집오면서 처음 들른 알사스의 도시 슈트라스부르의 주교였고 당시에는 최고위 성직자 추기경이며 궁정 사제장이었고 왕비와는 정치적 적대관계였던 로앙 추기경이 그 주인공이지요. 그가 어느 날 발루아 왕가의 후예이며 '라 모트' 백작 부인이라 칭하는 가짜 백작부인의 농간으로 '흰 모슬린' 옷을 입혀 왕비로 변장시킨 창녀 '마리 니콜'과 '베누스의 작은 숲Bosquet de Vénus'에서 밀회를 합니다. 그리고는 왕비의 쪽지라는 것을 보고 2,800캐럿 160만 리브르에 달하는 목걸이를 전달한 사건이 그것이지요. 그렇지만, 난 그 내용을 시시콜콜하게 따질 필요는 없다고 생각해요. 이 사건을 계기로 대중은 국가가 처한 재정적자의 원인이 사치를 좋아하는 그녀가 나라를 피폐하게 만든 데 있다고 생각하여 '적자부인'이란 별칭으로 불렀지요. 베르사유 궁전은 이제 국민들에게 혐오의 대상이 되어가고 있었지요. 프랑츠 풍크-브렌타노의 서술을 보면, 그 작은 숲에는 소나무, 전나무, 삼나무, 보리수, 느릅나무, 낙엽송, 튤립나무, 회양목 등이 자란 것을 알 수 있는데, 그 나무들은 베르사유 궁정의 허영과 욕망을 여실히 보여주었죠. 비록 마리-앙투아네트도 피해자이기는 했지만 온갖 추문의 중심에 서게 되면서 베르사유 중심으로 돌아가던 프랑스 절대군주정을 자신도 모르게 약화시켰지요."

"결국 대혁명이 발발하고 파리의 식량 사정이 급속도로 악화되면서 베르사유 궁전은 풍전등화에 처했지요. 이때 베르사유 궁전에서 잔치가 열렸다는 소문은 파리 시민들을 분기시켰고. 1789년 10월 5일 파리 시청 앞에 모여서 빵을 요구하던 아낙네들 약 6천명 정도가 가랑비를 맞으며 북을 치고 구호를 외치며 베르사유로 행진해갔고 그 뒤를 남성과 직인들 그리고 국민군 병사들도 따랐지요."

막바지에 이르면서 나는 질문식의 대화를 포기했고 프레이저도 마찬가지였다. 우리는 베르사유와 관련된 역사 서사의 조각들을 번갈아 짜넣었다. 우리의 대화는 한편의 조화로운 앙상블이었고, 그 결과는 짜릿한 환희였다.

"재미있는 것은 사실 베르사유 궁전에서는 점심때까지도 많은 군중이 행군해오는 것을 몰랐다는 겁니다. 조신과 많은 친지들이 도망쳐 버렸기 때문이죠. 왕은 뫼동Meudon 숲으로 사냥을 떠났고 왕비는 아침 일찍 걸어서 트리아농에 갔다가 급보를 듣고 돌아왔죠. 성서에 나오는 8천의 유디트Judith라고 불렀던 여성군을 추월하여 왕비 곁에 달려온 사람은 다름 아닌 『베르사이유의 장미』에 나오는 스웨덴 귀족 페르젠이었지요. 비에 젖어 춥고 굶주린 여성군은 궁정 뜰에서 험악하게 외쳤지요. "왕비는 당장 나와라." 그러자 왕비 마리-앙투아네트는 발코니에 나와 자신을 증오하며 겨눈 총구와 마주섰습니다. 군중은 잠시 침묵한 뒤에 이렇게 외쳤죠. "왕비 만세!" 온갖 추악한 소문의 주인공이었지만 자신들 앞에 의연히 서있는 왕비를 보고 감동한 나머지 외친 것은 '만세'라는 구호였습니다."

약간은 상기된 얼굴로 고개를 흔드는 프레이저를 나는 잊지 못한다. 왜 그녀의 벅찬 마음을 모르겠는가. 우리에게도 그처럼 용감하고 안타까운 역사가 불과 50여 년 전에 있었지 않은가.

"그리고 그날이 베르사유의 마지막 밤이었구요."

"네, 민중은 이튿날 새벽 궁전을 포위하고 구호를 외쳤지요. "왕을 파리로! 왕을 파리로!" 이제 파리 시민은 왕이 베르사유를 떠나 자신들과 함께 있기를 요청한 것입니다. 10월 6일 성문이 열리고 육두마차를 타고 왕과 왕비와 가족들은 베르사유를 떠납니다."

베르사유 궁전의 살아있는 역사는 여기서 끝났고, 더불어 우리의 대화도 여기서 마무리되었다. 바야흐로 베르사유의 역사는 새로운 흐름 속으로 들어간다. 이후 베르사유는 역사의 격랑을 거치며 보수와 반동의 상징으로 자리 잡게 된다. 그 이미지는 실제 일어난 역사적 사건들과 이것을 표상화한 비판적 시각이 작동하면서 형성되어 나갔다. 많은 프랑스 국민들은 다시 누군가 베르사유 궁전에 정착하는지 감시했다. 나폴레옹은 물론 왕정복고기 이후 루이 18세가 베르사유로 이주를 시도했다가 실패한 배경도 바로 이런 부정적 이미지와 연관이 있었다. 이런 이미지는 역사적 사건의 진행과 더불어 더욱 중첩적으로 형성되어 나갔다. 예컨대 궁전 정원에 소재한 그랑 트리아농은 1870년 보불전쟁에 패배하고 이듬해 일어난 파리코뮌의 비극과도 밀접한 연관이 있다. 이때 베르사유 궁전은 정규군 65,000명이 주둔하면서 이동야전병원으로 사용했다. 패배 직후 장차 제3공화국 초대대통령이 되는 아돌프 티에르Louis Adolphe Thiers(1797-1877)와 쥘 페브르 그리고 비스마르크가 베르사유의 프로방스 로(路)와 르 루아Le Roy 대로에서 회동했다. 그 후 프랑스 임시정부 군대는 반란을 일으킨 코뮌파들로부터 파리를 탈환하는 과정에서 베르사유 궁전으로 진주하여 대 마사Grande Ecurie에서 코뮌파들을 약식 재판하고 그랑 트리아농의 온실에 수감시켜 죽이거나 사토리Satory 언덕에서 총살시켰다. 보불전쟁 때 13만 대군으로 로렌Lorraine의 메츠Metz에서 독일의 헬무트 폰 몰트케 장군의 2개 부대에게 패배하고 군부의 명령을 어기고 비스마르크와 협상을 시도한 바젠François Wasen 원수의 재판도 그랑 트리아농에서 진행되었다. 1898년에는 전국을 뒤흔든 드레퓌스Drefus 사건에서 드레퓌스를 변호한 작가 에밀 졸라를 기소한 재판 역시 베르사유 법정에서 진행되면서 베르사유 궁전의 부정적 이미지는 더욱 심화되었다.

내가 왜 4일이라는 파리 체류 시간 전체를 베르사유 궁전 한 곳에 바쳤는지 말해도 될 때가 온 것 같다. 지배층의 욕망과 영화와 부패, 민중의 무능과 용기, 그리고 자본에 의해 지금도 부풀어 오르며 회자되고 있는 각종 음해와 공작들, 인간의 의식을 결정하는 철학과 사상의 무상함, 그리고 한 여인의 드라마틱한 삶. 이 모든 것들이 화려하고 웅장한 이 건축물 곳곳에 새겨져 있기 때문이고, 우리는 여태 그 실체에 제대로 다가가지 못했기 때문이다. 알고 있다고 믿지만 아직 제대로 알지 못하는 것이 어디 이것뿐이겠는가. 천정화를 올려다보며 그 화려함에 감탄하는 이 수많은 관광객들 또한 나와 비슷한 심정일 것이다. 나를 주눅들게 만드는 이 곳 또한 나와 그다지 다르지 않다는 것을.

고맙다는 짧은 인사로 프레이저와 헤어졌다. 아니, 그녀를 먼저 궁전에서 내보냈다는 게 맞는 표현일 것이다.

7월 8일

오전 아침에 눈을 뜨고 내 기분을 살펴보니 제법 괜찮은 것 같았다. 이런 날일수록 더 조심해야 한다는 게 내 경험에서 나온 결론이었다. 기분의 균형을 맞추려면 약간의 집중만 하면 될 터. 그래서 아침을 먹고 싸움터에 나가는 심정으로 궁전을 향해 조금 빨리 걸었다. 어제 저녁에 통화한 아돌프 히틀러는 생-시몽 공작을 통해 알게 된 카페에서 만나자는 내 제안을 거절했다. '나는 카페를 좋아하지 않소' 그는 단호하게 말했다. 우리는 궁전 매표소 앞에서 만나기로 했다. 내가 표를 두 장 사서 기다리겠다고 하자, 히틀러는 몇 차례 흠흠 거리더니 전화를 끊었다. 그가 오면 이발소로 모셔가서 그 카이제르 수염을 밀어버려야겠다고 생각했다. 이런 생각은 제법 괜찮은 컨디션의 산물이기도 했지만, 프랑스 사람들이 히틀러라면 질겁하기에 그의 안전을 도모해야겠다는 생각 때문이기도 했다.

제2차 세계 대전이 발발하면서 프랑스군에게 연전연승을 거둔 히틀러는 파리를 점령한 독일군을 시켜서 미술품들을 독일로 가져갔다. 그리고는 텅 비어 있는 베르사유 궁전에 저벅 저벅 걸어 들어갔다. 왜 히틀러는 미술품이 사라진 그

텅 빈 방들에 걸어들어 갔을까? 잘 알려진 바대로 히틀러는 미술학도였고 예술품 수집광이었다. 스티븐 스필버그가 감독하고 해리슨 포드가 나오는 영화 "인디아나 존스" 제 1편과 2편은 이런 역사적 배경을 두고 만들어졌다.

아돌프 히틀러는 카이제르 수염을 휘날리며 뚜벅뚜벅 걸어와서는 내 앞에 섰다. 내 눈은 그의 수염에만 매달렸다. '아, 저놈의 카이제르 수염'

"각하, 아니 총통님, 처음 뵙습니다." 그런데 떨리는 내 목소리에 내가 더 놀랐다. '나는 권력 앞에서도 당당하던 놈이 아니더냐! 그런데 왜 이렇게 당황하지? 독재자들을 겪으며 살아온 역사가 내게 영향을 끼쳐 지레 주눅 들게 만든 건가? 하긴 나는 경상도 그것도 경북의 중심에서 태어나 대구에서 오래 살아서 자기검열에 익숙하니 지레 주눅들만도 하지!' 나는 스스로를 위로했다. '그런데 시인 김수영은 왜 "아무리 더러운 역사라도 좋다"고 했지?'

"반갑습니다. 미, 미술학도 총통님, 처음 뵙습니다."

히틀러는 약간은 거만하게 고개를 쳐들고 말했다. "반갑소. 그런데 어느 나라에서 오셨소? 일본? 일본에는 내 친구들이 많지. 그러니까……"나는 재빨리 말을 가로챘다.

"아닙니다. 아닙니다." 그러자 그가 말했다.
"아, 아. 중국. 중국은 늙은 사자이지."
"아닙니다. 한국 아니 코리아입니다. 코리아, 중국 동쪽, 만주 남쪽에 길쭉하게 뻗어있는 반도가 코리아입니다."

"그래요? 코리아라, 코리아…… 그런데 몸이 좀 불편하오? 안색도 안 좋아 보이고 말도 좀 더듬는 것 같은데."

"모르겠습니다. 당신이 살아 있던 시기에 코리아는 일본 식민지였고 전쟁이 끝나고 난 뒤에 독립했는데, 당신을 본받으려는 자들이 계속 나타나서 우리 백성들이 고생을 많이 했고 저도 한마디 거들다가 고생을 많이 해서 지레 주눅이 든 것 같습니다." 나는 총알처럼 말을 내뱉었다. 떨고 있지 않다고 대범한 척 억지 부리고 싶었다.

"하하하. 그렇소? 거기서도 내 위대한 사상을 따르는 자들이 있었다는 거지? 그들이 내 책 『나의 투쟁』을 읽었다는 말이지?"

"있었다 마다요. 그러나 당신의 책은 읽었던 것 같지 않습니다. 그것들은 그 '위대한' 책을 안 읽어도 권력에 관한 인간의 약점을 잘 알았던 것 같습니다. 교활한 인간들이니까요. 그건 그렇고 질문을 드리고 싶습니다. 귀하는 베르사유 궁전에 왜 갔던 거죠?"

나에게는 이만한 탐색전도 드문 경우였다. 그래도 긴장과 성격은 무관한 모양이다. 돌발적인 질문에도 히틀러는 조금도 당황하지 않았다. 그는 내가 건네는 입장권을 받으려 하지 않았다. 그래서 어쩔 수 없이 내가 입장권 두 장을 검표원에게 건네고 궁전 안으로 들어갔다.(며칠 동안 계속해서 사용할 수 있는 것, 정원 입장만 가능한 것, 궁전 입장만 가능한 것 등 입장권의 종류는 다양하다. 나는 안내인들과 보조를 맞추느라 매일 새로 입장권을 구입했다.) 히틀러는 뒷짐을 지고 천천히 걸었다.

"내 생각은 『나의 투쟁』에 잘 나타나 있지. 거기서 나는 당시 예술계 주류였던 인상파, 입체파, 미래주의, 다다이즘 같은 현대미술 사조들을 '타락한 정신의 산물'로 평가 절하했어. 그리고 순수한 독일정신을 가진 예술품에 높은 가치를 부여했지.[8] 전쟁 전에 나는 이미 제3제국 박물관장 오토 퀌멜Otto Kümmel(1874-1952)에게 16세기 이후 독일에서 탈취되어 전 세계에 흩어진 독일 미술품을 본국으로 송환하는 계획을 세워 보고서를 작성하라는 명령을 내렸어. 그 보고서에 근거하여 프랑스에 1,800점의 예술품 반환을 요구했지. 표면상 드러나지는 않지만 이 요구는 결국 프랑스 점령의 명분 가운데 하나였다고 볼 수 있어. 나는 루브르나 대영제국박물관 같은, 독일인의 자존심을 세워줄 수 있는 게르만 민족박물관을 세우고 싶었다네."

---

8 아돌프 히틀러, 서석연 옮김, 『나의 투쟁』, 범우사, 1989.

"1830년 이래로 베르사유는 이미 박물관으로 개조되었고 수많은 명화와 조각들로 가득 차 있었지요. 히틀러 당신은 베르사유 궁전을 매우 탐냈고 관저에는 2배나 넓은 150m 짜리 복도를 만들어 놓았다고 하는데 사실인가요?"

"당신이 말하는 복도란 게 '거울의 방'을 가리키는 거지? 그렇다면 맞네. 베르사유 궁전에서 가장 유명한 방이지. 천정에는 1661-1678년 간 루이 14세의 치적을 묘사하는 그림이 있고 길이 75m, 폭 10m, 높이 12m의 17개 창문을 가진 방을 578개의 거울로 장식했지. 대형거울이 천정의 샹들리에와 함께 빛의 아름다움을 만끽하게 해주었소. 이곳은 본래 왕과 그 가족이 지나가는 단순한 통로이고 대기 장소에 불과했소. 위치상으로 보아서는 축제를 열기도 불편하고 심지어 위험한 곳이었지만 근대국가의 부르주아적 발상이 잘 나타나 있으며 그 덕분에 성대한 몇몇 왕실 결혼식이 열렸소. 특히 공식적이건 이례적이건 외교사절 접견으로 국한되었지만, 1685년엔 제노아 총독, 1686년엔 시암(Siam)국 대사, 1715년엔 페르시아 대사, 1742년엔 오스만 투르크 대사 접견식 같은 공식행사장으로 번갈아 활용했지. '목걸이 사건'의 주역 로앙 추기경이 1785년 8월 15일 성모승천일이자 '왕비의 날'에 자신의 죄를 자백하며 체포된 곳도 이 '거울의 방'이지."

거울의 방 http://www.chateauversailles.fr

"귀하, 사실 그곳은 예술품 소장처 못지않게 역사적 의미를 가진 장소가 아니었던가요? 보불전쟁에서 승리한 철혈재상 비스마르크가 1871년 1월 18일 이곳 '거울의 방'에서 프로이센의 호헨촐레른 왕가가 지배하는 독일제국의 탄생을 선포하고 빌헬름 1세 황제의 즉위를 선언한 곳이지요. 그런가 하면 1차 대전이 끝나고 연합국과 독일 사이에 1919년 6월 28일 베르사유 조약이 서명된 곳도 여기 아닙니까? 그때, 연합국은 최대한 성대하게 승리를 선언하고자 '국립비품 박물관'에서 가져온 양탄자 수십 세트, 조약서명용으로 18세기의 유명한 가구업자 샤를 크레상Charles Cressent(1685-1768)이 제작한 혁신적인 최고급 책상을 가져왔다고 하지요."

"그렇소" 여기서 히틀러는 목소리를 높여 예의 웅변조로 말을 시작하였다. 그의 수염이 약간 파르르 떨리는 듯도 했다. 그러나 내 눈의 착각일 수도 있다. "베르사유 조약에서 전후 처리과정이 논의되어 패전국 독일의 배상금액이 결정되고, 유럽의 세력균형이 전복되는 결과를 가져왔소. 베르사유 조약에서 독일은 연합국의 전후 복구비용으로 330억 달러, 독일화로 1,329억 마르크를 배상하고 거기에다 1871년에 프랑스로부터 빼앗은 알사스와 로렌, 그리고 라인 강 서쪽 산업중심지 라인란트와 루르 지방을 할양하기로 결정되었소. 나는 이 사실을 결코 잊을 수 없소. 전쟁터였던 프랑스가 독일의 목을 옥죄는 데 가장 앞장섰던 것은 너무나 잘 알려진 사실이요."

나도 짐짓 목소리를 높였다. "그 결과 독일 경제가 파탄나면서 실의에 빠진 독일 국민의 구원자로 나타난 인물이 당신 히틀러가 아닙니까? 당신이 베르사유에 나타난 이유는 물론 제1차 대전 패배로 독일인이 받은 수모를 되갚는다는 의미가 컸겠죠?"

"물론 그렇소. 나는 그것을 훌륭하게 해냈지. 그것을 넘어서 베르사유 궁전은 첫째는 통일된 독일 제2제국이 공식적으로 출범한 곳을 찾아서 제3제국의 정치적 정당성을 확보한다는 의미가 작용했지. 그와 함께 베르사유 궁전은 당시에는 프랑스 역사미술관으로서 지금 보는 수많은 실내 장식과 각종 가구와 공예품, 회화, 조각품을 장식하고 보관한 뛰어난 미술품의 소장처라는 이중적 의미를 포함했소. 내 권력과 제3제국의 힘이 최고조에 달했던 1940년 나는 비서인 마틴 보어만과 선전상 괴벨스Paul Joseph Gœbbels(1987-1945)를 보내 전 유럽에서 75만 점의 미술품을 수집했고 이를 전시할 공간으로 고향 오스트리아 린츠Linz에 박물관을 세울 계획을 세웠지."

황소 눈의 방 http://www.chateauversailles.fr

우리는 궁전건물 바깥에 나가서 넓다란 아름Armes 광장에 섰다. 거기서는 장려한 궁전과 3개의 정원을 볼 수 있다. 첫째는 장관의 정원, 둘째는 황제의 정원, 셋째는 대리석 공원이다. 1830년 7월 혁명으로 즉위한 루이 필리프 1세Louis Philippe(1773-1850)는 베르사유 박물관 계획에 몰두했다. 가장 큰 이유는 새로운 왕이 베르사유로 귀환하는 것에 대한 국민들의 우려를 해소하는 데 있었다. 루이 필리프는 1833-1847년 동안 베르사유를 400번 정도 방문해서 진척과정을 감독했다. 방문 시에는 루이 15세와 16세의 내실을 집무실로 꾸며 사용했다. 공식적인 처소와 왕의 처소 가운데서 군주의 아우라를 가장 많이 느낄 수 있는 방, 예컨대 루이 14세의 침실로서 채광용 창문이 황소 눈을 닮았다 하여 '황소 눈의 방'이라고 불린 방, 그리고 참사회 회의실은 박물관에 확실히 속하게 되었다. 반면 그랑 트리아농은 군주의 가족 휴양지가 되었고 프티 트리아농은 더욱 사적인 공간으로 이용되었다. 예컨대 그랑 트리아농은 루이 필리프의 아들 오를레앙 공작의 가족별장이 되더니 1세기 뒤에는 샤를 드 골Charles De Gaulle 대통령이 무척 애호했다. 드 골은 정부자금으로 그랑 트리아농을 대대적으로 수리하고 정부공식 귀빈을 받아들이고 심지어 익랑건물 전체를 자신의 사적 거주지로 만들어 군주적 기질을 의심받게 만들었다. 그런데 지금 베르사유 궁전에 가보면 은근히 드 골과 베르사유 궁전을 연결시키는 작업이 진행되는 것을 볼 수 있다. 궁전 정문 입구에는 대통령으로서 군주를 은근히 지향했던 드 골의 입간판이 서있는데 이것은 그가 자주 이용했던 그랑 트리아농에서 더욱 부각된다.

그런데 사실 베르사유를 국비로 유지 보존되는 왕실거주지 목록에 올린 것은 대혁명기 공포정치의 절정기인 1791년 6월 국민공회의 결정이었다. 이때부터 베르사유는 '국민의 궁전'으로 불리게 되었고 1793-1794년 간에 가구들은 경매로 팔려나갔으며 그림과 조각품을 비롯한 예술 작품들은 공화국박물관인 루브르에 넘겨졌다. 서적들은 베르사유 공공도서관과 국립도서관으로, 화폐수집품이나 소규모 고대예술품도 국립도서관으로, 광물과 식물표본 동물원 동물은 자연사박물관, 축소모형은 공예학교로 옮겨서 보관하였다. 14개월에 걸쳐 17,000점 이상의 엄청난 물건들이 경매되었지만 귀중한 물건들은 제외한 일반적인 것이었다. 혁명기에 많은 논란을 거치고서 베르사유를 박물관으로 이용하는 동시에 국가건설업무 공간으로 활용하는 계획이 추진되면서 1794년 최초로 공식처소에 '프랑스 학교 특별박물관'이 개막되었다. 북쪽 익랑 건물에는 자연사박물관이 들어서고, 대신들의 익랑건물과 프로방스관에는 '센 에우즈 에콜 상트랄'이, 남쪽 익랑 건물에는 공공도서관이 들어섰다. 나중에 통령Consulat 정부는 도서관을 예전에 외무성으로 사용했던 건물로 옮겼는데 그것은 아직도 그 자리를 지키고 있다.

나폴레옹이 베르사유 성으로 이주를 시도한 것은 잘 알져진 사실이다. 그러나 그 뒤에 복고왕정의 루이 18세와 샤를 10세가 베르사유에 끼친 영향은 미미했다. 루이 필리프 시대에 베르사유 박물관 전시실은 루이 필립프 자신의 '시민왕 Louis le citoyen Chartres'이라는 형용모순적인 이중적 성격을 잘 표현했다. 5개의 십자군 원정실은 정통왕당파를 겨냥한 것이었고, 남측 익랑 건물 1층 전투갤러리 12개 전시실은 제국을 주제로 나폴레옹 시대를 겨냥하였다. 대혁명 관련 전시실은 도리어 초라하기만 했다. 박물관 그림에서 가장 빈번히 등장한 인물은 나폴레옹이었고 그 다음은 루이 필립프 자신이었다. 루이 14세 관련 그림은 그에 비해서 훨씬 적었다. 지금도 베르사유 궁전은 35년 이상 본관건물 공사를 체계적으로 진행하는 가운데 있지만, 베르사유의 주요 거처들은 체계적으로 그림 전시장으로 변경되면서 거주공간의 흔적들은 완전히 사라졌다. 시중드는 방이나 사적 용도의 방은 없어졌고 같은 층이면서도 높낮이가 달랐던 차이도 없어졌으며 문짝과 장식거울, 벽난로, 서가, 벽걸이천, 장식판자 등도 사라졌다. 일부 방은 당초무늬와 왕실문장, 연대로 장식되거나 단순히 쇠시리(건축이나 장식예술 분야에서 돌출된 곳, 움푹 패인 곳의 모서리나 그 표면의 윤곽선을 바꾸고 마무리시키는 요소)로 장식된 새 판자들에 그림을 끼워서 벽면을 새로 만들었다. 방을 늘이려고 천정을 없애 창문을 막고 지붕에 구멍을 내어 유리로 덮었다. 톨비악Tolbiac 전투(496년)에서 시작하여 백년전쟁, 잔 다르크, 미국독립전쟁, 나폴레옹 승전 등 프랑스 전쟁사를 그린 1837년에 만든 '전쟁 갤러리Salle du sacre', 라 스칼라La scala 극장 전시실, 콩스탄틴Constantine 전시실, 스페인 계승전쟁에서 명성을 떨친 육군 원수 빌라르 공작Claude Louis Hector de Villars(1653-1734)이 사용하던 옛 거처의 조명이 바로 이런 방식으로 만들어졌다.

이런 저런 이야기를 나누다가 나는 처음 만날 때의 긴장 따위는 떨쳐버렸고, 히틀러에게 간단한 작별인사를 하였다. '다시 뵈올 날은 없겠지만……". 야릇한 미소를 띠며 뒷짐 진 자세로 천천히 궁전을 빠져나가는 히틀러.

베르사유 궁전을 원상태로 복원하는 것은 이제 불가능해졌다. 박물관으로 성격이 변하면서 누구도 베르사유 궁전에서 숙박은 더 이상 할 수 없게 되었다. 숙박이나 행사도 그랑 트리아농(1855년 영국 빅토리아 여왕 방문)이나 프티 트리아농(1867년 황비 외제니가 주최한 마리-앙투아네트 추모 기획전)에서 이루어졌다. 제3공화정기인 1900년경에는 베르사유에서 음악회나 만찬만이 가능했고 제5공화국 시기에는 그랑 트리아농에서만 방문객 숙박이 가능했다. 이 역시 모두 베르사유 궁전이 가지는 정치적 상징성을 이용하기 위해 실행된 것이었다. 인도차이나 전쟁과 알제리 전쟁으로 프랑스가 곤경에 처했을 때 베르사유를 구하자는 운동이 일어났다. 거기에는 민족주의 나아가 국수주의 측면이 작용했다. "프랑스의 모든 영광을 위하여"라는 제목으로 치러 진 앙드레 모루아André Maurois(1885-1967)와 장 콕토Jean M. E. Cocteau(1989-1963)의 '소리와 빛의 축제' 무대, 넵튜누스 연못에서 거행된 화려한 밤의 축제들, 1957년 영국 여왕 엘리자베스 2세가 참석한 오페라 하우스 낙성식 등이 그런 운동으로 벌어진 행사 가운데 하나였다. 드 골은 1966년에 복원된 그랑 트리아농의 개막식을 직접 주관했고, 그 후에도 1970년 왕비침실복원, 1978년 제국시대 방들의 복원, 1980년 왕의 침실과 '거울의 방' 복원, 1986년 세자들과 대공비들의 거처 복원에는 대통령이 직접 행사개막식을 주도했으며 이 광경은 TV로 방영되었다. 1982년에는 서방 7개국 정상회담의 일부가 전 유럽으로 방송되었다.

7월 9일

별다른 감사의 말도 나누지 않고 히틀러를 떠나보낸 후 나는 복잡한 마음에 사로잡혀 있었다. 히틀러라는 독재자를 탄생시켰고 또 여전히 그보다는 작은 몸집의 수많은 변종들을 탄생시키고 있는 현대의 인간, 대중에 대한 나의 감정은, 불안이나 절망에 아주 가까운 것은 분명했다. 기꺼이 내게 시간을 내어주었던 히틀러에게 감사의 작별인사를 제대로 할 수 없었던 이유도 그것 때문이었을 것이다. 과거의 그에 대한 분노가 아닌 지금의 수많은 추종자들로 말미암아 일어나는 역사에 대한 우려와 불신 같은 것 말이다.

나는 히틀러의 뒷모습을 여전히 내 시야 안에 둔 채 그러나 일정한 간격을 유지하면서 그의 뒤를 따라 베르사유를 나오려다 되돌아서 정원을 휘저으며 돌아다녔다. 잘 정돈된 정원수를 옆에 끼고 여름의 정원을 걷지만 그다지 유쾌하지 못했다. 원래는 히틀러와 오늘 하루를 같이 보내기로 되어 있었지만 그와의 오후를 포기했다. 어쩌면 난 히틀러의 인간적 흡인력과 나의 투철한 역사의식 사이에서 커다란 착각을 하고 있었던 건지도 모르겠다. 나와 같은 부류의 인간이지만 거침없이 자신의 의지를 실현해낸 인간에 대한 부러움 같은 것이 그의 역사

인식에 대한 비판을 무디게 만든 건지도 모르겠다. 물론 이것조차도 모두가 나의 상상력이 만들어낸 환상적인 세계였을지도 모른다. 그나마 소득이라면 이런 것일 거다. 그러니까, 가슴을 탁 치고 올라오는 거부감을 내포한 매혹적인 한 인간에 대한 호기심이란 것이 내포한 위험을 미처 알지 못한 자신에 대한 자책 말이다.

해가 어느 정도 몸을 뉘었을 무렵, 나는 생-시몽 공작과 커피를 마셨던 카페로 가서 조금은 이른 저녁을 먹고 포도주를 마시자는 생각을 해냈다. 그 생각 덕분인지 다리에 제법 힘이 솟기 시작했다. 힘은 넘치지만 불안하고 무기력하게만 느껴지는 그 젊은 나날들을 그나마 버틸 수 있었던 데에는 술의 도움이 컸었다. 그러다 불안과 무기력은 그대로지만 더 이상 젊음을 핑계 댈 수 없는 나이가 되었을 때 나는 건강을 걱정하며 술을 끊었다. 그런데 어제는 히틀러의 잔상이 내 밖에서 여전히 활개치고 있고 내 안에서도 불안과 투쟁이라는 모습으로 여전히 남아 있음을 깨닫게 된 날이었다. 그래서 삭아 흩어진 줄 알았던 젊음의 흔적들 그러니까 무언가를 해야만 한다는 열정과 초조, 막연한 불안과 무력감 등과 무방비상태로 불현듯 다시 마주서야 했던 날이었다. 그래서 술을 마셔야 했다. 여행지가 제공하는 해방감, 여행의 마지막 밤이라는 아쉬움까지 살짝 섞여 들었을 것이다. 나는 카페에서 포도주를 주문해서 마시다가 급기야 숙소에 꼬냑을 사들고 갔다. 의자에 앉아 홀짝이는 도중 거리의 자동차 소리가 잦아들었고 풀벌레 소리만 간간히 들렸다.

눈을 뜬 시간은 장 자크 아야공과의 약속시간이 채 5분도 남지 않은 때였다. 머리가 조여왔고 뱃속은 울렁거렸다. 아야공에게 약속시간을 미루자는 전화를 하게 만든 것만으로도 히틀러는 욕먹기에 충분했다. 수화기 너머의 아야공이 난처해하는 게 또렷하게 느껴졌다. 장 자크 아야공은 자크 시락 대통령 재임기에 문화와 소통부 장관을 지냈고 2007-2011년간 공식직함이 '베르사유 성과 영지의 공공시설 대표Président de l'Etablissement public du château et du domaine de Versaille'인 베르사유 궁전 총괄 디렉터 곧 관장을 역임했다. 특히 그는 일 년에 한 명씩 세계적인 현대미술가를 선정·초청하여 개인전을 개최하는 베르사유 오프Versailles Off를 기획하여 베르사유의 과감한 변신을 앞장서서 이끌었다. 다행히 그는 약속시간을 변경해 주었다.

그가 전화로 알려준 사무실은 파리의 신도시라고 할 수 있는 라데팡스 지구에 있었다. 제1호선 지하철에서 내려 사무실 밖에서 심호흡을 했다. 하지만 내가 누군가. 그의 사무실 앞에 도착하자마자 노크를 했고 노크를 하자마자 문을 열어젖혔다. 관성의 법칙이라고 해두자. 내쳐 그가 의자를 권하기도 전에 의자에 앉았다.

아야공은 시원한 물이 필요하냐고 물었다. 나는 다리를 꼬고 앉으며 그렇다고 대답했다. 그는 내 얼굴에서 흘러내리는 땀 때문에 물을 권했겠지만, 난 조여오는 머리와 울렁거리는 속을 진정시키고 싶었다. 나는 그가 비서를 시켜 물을 준비하는 동안 물었다.

"반갑습니다. 당신이 한국을 방문했던 때를 기억합니다. 왜 당신은 베르사유 오프전을 기획하게 되었습니까?"

아야공은 서둘지 말라는 듯한 몸짓을 하며 한 잔의 물을 내 앞에 놓았다. 그리고는

"베르사유는 프랑스 근현대는 물론이고 유럽 근현대 문화를 이해하는 데 중심에 서 있습니다. 기획전은 이러한 베르사유 궁전을 한번 방문으로 끝나는 장소가 아니라 문화예술적 영감을 고취받고 지속적으로 방문하고 싶은 장소로 만들려는 목표에서 비롯되었습니다. 현재 베르사유 방문객은 연 700만 명 정도인데 그 가운데 70%가 외국인입니다. 베르사유 궁전을 프랑스인들이 더 많이 찾게 만드는 것이 이 전시회의 목표이기도 합니다."

"그런데 초청된 현대미술작가들을 두고 프랑스 문화를 천박하게 만든다는 비판이 많았는데 어떻게 생각하시는지요?"

히틀러의 잔상이 숙취와 함께 강하게 남아 있었던 탓일까. 내 질문은 시작부터 거칠었다. 그도 확신에 찬 대답을 네게 돌려주었다.

"프랑스 문화계는 활력을 상실했습니다. 새로운 자극을 받을 필요가 있습니다."

"새로운 자극이라…… 그것이 하필 만화적인데다 일본 작가로부터 받은 것이라고 한다면 베르사유가 일본과 자꾸 묘하게 엮이는 것 아닐까요? 2010년 9월부터 12월까지 일본의 엔디 워홀Anderw Warhola(1928-1987)로 불리는 팝 아티스트 무라카미 다카시村上 隆(1962-)가 베르사유 오프 전시회에 참여했지요?"

아야공은 침착했다.

"무라카미는 미국 LA MOCA(The Museum of Contemporary Art)와 브루클린 미술관, 세계적인 귀금속회사 카르티에Cartier사가 예술 활동 촉진을 위한 독특한 전시공간 제공 활동인 메세나(mècènat) 활동의 일환으로 1984년 개관한 프랑스 카르티에 미술관을 비롯하여, 스페인 빌바오 소재 구겐하임 미술관과 각종 아트페어를 휩쓴 인물입니다. 2008년에는 타임지가 세계에서 가장 영향력 있는 100인으로 선정하기까지 이르렀던 인물이니까 초대할만한 인물이었다고 봅니다. 거기에다 베르사유에서 설치미술전을 여는데 전시의 실행은 프랑스 일급 화랑 에마뉘엘 패로탱Emmanuel Perrotin이 맡았으니까요. 누가 뭐라고 크게 흠 잡을 것 없지요."

사실 나도 무라카미에 관해서는 조금안다. 현존 40대 작가 중 영국의 데미안 허스트Damien Hirst(1965-)와 함께 전 세계적으로 지명도가 가장 높은 인물로서 도쿄예술대학에서 일본화를 전공했다. 2001년에는 LA MOCA에서 일본의 오타쿠あ宅 문화, 곧 일본 애니메이션과 그 캐릭터에 광적으로 집착하는 오타쿠 문화를 새로운 맥락으로 풀어낸 슈퍼 플랫Superflat전을 기획하여 주목을 받았다. 2003년에는 마크 제이콥스Marc Jacobs(1963-)와 협업으로 루이 뷔통 모노그램 라인을 디자인하여 대중에게 알려지면서 일약 월드스타 반열에 올랐다.

"아시다시피 베르사유 오프 아트쇼에서 무라카미는 만화에서 영감을 얻은 자신의 대표작과 대규모 신작 조각을 설치했습니다. 특히 화려한 꽃과 만화 캐릭터를 무수히 반복한 입체작업과 둥근 공, 귀여운 부처 형상의 조각을 다시 변주했지요. 작품 제작비와 운송비, 설치비를 감안할 때 100억 유로가 넘는 이 기획은 단순한 전시가 아니라 세기의 아트쇼라는 점에서 세간의 관심을 집중시켰어요. 베르사유 궁전 고전주의의 전당에 '망가'풍의 팝아트가 설치된 것 자체가 참으로 놀라운 사건이라는 반응이었지요. 무라카미가 루이 뷔통과 손잡고 모노그램 멀티컬쳐 등을 선보이며 아트와 상업브랜드 간의 기념비적 결합을 시도하는 건 좋은데 하필이면 그 장소가 베르사유 궁전이냐는 것이었어요. 프랑스인들은 베르사유 궁전에 가장 대중적인 만화 캐릭터들이 늘어서는 것이 못마땅했지만 에마뉘엘 패로탱이 전시를 맡았다고 하니 달리 할 말이 없다는 분위기였어요. 루이 14세의 후손 샤를 에마뉴엘 드 부르봉-파르므가 프레데릭 미테랑 문화부 장관과 저에게 5천 명의 서명을 받아 전시회 중단 탄원서를 제출한 것도 이런 분위기를 대변하는 것이었어요."

사실 프랑스의 반대 분위기는 아야공의 표현보다 훨씬 더 험악했다고 한다. 베르사유 궁전은 지난 2008년 9월 미국의 아티스트 제프 쿤스Jeff Koons(1955-), 우리나라에도 신세계 본관 옥상 트리니티 정원에 설치된 3백억 원짜리 보라색 하트 모양의 'Sacred Heart'가 잘 알려진 인물로서, 더구나 유명해지고 싶어서 유명한 이탈리아 포르노 여배우로 이탈리아 하원의원에 당선되었던 치치올리나와 결혼했던 인물의 17개 작품에 앞마당은 물론 왕비 침실까지 몽땅 다 내주었다. 이 아트쇼는 언론이 "키치Kitsch의 황제, 베르사유 궁에 입성하다"는 말로 기획전시를 전하며 베르사유 궁에 천박하고 뻔뻔하며 버터 냄새 풀풀 나는 제프 쿤스의 유치한 풍선조각이 웬 말이냐고 비난하는 분위기에 전시회를 막아달라는 소송까지 제기되었다. 그럼에도 노이즈마케팅이 주효한 탓인지 전시기간이 한 달 더 연장되는 성황을 이루었다. 낡고 칙칙한 타피스트리와 가구 거기에다 복제화로 가득 찬 베르사유의 방보다 제프 쿤스의 이 작업이 훨씬 흥미로웠다는 반응도 적지 않았다. 문제는 가장 미국적인 작가 제프 쿤스를 선정한 인물이 아야공 자신이란 사실이다. 물론 겉으로는 국립 퐁피두 센터의 큐레이터 로렌 르 봉이 추진했다. 그러나 막후에는 아야공의 친한 친구이며 크리스티 경매의 소유자로서, 구찌, 프라다, 프랭땅 백화점까지 소유한 명품 패션 기업 PRR 그룹의 회장이며 명품 및 아트비지니스계 최고전략가인 프랑수아즈 피노Czars Françoise Pinalt 회장이 있었다. 1985년부터 꾸준히 쿤스의 작품을 수집해온 피노는 작품 대여에서 비용까지 물심양면으로 지원했다. 두 사람은 고전적 화려함의 극치를 드러내는 17세기 건축에 현대적 호사의 극치를 달리는 쿤스의 조각이 기묘한 긴장감을 드러낼 것이라면서 전시회 성사를 밀어붙였다. 그 밀바닥에는 베르사유에 활기를 불어넣어 관광객을 끌어 모으려는 아야공의 전략이 숨어 있고 제프 쿤스 작품을 다수 소장한 프랑수아 피노 회장의 사업가적 수완도 깔려 있었다.

풍선개 http://www.lexpress.fr

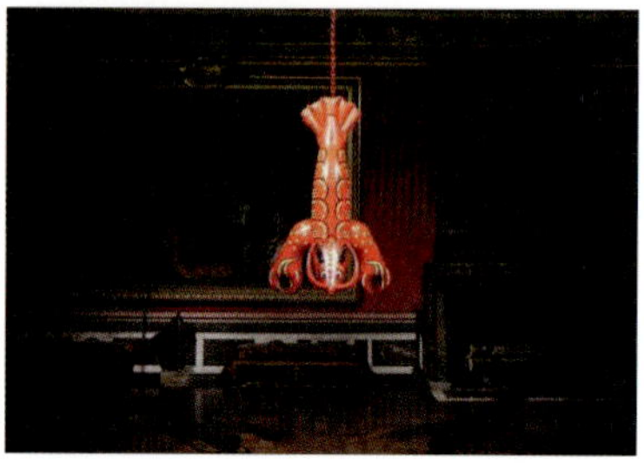

곡예사 http://www.lexpress.fr

마이클 잭슨과 버블스 http://whitehotmagazine.com

이러한 배경 위에서 쿤스의 작품은 베르사유 궁전 곳곳에 흩어져 전시되었다. 풍요의 방에는 왕들의 초상화와 토르소, 가운데는 스테인리스 스틸로 만든 빨간색 〈풍선개Ballon Dog〉(1986)가 좌대에 얹혀서 현대인의 무게와 재질에 대한 인식을 비웃었고, '마르스의 방'에는 샹들리에 곁에 마치 쌍을 이룬 듯 거대한 바다가재 〈곡예사〉(2003)가 매달렸다. '왕비의 방'에는 화려한 부케 무늬 벽지를 배경으로 나무를 만들고 폴리크롬을 입힌 〈큰 꽃병〉(1991)이 놓이고 불 켜진 샹들리에 옆에는 1980년대 최신 청소기들이 투명한 유리상자 안에서 불 켜진 형광등을 깔고 자태를 뽐내고 있었다. 루이 14세의 전신상 앞에는 금빛 나는 〈마이클 잭슨과 버블스〉(1988)가, 루이 14세의 토르소 앞에는 돼지를 끌고 가는 아이들 〈진부함의 도래〉(1988)가 놓였다. 궁전의 자존심인 '거울의 방' 한가운데는 푸른색 풍선인 〈달〉(1995-2000)이 거울처럼 주변을 비추며 걸렸다. 거기에다 베르사유의 바로크 정원에는 십만 송이 장미로 만들어진 거대한 토피어리topiary 망아지 〈나눠진 흔들목마〉가 싱긋이 웃으며 자리 잡았다. 이런 키치적인 작품들은 베르사유조차도 알고 보면 키치적이라는 느낌이 들게 만들었지만 관람자의 95%는 불편함과 불쾌함을 토로했다.

무라카미도 결코 제타 쿤스 못지 않았다. 그는 고급문화와 저급문화의 경계 해체를 강조하면서 베르사유 궁전을 '상상 속의 과장과 변형에 상응하는 이미지'로 파악했다. 베르사유 궁전은 서구역사의 가장 강력한 상징 가운데 하나이지만, 그 환상적 왕국의 이미지는 오랜 구전 속에서 많이 변형되었다고 지적했다. 그리고 베르사유의 이미지는 자신의 정신 속에서 과장과 변형을 통해서 비현실적인 세상의 일부가 되어간다고 주장했다. 이렇게 비현실적 세상은 베르사유 궁전 내부 15개의 방과 정원에 배치된 기묘하면서도 매혹적인 100여 개 캐릭터들을 통해서 완성되었다. '헤라클레스 방'의 거대한 개구리와 연꽃을 형상

Flower Matango http://www.lexpress.fr

Oval Buddha

화한 〈화려한 부처상Tongari-Koon〉(2003-2004), 베르사유 궁전의 거대한 정원 분수대 앞에 설치된 5m가 넘는 〈타원형 부처Oval Budda〉(2007-2010), 실내에 설치된 생각에 잠긴 〈은제 부처Oval Budda Silver〉(2008), 도금된 〈큰 머리 라이언 킹〉, 매끈한 외관에 화려한 색채의 동화속 주인공, 늘씬 한 몸매를 가진 애니메이션 속의 여고생(Miss Ko2, 1977), '거울의 방' 끝에 설치된 3m가 넘는 파이버 글라스와 철근 와이어로 만든 조각 작품 〈환각적인 웃는 꽃Flower Matango〉(2001-2006), '베니스 방'에 기사들 옆에 세워진 〈토끼 병사KaiKai KiKi〉(2000-2005) 그리고 오타쿠의 삶을 형상화한 캐릭터 〈The Simple Thing〉(2008-2009)이 그것이다. 이들이 제공하는 부조화는 프랑스의 보수단체와 시민단체의 항의를 불러 왔고 개막일에는 항의 시위도 벌어졌다. 무라카미의 작품이 프랑스의 역사이면서 문화 그 자체인 베르사유 궁전을 존중하지 않는 문화적 쇼크라는 이유였다. 태양왕의 궁전에서 경박한 애니메이션 캐릭터를 만나는 것, 전혀 어울리지 않는 이질적 사물들이 제공하는 생경함이야말로 이 전시의 핵심이었다. 물론 제프 쿤스에 이어서 거의 같은 컨셉의 전시가 연출된 결과 식상한 느낌도 없지 않았다. 그러나 예술의 엄격성에서 벗어나 특유의 유머와 노골적 것을 뒤섞어 역사와 문화의 개념에 원초적 질문을 던진 것으로 볼 수 있었다.

2009년에는 영혼의 부활과 치유를 통해서 소통을 갈망한다는 평가를 받는 프랑스 예술가 자비에 베이앙Xavier Veihan(1963-)의 작품을 전시했다. 그는 나중에 2011년 한국 전시회 'Spacing'에서 보듯 인물이나 사물을 3차원으로 스캔한 뒤에 폴리우레탄 같은 소재로 만든 인물조형 작품, 선과 면의 입체로 이루어진 조형작품과 야외설치작품으로 대량생산, 기능주의, 미니멀리즘의 요소가 포함되는 작품들을 선보였다. 2011년에는 미니멀리즘 조각가로서 안료, 돌, 스틸, 합성수지 그리고 밀랍으로 물질의 안과 밖, 보이는 것과 보이지 않는 것에 대한 경계를 일깨우는 작품을 발표한다고 평가받는 최근 잘나가는 인도 출신 조각가로서 한국에서도 2003년과 2008년에 전시회가 열린 애니쉬 카푸어Anish

Kapoor(1954-)가 초청된 것은 그나마 무난하다고 볼 수 있다.

"이 모든 것은 베르사유를 화석화시키지 않고 현대로 불러오는 작업의 일환이었던 셈이지요." 아야공의 설명은 계속되고 있었지만, 난 그의 말에 주의를 기울일 수 없었다. 아야공의 설명은 정직함과는 다소 거리가 멀었다. 내가 양보한다고 하여도, 그의 설명은 어느 정도 편향된 것이었다. 왜냐하면 그 전시들은 모두 자본과 밀접한 연관 관계를 가지고 활동을 전개한 작가들을 중심에 두고 있었기 때문이다. 이는, 미국이 주도하는 신자유주의 질서에 프랑스 역시 순응해가는 흐름 속에서 프랑스 고전문화의 중심부인 베르사유도 문화자본의 손길에서 벗어날 수 없다는 것을 말해주는 것 아닐까? 바로 프랑스의 아메리카화가 이 일련의 전시의 중심에 있고 아야공 당신은 그 전위가 아닌가? 그러나 이 말은 입 밖에 내지 않았다. 왜냐하면 한국에 온 아야공이 스크린 쿼터제를 지켜야 한다고 당부한 것을 보면 거기까지는 아닌 것 같기도 했기 때문이다. 그러나 그의 속내를 캐내기에는 내 마음에 여유가 필요했다. 아내와 딸들에게 건넬 자그마한 선물로 샤넬 5 향수와 립스틱이라도 두어 개 사야 할 시간이 필요했기 때문이다.

7월 10일

인천공항에 내렸다. 장마 구름 사이로 드러나는 여름 햇살의 익숙함 때문에, 난 행복해졌다.

파리의 괴짜들을 만나 프랑스의 '벨 에포크'를 둘러보다

신지은

여행지 방돔 광장 place Vendôme

안내인 **아르튀르 랭보** Arthur Rimbaud, 1854.10.20-1891.11.10

1871 파리코뮌에 적극적인 지지 표명. 1873-1874년 『지옥에서의 한 철』, 『일뤼미나시옹』 등을 완성. 1875-1890년 문학 세계를 떠나 유럽 전역과 중동 지역을 전전하면서 노동자, 용병, 건축 감독 등으로 일함.

19세기 후반 프랑스 상징주의 시의 선구자로 일컬어지는 랭보는 유례를 찾아보기 힘들 정도로 독특하고 특이한 시인으로 우리에게 알려져 있다. 그의 짧은 문학 생애가 남긴 독창적인 시 세계가 그러하고, '바람 구두를 신은 사나이', '나그네', '행려 편집광' 등 그를 표현하는 많은 수식어들이 표현하는 그의 실존적 삶이 또한 그러하다.

베를렌에게 보이기 위해 쓴 시 『취한 배』에서 그는 닻줄이 풀리고 선원도 없이 망망대해를 정처 없이 항해하는 배를 묘사하고 있다. 이는 한편으로는 우주적인 상징 속에서 모든 구속과 기존 질서를 경멸하고, 또 다른 한편으로는 나와 타인, 주체와 객체를 구분하는 이분법을 지양하고 경계 없는 합일과 조화를 드러낸다. '나는 타자다'라는 그의 유명한 말은 새로움의 창조를 위해 파괴가 동시에 이루어지는 역동성을 나타낸다.

여행지 에펠탑 la Tour Eiffel

안내인 **기욤 아폴리네르** Guillaume Apollinaire, 1880.8.26-1918.11.9

1913년 첫 시집 『알코올』 출간. 1916년 상징주의 소설 『살해된 시인』 발표. 1918년 세 번째 시집 『칼리그람』 발표.

로마에서 태어난 그는 19세 때 파리로 왔다. 1898년경부터 여러 잡지에 시를 발표하기 시작한 그는 전위예술에 매혹되어 새로운 예술을 적극적으로 주도했다. 특히 그는 피카소, 브라크 등의 화가들과 교류하였던 그는 초현실주의가 태동하던 20세기 초 당대의 시대정신을 충실히 구현한 시인으로 평가된다. 그의 평론집 『입체파 화가』(1913), 『신정신』(1918)은 모더니즘 예술을 발족시키는 데 큰 영향을 미쳤다.

"미라보 다리 아래 세느 강이 흐르고/ 우리들의 사랑도 흐르네"로 시작하는 그의 시 〈미라보 다리〉는 한국인들에게도 친숙한 시이다. 이 시는 그의 연인이었던 마리 로랑생과의 이별의 아픔을 노래한 시로, 세월이 흘러감에 따라 사랑도 흐르고 변한다는 것을 표현한 것이다. 그는 생애 마지막에 전쟁과 연애에 대한 집착과도 같은 관심을 표출하였고, 전쟁 중의 부상으로 쇠약해진 상태에서 유행성 독감에 걸려 타계했다.

여행지 **갤러리 비비엔** Galerie Vivienne

안내인 **로베르 두아노**Robert Doisneau, 1912.4.15-1994.4.1

1934-1939년 르노 자동차 카다록 광고사진 작가. 잦은 지각으로 해고당함. 1946년 라포Rapho 에이전시 소속 작가. 다양한 주제들로 르포르타주 사진 작업을 함. 1947년 코닥 상 수상. 1966년 니에프스 상 수상.

2차 대전 직후 1950년 라이프Life 지에 〈시청 앞 키스〉라는 작품이 실리면서 일약스타 사진작가로 알려지게 되었다. 로베르 두아노는 해학적인 작품들로 유명하다. 특히 〈피카소의 손〉이라는 이 사진을 찍으면서 피카소는 두아노에게 유명한 사진작가가 될 것이라고 했다는데, 정말로 그 말대로 된 것이다. 일반인들의 눈에 평범하게 비춰지는 일상을 유심히 관찰하고 적절한 순간을 포착해 내는 두아노의 순발력은 그의 작품들을 대단히 독특하고 해학적인 예술작품으로 만들어 준다.

여행지 **프랑스 국립도서관** Bibliothèque nationale française

안내인 **발터 벤야민** Walter Benjamin, 1892.7.15-1940.9.26

1919년 『독일낭만주의 비평개념』으로 스위스 베른 대학에서 박사학위 취득. 1924년 교수자격취득을 목적으로 『독일 비극의 기원』을 집필하지만 거부됨. 1933년 파리 망명.

베를린 태생의 유대계 독일인 문학평론가이자 사상가인 벤야민은 고교시절부터 교육과 문화의 혁신을 요구하는 청년운동에 참여했다. 1920년대 중반부터 맑스주의로 기울게 되고 또한 초현실주의의 영향도 받는다. 그는 사진, 역사, 영화, 문학 등에 관한 글들로 20세기 최고의 비평가이자 철학가로 평가된다. 1933년 나치에서 벗어나기 위해 파리로 도피하여 19세기 자본주의와 모더니티의 근원을 고고학적으로 탐구하는 저작 『파사쥬[아케이드 프로젝트]』를 집필하기 시작하지만 독일군의 파리 침공으로 중단된다. 1940년 뉴욕에서 사회연구소를 이끌던 아도르노와 호르크하이머의 지원을 받아 미국으로 망명하는 중 스페인 국경 통과가 좌절되자 피레네 국경에서 "출구 없는 상황 속에서 나는 끝내는 것 외에 다른 선택의 여지가 없다. 나를 아는 이가 아무도 없는 피레네의 작은 마을에서 내 삶은 끝날 것이다."라는 편지를 남기고 자살로 생을 마감한다.

5월 25일

파리 여행 출국이 드디어 오늘이다. 25일 저녁, 파리 샤를 드 골 공항 도착한 후 RER B선을 타고 파리 샤틀레 레알Châtelet Les Halles 역으로 와서 14호선으로 환승 후 베르시Bercy 역에서 하차했다. 샤를 드 골 공항에서 베르시 역까지 약 1시간 정도 시간이 소요되었다. 베르시 역 근처에 있는 베르시 빌리지Bercy village 이비스 호텔에 짐을 풀고 근처에서 저녁 식사를 한 후 내일의 일정을 생각하며 여행 책자를 뒤적거리다가 어느새 잠이 들고 말았다.

5월 26일

오전 일찍 호텔 1층 식당에서 크루아상과 에스프레소 커피로 간단한 아침 식사를 했다. 크루아상을 씹고 있으니 파리에 온 것이 실감이 났다. 시차 때문에 머리가 조금 아팠지만 진한 에스프레소를 마시며 오늘의 일정을 생각해 보았다. 오늘 만나기로 한 랭보를 떠올리며 가지고 온 랭보 시집을 뒤적거리다 방으로 올라가서 준비를 하고 거리로 나왔다.

10시쯤 호텔을 나와 베르시Bercy 역에서 지하철 6호선을 타고 나시옹Nation 역으로 가서 다시 1호선으로 갈아타고 튈르리Tuileires 역에서 하차했다. 파리는 지하철이 14호선까지 있어서 웬만한 곳은 지하철로 다 연결되는 것 같았다. 지하철 티켓 판매소에서 받은 지하철 노선도를 꼼꼼히 살펴보니 1호선이 지나는 곳에 유명한 관광지가 많이 위치해 있었다. 어느새 튈르리 역에 도착했다. 호텔에서 여기까지 30분이 채 걸리지 않았다. 역에서 나와 마들렌 성당 쪽으로 향해 조금 걸으니 바로 방돔 탑이 보이기 시작했다.

방돔 광장은 튈르리 공원의 북쪽, 마들렌 성당의 오른쪽에 위치하고 있는데, 프랑스 고전주의 도시계획의 전형을 보여주고 있었다. 그리고 무엇보다 이 광장을 둘러싸고 있는 유명 보석 상점, 명품 상점들 및 최고급 호텔들을 보니 〈세계에서 가장 화려한 광장〉이라는 말이 왜 붙여졌는지 실감이 났다.

방돔 광장과 방돔 탑 http://fr.wikipedia.org

방돔 광장 Place Vendôme

광장은 루이 14세의 명에 의해 1685-1695년 동안 베르사유 궁전을 설계한 궁정건축가 망사르Jules Hardouin Mansart의 설계로 만들어졌다. 주변의 고풍스런 건물들이 커튼을 치듯 둘러싸며 팔각형 모양을 이루고 있다. 베르사유 궁전의 축소판처럼 보이는 이 광장은 프랑스 군주제의 위대함을 단순한 선과 순수한 형태를 절묘하게 결합시켜 강조하고 있다.

완공 당시 광장의 북쪽에는 카퓌신 수도원, 남쪽에는 튈르리 공원Jardin des Tuileries이 있었다. 지금 광장 주변에서 개인 주택은 소수일 뿐이며 나머지는 고급 부티크들이다.

11시에 랭보를 광장에서 만나기로 했는데, 시간이 남아서 근처 카페에 앉아서 스마트폰으로 이메일도 체크하고 방돔 광장 검색을 해보았다. 이 광장은 1699년 그 지역의 영주였던 방돔의 이름을 따서 방돔 광장이라고 불리기 시작했다고 한다. 그러나 맨 처음 생겼을 때는 콩케트(정복) 광장으로 불렸고, 그 이후에는 루이 르 그랑Louis le Grand 광장으로, 그리고 혁명기에는 피크Piques 광장 등 다양한 이름으로 불렸다. 원래 이 광장은 루이 14세의 기마상을 세우기 위해 조성되었으나 1789년 프랑스혁명으로 이 기마상은 파괴되었다. 그 후 1810년 파괴된 루이 14세 기마상을 대체하는 청동제 방돔 탑이 세워졌는데, 나폴레옹 1세의 아우스테를리츠Austerlitz 전투 승리를 기념하기 위해 탑 위에 나폴레옹 상이 올려졌다. 조각가 앙투완 드니 쇼데 Antoine-Denis Chaudet가 만든 이 탑은 아우스테를리츠에서 획득한 130여 개의 대포를 녹여 주조하였고 기둥에는 전투 장면이 조각되어 있다. 나폴레옹 상은 1814년 내려 졌다가 1818년 다시 세워지기도 했다. 그러다가 1833년 7월 왕정 하에 샤를 에밀 쇠르 Charles Emile Seurre가 만든 새로운 나폴레옹 상으로 대체되었다. 그 후 1875년 나폴레옹 3세는 쇼데가 만들었던 첫 번째 나폴레옹 상을 본 떠 다시 만들기를 요구했고 이는 오귀스트 뒤몽 Auguste Dumont에 의해 현실화되었다. 지금 현재 우리가 방돔 광장에서 보는 것이 바로 이것이다. 샤를 에밀 쇠르가 만든 나폴레옹 상은 현재 앵발리드에 전시되어 있다.

프랑스 고전주의

19세기 역사주의는 과거의 모든 양식사조가 총출동하는 절충주의였는데 이를 고전주의와 중세주의로 양분할 수 있다. 두 사조의 경쟁이 치열했기 때문에 '양식들의 전쟁 battle of styles'이라 부를 정도였다. 고전주의는 신고전주의, 도릭 리바이벌, 네오 르네상스, 네오 바로크 등을, 중세주의는 고딕 리바이벌, 네오 로마네스크, 네오 비잔틴, 룬트보겐 슈틸Rundbogen Stil, 비더마이어 양식Biedermeier Style 등을 하부 양식으로 거느렸다.

19세기 프랑스의 역사주의는 전반부 신고전주의와 후반부 네오 바로크 등 전체적으로 고전주의가 이어졌는데 고전주의는 프랑스 제국과 왕국을 오가며 다양한 논쟁과 양식을 창출했다. 그리고 중반을 전후해 고딕 리바이벌과 네오 로마네스크 등의 중세주의가 가세하는 형국이었으며 중세주의는 프랑스 고딕에 내재된 구조 합리주의를 신건축 운동과 접목시킨 점이 독보적이었다. 고전주의의 시작단계로 볼 수 있는 나폴레옹 제1제정(1804-1814) 시기에는 나폴레옹의 명성에 비해 건축은 크게 활성화되지 못해 2개의 개선아치, 방돔 광장 기둥, 몇 건의 왕궁 개축 등이 전부였다. 끝

1871년 파리 코뮌 시기에 이 광장은 인터내셔널 광장Place Internationale으로 불렸다. 파리 코뮌이란 1871년 3월 18일에서 5월 28일까지 72일 동안 파리 시민

의 봉기로 세워진 파리의 혁명 정권을 말한다. 이 시기에 나폴레옹의 권력을 상징하는 기념탑이 사실주의의 대표적 화가인 귀스타브 쿠르베Gustave Courbet(1819-1877)의 주도로 코뮈나르들(1871년 당시 코뮌당의 병사들)에 의해 파괴되었다가 프랑스 제3공화국의 대통령 맥마흔Mac-Mahon 장군의 명령으로 1873년 다시 세워졌다. 이 때문에 쿠르베는 징역에 처해졌다가 몇 달 후 병보석으로 풀려났다. 하지만 재건축 비용으로 33년 동안 매년 1만 프랑씩 지불하라는 벌금형을 받았는데, 그는 첫 번째 벌금을 지불하기도 전에 죽었다.

이런 저런 웹 페이지들을 서핑하다 쿠르베 이야기가 나오자, 쿠르베가 제자들에게 했던 "천사를 그리지 말고 네 아버지를 보고 그려라"는 말이 생각이 났다. 나는 이 말 때문에 쿠르베를 아주 좋아한다. 그는 진선미를 갖춘 아름다운 인물들 대신 주변에서 흔히 볼 수 있는 평범한 사람들을 그렸다. 〈오르낭의 매장〉, 〈화가의 작업실〉 등 그의 작품은 아주 평범한 사람들을 개별적인 특성을 가진 인물들로 표현하고 있다. 그러면서 인물이나 주제를 신화화하기보다는 수평적인 구도로 인간 군상을 표현하는데 이것이 쿠르베 작품의 매력이다. 그의 작품 〈세상의 기원〉과 〈잠〉 등은 당시 엄청난 논란을 일으키기도 했다. 이때문에 나는 쿠르베라는 인물이 상식적인 것들을 뒤엎는 인물이면서, 현실의 풍요와 참담함, 희망과 절망이 뒤섞인 자기 시대를 주의 깊게 관찰하고 자기만의 방식으로 해석해낸 선구자이자 혁명적인 인물이라고 막연히 알고 있었다. 하지만 그는 정치적인 사건을 직접 작품으로 남기지는 않았기 때문에 그가 이런 정치적인 사건의 현장에 개입했다는 것은 전혀 상상하지 못했던 일이었다. 그런데 그런 그가 이 방돔 광장과 관련이 있다니 어째 이번 여행에는 멋진 일들이 생길 것 같다는 기대에 마음이 들뜨기 시작했다.

약속 시간을 기다리며 지나가는 사람들의 얼굴을 유심히 바라보고 있는 바로 그 때 아르튀르 랭보Arthur Rimbaud(1854-1891)가 나타났다. 누구라도 한 눈에 알아 볼 수 있는 천재 시인 랭보! 세수도 하지 않은 것 같고, 옷은 전혀 신경 쓰지 않은 채 진흙까지 덕지덕지 붙이고 나타난 랭보. 천사 같은 얼굴에 강철 같은 눈매를 지닌 랭보. 키가 자라 짧아진 바지 아래로 어머니가 정성껏 짠 낡은 파란 양말이 보이는, 바로 그다! 그는 오늘 내게 방돔 광장에 대한 해설을 해 주기로 약속했다.

1871년 5월 파리 코뮌 시기의 방돔 탑의 파괴. 나폴레옹 상이 바닥에 쓰러져 있다.
http://fr.wikipedia.org

"〈봄〉은 정녕 봄이로다. / 녹색 〈소유지〉 한가운데서 / 티에르와 피카르의 비행飛行, vol이 / 그 찬란한 광채들을 펼쳐 놓고 있으니." 랭보는 뭔가 시를 읊조리고 있는 듯 했다. 정확히 무슨 시인지 궁금해 그에게 물어보았지만 대답이 없다. 예상대로 뭔가 범상치 않은 기운이 느껴졌다. 오늘 방돔 광장을 랭보에게 안내 받는 것은 아무래도 무리일 것 같다는 느낌이 스쳐 지나갔다.

모리스 기둥을 넘어뜨리고 있는 귀스타브 쿠르베. 일간지 <르 페르 뒤셴느 Le Père Duchêne>에 실린 커리커쳐
http://fr.wikipedia.org

"아르튀르! 아까 중얼거린 건 시 같은데, 그건 무슨 시죠?" "그건 〈파리의 전가戰歌〉에 나오는 한 구절입니다." "'녹색 소유지'와 '비행vol'이라는 단어가 들린 것 같은데 제가 제대로 들은 건가요? 정말이지 당신 시는 이해하기 어려운 것 같아요." 랭보는 나의 이 말에 야릇한 표정을 지으며 다음과 같이 설명해 주었다. "프루동 선생은 '소유는 도둑질vol이다'고 했죠. 내 시에서 "녹색 소유지"는 베르사유를 지칭하고, "vol"은 이중적인 의미를 가지고 있습니다. 즉 비행이라는 뜻뿐 아니라 도둑질이라는 뜻도 있어요."

나는 조금 전 스마트폰으로 찾아본 정보들을 떠올리며 이 표현이 티에르와 피카르가 베르사유로 피신한 것을 풍자하고 있는 것임을 직감했다. 랭보는 계속해서 "당시에는 베르사유 정부 지도자들에게 대한 풍자화가 대단히 유행했는데, 이 풍자화들을 살펴보면 티에르, 피카르, 파브르 등의 정치인들을 주로 풍뎅이 같은 곤충으로 비유하고 있는 걸 알 수 있을 겁니다. 날아다니는/도둑질하는 곤충(insectes qui volent) 말이죠" 하고 덧붙였다. 나는 이제야 랭보가 왜 "vol"이라는 단어를 사용한 것인지 알 수 있었다.

랭보는 나를 방돔 광장 한가운데로 이끌고 가면서 당시 상황을 설명해 주기 시작했다. 랭보는 눈을 반짝거리며 "코뮈나르들이 나폴레옹 상을 무너뜨릴 땐 정말 전율하지 않을 수 없었죠!" 하고 외쳤다. 정말이지 그의 눈은 웅웅거리는 소리 속에서 코뮈나르들이 나폴레옹 상을 무너뜨리는 그 장면을 보고 있는 것처럼 보였다. 그러다 갑자기 그의 얼굴은 어두워졌다. "그런데 지금 이 광장을 보세요! 온갖 썩어빠진 악종들이 판을 치고 있는 이 광장은 더 이상 인터내셔널 광장으로 불릴 수 없는, 혁명 이전으로 후퇴한 것만 같아요. 그렇지 않나요?"라고 말하며 괴롭다는 듯이 두 손으로 얼굴을 감쌌다.

랭보는 전형적인 급진공화주의자들처럼 코뮌을 지지했다고 한다. 이 시기에 그는 코뮌에 대한 희망을 노래하거나 혹은 실패로 끝난 역사에 대한 아픔을 시로 남겼다. 그와 대화를 하다보니, 랭보가 파리 코뮌에 직접 참여했는지는 정확히 알 수 없지만 어쨌든 그가 공화주의 성향을 가지고 있었다는 것과 코뮌을 지지했다는 것은 확실한 듯 했다.

"1871년 2월 말부터 3월 초 사이, 나는 파리 코뮌이 태동하기 직전 파리에 있었어요. 그리고 곧이어 결성된 코뮌의 투쟁 과정과 최후의 비참한 몰락까지 경험했죠." 이 말을 하는 내내 랭보는 어두운 표정이었다. 나는 분위기를 좀 바꿔보고 싶었다. 그래서 나는 "그렇지만 당신은 그런 상황 속에서도 새로운 삶의 도래를 희망하고 노래하지 않았나요?" 하고 물었다. 그는 역시나 결연한 태도로 "고통이 엄청나요. 하지만 강해져야만 해요. 시인으로 다시 태어나야만 하니까요."[1] 하고 말했다.

랭보는 다시 앞에서 중얼거렸던 자신의 시에 대해 좀 더 설명했다. "나는 〈파리의 전가〉에서 파리지역을 폭격한 베르사유 군을 비난하고 그에 대한 복수를 다짐하고 싶었어요. 특히 티에르와 파브르 그리고 피카르에 의해 구현된 사회 질서를 조롱하고 풍자하려 했어요." 티에르에 대한 랭보의 이러한 증오는 급진공화주의자이자 특히 코뮌주의적 성향을 가진 랭보를 생각한다면 쉽게 이해가 되었다.

랭보는 "매독 환자들, 바보들, 왕님들, 꼭두각시들, 복화술자들아,/ 너희들의 영혼과 몸, 너희들의 독毒, 너희들의 누더기가/ 갈보가 된 파리에서 무엇을 할 수 있단 말인가?/ 그 갈보가 주문 많고 썩어빠진 너희들 때문에 몸을 흔들어대는군!" 하고 독설을 내뱉었다. 이건 나중에 찾아보니 「파리의 통음난무, 파리에 다시 사람이 끓다」라는 글이었다. 그런 후 그는 "코뮌이 몰락하고 베르사유 정규군이 승리로 끝난 이후 파리의 풍경이란 처참했어요. 보불 전쟁이 종결된 후 파

1 이 문장은 이장바르에게 보낸 편지에서 랭보가 쓴 구절이다.

리로 다시 돌아와 향연과 권력욕에 탐닉하며 제국의 도시로 파리를 복원하고자 하는 썩어빠진 악종들이 가득했어요"라며 다시 한 번 증오가 가득 찬 채 격앙된 목소리로 말했다.[2]

나는 "하지만 지금 파리는 아름답지 않나요? 당신이 말하는 대로 파리가 썩어빠진 악종들로 가득하다면 지금까지 이렇게 아름다울 수 있겠어요? 혁명은 지나갔지만 우리는 또 다시 역동적이며 물결치는 도시의 모습을 이곳에서 확인할 수 있어요. 시간이 늙어가듯이 장소도 늙어가고 우리의 육신도, 우리의 기억도 다 늙어가는 거라고요!" 하고 말했다.

나는 이렇게 아름다운 곳에서 영원히 머물며 사는 랭보가 지금의 파리를 보고 절망하기만 하는 것이 이해가 되지 않았다. 내 생각에 랭보는 아마도 젊어서 죽었기 때문에 늙음만큼은 경험하지 못한 듯했다. 랭보보다 1세기 이상 늦게 태어났지만 나는 어느 새 그보다 더 늙었음을 실감한다. 랭보는 뭔가 또 다른 생각에 빠진 듯이 나에게 인사도 건네지 않은 채 고개를 숙이고 반대편 골목으로 사라졌다.

혹시나 했던 대로 랭보가 파리 가이드를 해주는 건 역시 기대하지 말았어야 했다. 방돔 광장에 대해서는 인터넷을 뒤져 보는 게 더 나을 것이었다. 하지만 영원한 소년 랭보를 파리에서 만나 이야기를 할 수 있었던 건 행운이었다. 자, 이제 점심 식사를 하고 에펠탑을 보러 가야 할 시간이다.

<앙젤리나의 집> 몽블랑
http://www.angelina-paris.fr

배가 고파진 나는 근처의 튈르리 공원에서 파는 샌드위치를 사서 먹기로 했다. 〈폴Paul〉이라는 유명한 프랜차이즈 빵 가게가 공원 내에 테이크아웃 샌드위치, 빵, 음료수 등을 파는 작은 간이식당을 운영하고 있었다. 나는 빵 안에 파리지앵 햄과 에멘탈 치즈가 들어간 샌드위치와 오렌지 주스를 사서 공원 의자에 앉아 주변을 둘러보며 점심식사를 마쳤다. 근처에 유명한 디저트 카페가 있다고 해서 여행 책자를 뒤져 찾아갔다.

2 <파리의 향연>이란 시는 코뮌이 몰락하고 베르사유 정규군의 승리로 끝난 직후의 파리를 배경으로 삼고 있다고 해석된다. 하지만 이 시가 코뮌이 아니라 보불 전쟁에서 프러시아 군에 의해 점령된 파리의 모습을 그리고 있다는 견해도 존재한다. 하지만 보통 베를렌이 『저주받은 시인들』에서 이 시가 피의 주간 직후에 쓰였다고 분명히 한 후 이 시는 베르사유 정규군의 승리 후 파리 모습을 그렸다는 견해가 사실로 채택되었다.

에펠탑 La Tour Eiffel

에펠탑은 프랑스 교량기술자 에펠Gustave Eiffel에 의해 만들어진 탑으로 1889년 파리 만국박람회를 위해 건설되었다. 소브스트르Stephen Sauvestre, 쾨쉴랭Maurice Koechlin, 누기에Emile Nougier, 콩파뇽Jean Compagnon가 공동으로 참여하였다.

당시 약 300m의 높이로 그 이전에 건설된 어떤 건물 보다 높았으며 1930년 미국 뉴욕 크라이슬러빌딩이 세워지기 전까지 41년간 세계에서 가장 높은 건축물이었다. 탑에는 저층부(지상 57m), 중층부(지상 115m), 상층부(지상 276m) 3개소에 각각 전망 테라스가 있다. 곰

에펠탑

튈르리 공원에서는 걸어서 10분도 걸리지 않았다. 1903년 문을 연 〈앙젤리나의 집〉은 리볼리가 226 번지에 위치하고 있는데(226 Rue de Rivoli 75001 Paris), 몽블랑과 쇼콜라쇼(핫초코)가 유명하다. 몽블랑은 단어 그대로 직역하면 '하얀 산'이라는 뜻인데, 밤을 으깨 만든 크림을 과자 위에 국수처럼 뿌려 놓은 케이크다. 도착했을 때는 다행히 자리가 있어서 대리석으로 만든 작은 테이블에 앉아 몽블랑 케이크와 쇼콜라쇼를 주문했다. 밤을 으깬 크림은 아주 달콤하면서 쫄깃했고, 안쪽에 가득 든 크림은 고소하고 아래쪽 머랭도 굉장히 맛있었다.

피곤해진 몸을 달콤한 케이크와 쇼콜라쇼로 달랜 후 천천히 에펠탑으로 향했다. 튈르리 역에서 우선 1호선을 타고 세 정거장을 가서 프랭클린 루즈벨트 역에서 9호선으로 환승한다. 거기서 세 정거장을 더 가면 트로카데로Trocadéro 역이 나오는데 거기서 하차하면 된다. 나와서 세느 강 쪽으로 몸을 돌리니 거대한 에펠탑이 바로 눈앞에 나타났다. 트로카데로는 거대한 에펠탑을 한 눈에 조감할 수 있는 위치이다. 갑자기 나타난 놀라운 광경에 넋을 잃고 있다가 3시 약속시간을 확인하고 약속 장소인 트로카데로 바로 옆 인류 박물관Musée de l'homme 정문으로 향했다. 기다린지 5분 쯤 지났을까, 그 때 기욤 아폴리네르Guillaume Apollinaire(1880-1918)가 나타났다.

그는 내게 다가오자마자 인사도 하지 않은 채 "당신은 어디서 왔어요? 중국? 일본?" 하고 물었다. 내가 한국에서 왔다고 하자, "그렇군요. 한국인이 보기에 에펠탑은 어떤가요? 아름답나요?" 하고 물었다. 나는 너무 당연한 듯 멋지다고 대답하자 그 역시 "그렇죠! 에펠탑은 프랑스의 힘을 상징하는 멋진 건축물이랍니

다."라고 말했다.

그는 한국인들에게 에펠탑이 얼마나 유명한지 잘 모르는 듯 했다. 그는 에펠탑에 대해 장황하게 설명하기 시작했다. "19세기 후반에 세워진 에펠탑은 건축 당시 수많은 논쟁을 불러일으켰지만, 지금은 에펠탑이 없는 파리는 상상하기 힘들게 되었습니다. 좋건 싫건 에펠탑은 프랑스 문학, 블레즈 상드라스, 레이몽 크노, 장 콕토 그리고 저에게도, 뿐만 아니라 조형 예술과 영화에까지 방대한 영향을 미쳤고 영감의 원천으로 기능했습니다. 파리지앵들이 꼽는 파리의 명소는 분명 관광객들이 생각하는 명소와는 다를 수 있겠지만, 누가 뭐래도 에펠탑은 파리의 상징이자 프랑스의 상징이라 해도 과언이 아닐 거예요."

우리는 줄을 서서 30분 정도 기다린 후 에펠탑에 올라 갈 수 있었다. 기다리는 내내 에펠탑에 대한 그의 자부심이 가득 담긴 설명을 들어야 했다. 엘리베이터를 타고 올라가 우리는 2층에서 내렸다. 그는 갑자기 성큼성큼 왼쪽에 있는 노인에게로 다가가더니 "모파상 선생님, 안녕하세요? 한국인 관광객에게 에펠탑을 소개하고 있는 중이예요. 선생님은 오늘도 식사 하러 오셨나 보군요?" 하며 인사를 했다. '저이가 바로 기 드 모파상Guy de Maupassant(1850-1893)이구나!' 하고 나는 그에게 다가가 "안녕하세요! 모파상 선생님. 만나 뵙게 되어 영광입니다. 선생님의 소설들은 한국에서도 아주 유명하답니다. 그런데 선생님은 에펠탑에서 자주 식사를 하시나봐요? 저도 여기서 한 번쯤 식사를 하고 싶어지네요." 하며 아는 척을 했다. 그러자 그는 인상을 잔뜩 쓰면서 "예전이나 지금이나, 프랑스인이나 한국인이나 이 빌어먹을 철덩어리를 보면서 좋아하는 걸 도무지 이해할 수가 없어!" 하고 중얼거렸다. 당황한 나는 "그럼 선생님은 왜 여기서 식사를 하시는 건가요?"라고 물었다. 그러자 그는 "그건, 파리 시내에서 에펠탑이 보이지 않는 유일한 곳이 바로 여기이기 때문입니다."라고 대답을 하는데, 나는 더 이상 무슨 말을 해야 할지 생각이 나지 않아 멍하니 서 있었다. 모파상은 내가 그의 소설을 읽으면서 짐작했던 대로, 대단히 무서운 냉소가 느껴지는 사람이었다. 아마도 당시 사람들은 '벨 에포크(좋은 시절)'라며 즐거워하는 시기에, 그는 세기말의 허무주의에 빠져 오히려 극단적인 냉소와 광기를 가지에 된 것이 아닐까 하는 생각이 들었다. 다행히 기욤이 "자자, 모파상 선생님은 이제 조용히 식사하도록 놓아 드리고, 저리로 가지요. 멀리서 오셨으니 내가 직접 에펠탑의 역사에 대해 설명해 주도록 할게요."라며 나를 반대편으로 이끌었다.

아폴리네르는 에펠탑이 1889년 프랑스혁명 100주년 기념으로 개최된 파리 만국박람회를 위해 처음 만들어졌다고 설명해 주었다. 만국박람회(대박람회Grand Exhibition)는 1851년 영국에서 처음 시작되었는데 이는 명분상으로는 '인류의 발전과 지구 평화'를 위한 것이었지만, 실제로는 제국주의의 위세를 과시하기 위한 것이었다고 한다. 즉 자국의 과학기술의 발전과 진보를 뽐내는 장이었던 것이다. 영국의 런던박람회는 유리로 만든 '수정궁'으로 유명해졌는데, 관람객들은 눈부시게 빛나는 전시관의 아름다움에 놀라고, 또한 증기기관차, 전자현미경 등 전시된 최신 기계들에 다시 한번 놀랐다고 한다.

그의 설명 중 놀라운 점은, 지금은 에펠탑 없는 파리를 상상할 수 없지만 에펠탑이 파리 만국박람회에 출품되었을 당시에는 20년으로 그 수명을 한정했기 때문에 1910년경부터는 많은 사람들이 에펠탑을 해체하라고 주장했다는 사실이다. 하지만 다행히 시민들의 반대운동과 첨단 장비의 도움으로 그 외관이 화려해진 덕에 에펠탑은 해체 위기를 모면할 수 있었다.

에펠탑은 19세기 산업혁명이 절정인 무렵에 만들어졌다. 그 이전에는 건축이란 보통 궁중건축, 박물관, 교회건축물 등 품격 높은 건축

Georges GAREN, 1889년 만국 박람회 시기 에펠탑의 조명
http://www.histoire-image.or

파리 만국박람회 Exposition Universelle de à Paris

19세기 중반 이후 만국박람회는 1855년, 1867년, 1878년, 1889년, 1900년 파리에서 개최되었다. 런던과 경쟁하던 파리는 수정궁에 뒤쳐진 상황을 만회하기 위해 1867년 박람회에서는 타원 모양의 유리건물을 짓는 등 신건축운동 양식의 건축물을 지었지만 그 영향이 수정궁에는 미치지 못하였다. 하지만 1878년 개최에 이어 프랑스 대혁명 100주년을 기념한 1889년 박람회에서는 에펠탑과 기계관Galerie des Machines을 남기며 수정궁을 능가하는 큰 성과를 이루었다. 1900년 박람회에서는 파리에서 가장 아름답다는 알렉상드르 3세 다리가 건설되었다.

파리 만국박람회는 나폴레옹 3세의 과대망상적인 거대도시 건설의 몽상과 생-시몽주의자들의 산업 유토피아 구상이 결합되어 실현된 작품이라는 비판도 있다. 박람회의 목적이 철골과 유리를 이용해 일상공간과는 동떨어진 거대공간을 만들고 그 안에 모든 물건들을 전시하는 것으로 상품의 사용가치보다 교환가치를 신성화한다는 것이다. 그래서 파리 만국박람회는 부시코Aristide Boucicaut가 백화점이라는 스펙터클한 공간을 만들 수 있었던 배경이 되기도 했다.

파리 만국박람회 포스터
http://www.moncornerbio.com

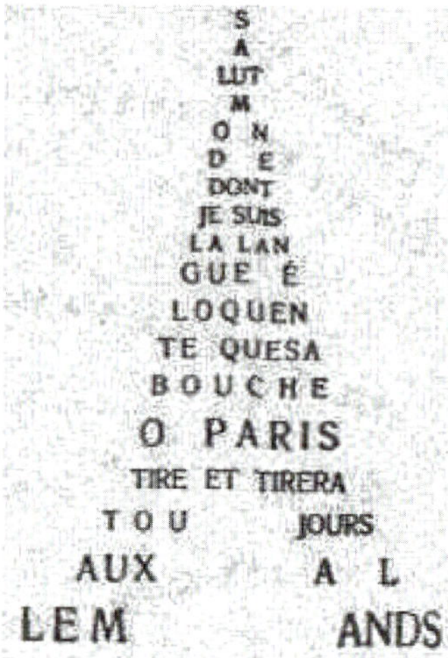

아폴리네르의 타이포그래피 시

예술에 집중했고 주로 석조건축을 통해 위엄과 권력을 표현했다면, 점차 새로운 건축 재료의 발명과 건축방법의 발전 덕분에 새로운 건축 양식이 실험되기 시작했다. 석조건축에서 주로 장식적인 기능만을 담당했던 주철, 단철, 유리, 강철 등은 점차 새로운 산업시대에 걸맞은 재료로 각광받기 시작했고, 철교, 공장, 백화점, 철도, 만국박람회의 전시관 등 새로운 시대의 건축물을 짓는데 적극적으로 사용되었다. 하지만 당시는 건축과 미술에 대한 평가가 새로운 국면을 맞이하면서 사람들의 의견도 양분되던 시기였다. 즉 고전적인 아름다움을 추구하는 이들과, 새로운 재료로 만든 새로운 형식에 열광하는 이들 간에는 메울 수 없는 간극이 존재하고 있었다. 고전적 아름다움을 추구하는 이들에게 건축은 조형예술의 일종이지만, 이 새로운 형식을 옹호하는 이들에게 건축은 예술가가 아니라 엔지니어의 영역에 속하는 것이었다. 따라서 모파상이나 플로베르, 졸라 등의 작가들을 위시한 많은 이들은 이 새로운 건축을 예술로 이해하기보다는, 끔찍한 철덩어리 정도로 간주하여 빨리 해체할 것을 촉구했던 것이다. 갑자기 조금 전 만난 모파상의 말이 떠올랐다.

누군가의 눈에는 대단히 멋진 건축물인데, 누군가의 눈에는 끔찍한 철덩어리라니……. 아름다움이라는 것이 역사와 사회의 여러 요인들에 의해 영향을 받는 지극히 상대적인 것이라는 생각에 미치자 앞으로 100년이 흐른 후 이 에펠탑의 운명은 과연 어떻게 될까 하는 생각이 들어 다시 에펠탑을 바라보았다. 그런 내 생각을 읽기라도 한 듯이 "하지만 저는 꼭 그렇다고 생각하지 않아요."라고 기욤이 말했다.

광고전단지, 신문, 카탈로그, 포스터 등을 시로 변형시킨 대단히 개방적이고 전위적인 기욤 아폴리네르 같은 이의 평가는 확실히 다른가 보다 하는 생각이 들었다. 새로운 시대와 현재를 비판하기보다 그것을 수용하고 그것에 지독하게 매달리는 아폴리네르는 현대 프랑스 시의 개척자로 평가된다. 그는 단순히 내용뿐만 아니라 형식 자체도 완전히 새로운 시의 시대를 개척했다. 나는 그에게 에펠탑을 어떻게 생각하는지 물었다. 그러자 그는 타이포그래피 하나를 내게 내밀었다. '타이포그래피'란 글꼴이나 문장 모양, 행간 등을 이용하여 문장을 도형화하는 시각디자인이다. 자세히 보니 이것은 아폴리네르의 시다. 그는 내게 이 시에 자신이 언어를 통해 에펠탑의 형상을 재현했고, 독일인에 대한 프랑스의 힘을 표현하고 있다고 설명했다. 그의 목소리에서 프랑스와 에펠탑에 대한 엄청난 자부심이 느껴졌다. 전쟁으로 얼룩진 그의 시대와 부상으로 다리를 저는 그를 보니 그 자부심이 좀 다르게 느껴졌다. 그런 생각에 빠져 있는 내게 그는 뜬금없이 미라보 다리를 아느냐고 물었다. 나는 당연히 미라보 다리를 알고 있고, 또한 "미라보 다리 아래 세느 강이 흐르고 우리들의 사랑도 흐른다"고 그가 노래했던 것도 알고 있다고 대답했다. 그러자 그는 밝은 얼굴로, 미라보 다리 역시 에펠탑과 마찬가지로 철제로 만들어졌다고 말해주었다. 그는 새로운 시대, 새로운 산업의 시대의 기념비가 바로 에펠탑과 미라보 다리라고 생각했던 모양이다. 사실 나는 미라보 다리를 보면서 다른 많은 아름다운 세느 강 다리를 두고 왜 아폴리네르는 이 평범하고 심지어 볼품없는 다리를 소재로 시를 썼을까 궁금했던 적이 있었다. 현대의 나에게 철이라는 건축 재료가 주는 느낌과 산업 시대가 막 시작되는 그 순간에 기욤이 느꼈을 철에 대한 느낌은 완전히 다른 것임은 분명할 것이다.

아폴리네르는 에펠탑이 세워졌던 시기는 흔히 '벨 에포크La Belle Époque(좋은 시절: 풍요와 예술이 넘쳐났던 프랑스의 19세기 말)'라고 불린다고 했다. 그는 계속해서 "이 시기는 산업의 발전과 대단히 풍부한 문화의 급증으로 특징지어지는 평화와 낙관주의가 지배했던 시기로, 1889년과 1900년의 파리 만국박람회는 이 시기의 상징적인 사건이죠."라고 덧붙였다. 그러면서 내게 혹시 이 시기가 '자포니즘'이 도입된 시기인데, 자포니즘에 대해 좀 아느냐고 물었다. 나는 사실 유럽인들이 나를 처음 만날 때마다 "일본인이냐"고 물으면서, 일본인이라면 할 말이 아주 많다는 듯이 쳐다보는 그런 걸 아주 싫어한다. 그런데 기욤이 '자포니즘' 이야기를 하니 약간 짜증이 났다. 내 기분과 상관없이 그는 이 시대에 "벨 에포크의 산업 발전은 예술과 산업의 영역에 '자포니즘'을 도입하는 계기가 되었습니다. 즉 산업화 시기 유럽 국가들은 대량생산화로 인해 장식예술품이 질적으로 하락하는 문제에 직면하게 되었고, 이 문제를 해결하기 위해 새로운 예술 취향을 개발해 내야 할 필요가 생겨난 것이죠. 이에 따라 주목받은 것이 이국적 취향을 자극하는 아시아의 예술이었고, 이는 19세기 후반 프랑스에서의 자포니즘의 유행을 가져왔습니다."고 설명하기 시작했다. 그는 자포니즘과 시누아즈리 등의 이국적인 취향에 대단히 관심이 많다며 내 의견을 물었다.

그래서 나는 자포니즘이 프랑스의 정치적, 사회적인 상황 속에서 필요에 따라 도입되고 사용된 것이라며 그런 식으로 아시아를 다루는 것은 대단히 불쾌한 일이라고 이야기했다. "아시아는 당신들에게 영감을 주려고 있는 것이 아닙니다."라는 말로 시작한 나는 유럽인들이 가진 오리엔탈리즘은 어쩔 수 없는 거라는 식으로 이야기를 하자 그는 무안한 표정을 지으며 자신이 동양에 대해 동양인처럼 생각할 수 없는 것은 당연하다고 했다. 그가 크게 잘못한 것 같지도 않고 내가 좀 심했나 싶어 조금 누그러진 표정으로 나는 이참에 우리 기메 박물관에 한번 가보자고 제안했다. 그런데 그는 오늘 저녁에는 시간이 없다며 내일 오전이라면 가능하다고 말했다. 나는 안 그래도 내일 오전에 기메 박물관에 가려고 계획했었기 때문에 더 잘 됐다고 생각하고 내일 11시에 기메 박물관 앞에서 만나자고 약속을 정했다. 우리는 에펠탑을 내려와 트로카데로 역에서 작별 인사를 했다. 호텔로 돌아와 내일 기메 박물관에 가는 길을 지도로 확인하고 잠자리에 들었다.

5월 27일

잠에서 일찍 깬 나는 페르 라셰즈Père Lachaise 묘지에 들렀다가 기메 박물관에 가기 위해 호텔을 일찍 나왔다. 오늘은 새벽에 비가 많이 오는 것 같더니, 오전에도 쌀쌀하면서 비가 약하게 내리고 있었다. 이런 날 공동묘지라니, 뭔가 어울리는 듯 했다. 일단 베르시 역에서 6호선을 타고 종점 나시옹Nation 역에서 내려서 2호선으로 환승해서 네 정거장만 더 가면 페르 라셰즈 역이다. 내려서 작은 도로만 건너면 바로 공동묘지로 들어갈 수 있다. 파리에는 곳곳에 이런 공동묘지가 시내 한복판에 자리 잡고 마치 공원과 같은 기능을 한다. 몇 년 전에 파리에 왔을 때 보았던 오스카 와일드(1854-1900)의 묘지를 다시 보고 싶어서 이번에도 이곳에 꼭 오고 싶었다.

오스카 와일드는 19세기 말 '벨 에포크' 시절의 파리에서 말년을 보내면서 보들레르, 베를렌, 비어즐리 등과 함께 탐미주의, 퇴폐향락주의, 악마주의 등을 주창했다. 이들은 새로운 시대에 대한 기대와 더불어 세기말적 우울과 나른함을 표현하는 데 적극적이었다. 취기가 한창 오른 채로, 불타는 압생트 술을 바라보며

리모델링 전의 오스카 와일드 묘석. 온통 키스 자국이다

페르 라셰즈 공동묘지 Père Lachaise Cemetery

프랑스 파리 제20구에 위치한 거대한 공동묘지이다. 1804년 나폴레옹 1세(1769-1821)에 의해 세워진 이 정원식 공동묘지는 루이 14세(1638-1715)의 고해신부이자 파리의 대주교였던 드 라 셰즈Père François de la Chaise(1624-1709)의 이름을 땄다고 전해진다. 쇼팽, 발자크, 프루스트, 모딜리아니, 이브 몽땅, 비제, 알퐁스 도데, 짐 모리슨, 오스카 와일드, 이사도라 던컨, 마리아 칼라스 등 유명인들의 묘가 있다.

또한 페르 라셰즈는 아름다운 정원식 묘지로 유명하다. 무덤을 둘러싼 섬세한 조각들과 잘 가꿔진 정원은 방문객들에게 깊은 인상을 주고 있다. 뿐만 아니라 1871년 파리 코뮌 때 코뮌파 국민병들이 이곳에서 총살당한 아픈 역사가 있다. 그래서 묘지 남동쪽 한편에 위치한 코뮌의 벽Communards' Wall은 프랑스 좌파의 정치적 상징으로 여겨지는 유적으로 이 공동묘지의 가치를 더욱 높이고 있다.

찬사를 늘어놓는 그의 모습이 떠올랐다.

그의 묘지를 다시 찾고 싶었던 이유는, 이곳을 찾은 수많은 여성 팬들의 키스 자국 때문에 묘석이 부식되기 시작해서 묘지를 유리벽으로 감싸는 작업을 했다고 들었기 때문이다. 새 작업을 하면서 키스 자국을 다 없앴다고 하는데, 그 기사를 보면서 나는 '유리벽에 둘러싸인, 키스 자국이 없는 오스카 와일드의 묘지라니……. 신체를 억압하는 모든 것을 거부했던 오스카 와일드가 왠지 좋아하지 않을 것 같다'고 생각했었는데 아무튼 내 눈으로 확인을 해 보고 싶었다. 감미로운 소리를 속삭이다가 어느 순간 찢어지는 듯한 악마의 소리로 독자들을 압도하는 그의 문장들은 많은 이들을 매혹시키고 그에게 키스를 퍼붓게 했을 것이다. 그 아름다움은 많은 이들의 사랑을 그에게 가져왔지만, 이제는 그들의 사랑으로 인해 그 자신은 부식되기 시작한 이 아이러니! 그것도 역시 오스카 와일드의 운명일까?

그런데 공동묘지에 도착하니 비가 너무 많이 와서 걷기가 힘들었다. '갑자기 무슨 비가 이렇게도 내리는지' 하고 중얼거리며 나는 묘지 비석들 아래에서 비를 피하기를 기다렸다. 시간이 조금 지나자 비가 여전히 보슬보슬 내리고 있는데 햇빛이 비치기 시작했다. 그런데 비를 피하며 서 있는 내 눈에 맞은 편 묘지에 조각된 우는 여인상이 들어왔다. 비와 햇빛이 뒤섞인 채, 여인들의 흐느끼는 울음소리에 죽은 자들이 살아날 것만 같은 분위기가 연출되었다. 뭔가 죽은 자들과 산 자들이 교감하는 순간이랄까…….

페르 라셰즈 공동묘지의 조각상1.
얼굴을 가리고 우는 여인들이 인상적이다.

페르 라셰즈 공동묘지의 조각상2.
오래된 이끼가 세월의 흔적을 느끼게 한다.

그러다 시계를 보니 벌써 10시가 넘었다. 기욤과의 약속 시간에 늦지 않으려면 이제 오스카 와일드를 평화롭게 내버려둘 시간이다. 다음 기회에 다시 만날 것을 다짐하며 지하철로 뛰어 갔다. 3호선을 타고 아브르 코마르탱Havre Caumartin 역에서 내려서 9호선으로 환승해서 이에나Iéna역에서 하차했다. 다행히 어제 지도를 봐두었기 때문에 박물관까지 길은 쉽게 찾을 수 있었다. 이 박물관은 파리 16구 이에나 광장 6번지에 위치하고 있다(6, place d'Iéna, 75116 Paris). 이미 기욤은 도착해서 정문에서 나를 기다리고 있었다. 인사를 나누며 기욤은 자신은 오늘 기메 박물관에 처음 방문하는 것이라고 말했다.

그러면서 자신이 어제 저녁에 기메 박물관에 대한 공부를 좀 했다며 멋쩍게 웃었다. 그런 기욤을 보면서 나는 관광 안내인으로서의 책임감을 다하려는 모습이 참 좋아 보이면서, 또 다른 한편으로는 괜히 같이 오자고 해서 부담을 줬나 하는 생각도 들었다. 그러는사이 그는 이미 에밀 기메Emile Guimet에 대한 설명부터 시작했다.

"에밀 기메는 공업용 도료 공장을 경영하며 막대한 부를 획득한 기업가였는데 19세기 사회 교육 사상에 영향 받아 박애주의와 가부장적인 가치관을 가지고 있었다고 합니다. 이집트 여행을 통해 고대 종교에 심취하게 된 그는 파리 동양학 연구 학회에 가입했고, 자포니즘 화가였던 펠릭스 레가미와 일본을 방문했는데 9주 동안 체류하면서 불상 및 종교 조각상을 수집했고, 1879년 마침내 자비로 리옹에 기메 박물관 설립했어요." 나는 그 설명을 듣고 "아니 그럼 기메 박물관이 리옹에도 있는 건가요?" 하고 되물었다. 그러자 기욤은 기다리라는 듯한 몸짓을 하더니 설명을 이어갔다. "아니요. 문제가 생겼는데. 가톨릭 영향 하에 있던 보수적인 리옹 시민들은 동양 불교 유물에 전혀 관심이 없었다는 문제죠. 결국 그는 1882년 파리로 박물관을 이전하여 동양학 연구자들에게 유물과 문헌 연구가 동시에 진행될 수 있는 공간을 제공할 계획을 세우게 됩니다. 막대한 이전 비용 때문에 그는 프랑스 정부에 파리 중심지에 기메 박물관과 같은 구조의 건물을 건립해준다면 자신의 모든 유물을 국가에 기증하겠다고 당시 교육부 장관 쥘 페리에게 제안했고, 이 제안은 수용되었습니다. 마침내 1888년 파리로 이전되고, 현재 이 기메 박물관의 정식 명칭은 동아시아 예술박물관입니다." 그는 여기까지 설명을 마친 후 "왜 쥘 페리는 이 제안을 수용했을까요?" 하고 내게 질문을 했다. 나는 당시 공화주의자들이 문득 떠올랐다. "아마 제3공화국의 정교분리 원칙 때문이 아닐까요?"라고 대답하자, 기욤은 "그렇죠! 이 박물관이 그 원칙을 강화해 줄 것으로 기대되었던 거겠죠. 1880년 프랑스 정부는 많은 논쟁을 거쳐 정치와 교육에서 종교를 분리시키는 정교분리 원칙을 수립하던 시기였습니다. 정교분리정책을 지지하던 공화주의자들이 보기에 유럽을 능가하는 고대 역사와 문화, 예술을 가진 동양 문명은 가톨릭이 아닌 고등 종교가 존재한다는 사실을 확인해 주고, 자연스레 가톨릭의 종교적 절대성을 희석시키며 종교를 역사적 산물로 해석할 수 있게 해 줄거라 생각했던 거죠"라고 설명을 마쳤다. 박물관이 건립되고 이전되는 모든 사건들이 정치, 경제, 사회적인 이유들과 밀접하게 연관되어 결정되는 것이다. 나는 다시 한번 예술이라는 것이 몇몇 천재적인 개인의 산물이 아니라, 대단히 복잡한 시스템 속에서 생산되고 유통되며 소비되는 것임을 확인할 수 있었다.

동아시아 예술박물관(기메 박물관) http://fr.wikipedia.org

안으로 들어가 박물관 소장품들을 구경하면서 우리는 프랑스 제국주의, 프랑스와 동양의 관계에 대해 이야기를 나누었다. 이미 오래전 17세기부터 유럽 주요 국가들에 동인도 회사가 설립되면서 동방 무역이 활성화되고 특히 도자기와 가구 중심의 중국, 일본의 공예품이 유럽에 유입되기 시작했다. 당시 공예 예술분야에서 뒤쳐져 있던 유럽에서 이들 동양 유물은 미술 애호가들의 주요한 소장품이 되었으며 유럽 문화에서 동양 예술품에 대한 새로운 취향이 형성되었다.

내가 기욤에게 18세기 프랑스 로코코 양식의 특징 중 하나인 비정형성은 동양 예술과의 밀접한 관계 속에서 형성된 것을 알고 있느냐고 묻자 그는 아주 신기한 듯이 그리고 약간은 의심하는 듯이 정말 그러냐고 되물었다. 그래서 나는 중국식 장식 문화가 시누와즈리chinoiseries라는 하나의 독립된 양식으로 발전하여 18세기 유럽의 회화, 건축, 정원 및 장식 예술에 지대한 영향을 미쳤다는 사실, 그리고 이와 함께 18세기 중반부터 유럽 지성계에 고대사 연구가 활발해지면서 동양의 고대 역사에 대한 관심도 고조되었으며 이 시기에 북경에 파견된 예수회 선교사들에 의해 다양한 고고학 유물과 서적이 유럽에 소개되었다는 사실을 설명해 주었다.

기욤은 아편전쟁 이후에 중국과 프랑스의 관계가 발전했고, 그 때부터 중국의 문물들이 많이 소개되었다는 것을 알고 있다고 말했다. 나는 "맞아요. 19세기 전반에 프랑스 사회에서 동아시아 예술품 애호가는 점차 사라졌다가 아편전쟁을 계기로 새로운 전환점을 맞게 되죠. 1843년 프랑스 정부는 중국에 정부 파견단을 보내어 양국 간의 상업적 교류를 도모했고, 이 조사단은 공산품뿐 아니라 중국의 장식 예술과 순수 예술품들을 장르별로 수집, 이송했습니다. 그리고 1860년 제2차 아편전쟁 때 영국과 프랑스 연합군이 북경을 향해 진격하는 도중 황제의 여름 별장으로 쓰였던 원명원을 발견해서 황제의 소장품들을 약탈하여 1861년 파리 튈르리 공원 내 마르산관에서 전시를 했죠." 이 대목에서 그는 얼굴을 찌푸렸다. 그러고는 곧 무언가 떠올랐다는 듯이 "아, 나는 그것에 관한 위고의 글을 본 적이 있어요!"라고 말했다. 당시 빅토르 위고는 언젠가 이 훔쳐온 물건들을 중국에 되돌려주어야 할 것이라면서 강한 어조의 글을 썼는데, 그걸 기욤이 읽은 것 같았다.

1870년대, 프랑스 사회에는 차츰 이국적 취향을 만족시키고 실내 장식을 목적으로 한 동양 예술품 수집 경향에서 벗어나 학문적 탐구와 보편적 미학을 기반으로 동양 문화를 이해하려는 새로운 소장가 그룹이 형성되기 시작했다. 기메 박물관의 설립자 에밀 기메 역시 그런 그룹의 일원이었다. 박물관을 둘러보면서 이런 저런 자료들을 보다보니 동양은 동양학의 영역뿐 아니라 상업과 예술의 영역에까지 큰 영향을 미치게 되었고, 프랑스 인상주의 회화의 한 축을 담당하게 되었다는 것을 확인할 수 있었다. 모더니즘이 시작되던 당시 새로운 회화의 양식에 목말라 있던 프랑스 화가들에게 당시 공산품을 포장하는 종이에 그려진 일본의 우끼요에는 새로운 회화의 시작을 알리는 계기가 되었다. 고흐, 드가, 세잔, 고갱, 마티스 등, 당시 프랑스 화단은 일본풍이 유행이었다. 그 외에도 피에르 보나르Pierre Bonnard, 에두와르 뷔야르Edouard Vuillard 등은 자칭 '나비파Les Nabis'를 형성했는데, 이 새로운 형식의 작품은 일본의 우끼요에 판화의 영향을 직접적으로 받았다. 이런 생각을 하다 보니, "과연 한 나라의 문화 혹은 문화적 정체성이라는 것이 무엇일까?"라는 의문이 들었다. 우리는 흔히 프랑스 문화, 한국 문화라는 말을 쉽게 사용하지만, 사실 프랑스 문화는 (한국 문화도 역시) 문화적 잡종이다. 다시 말해 한 나라의 문화라는 것은 역사의 흐름 속에 수많은 지배와 피지배, 교류와 소통, 침략과 저항의 과정 속에서 유입된 문화적 요소들이 기존에 존재하고 있던 문화적 요소들와 결합하여 만들어낸 완전히 새로운 것인 셈이다. 이것을 과연 프랑스적인 것, 한국적인 것이라고만 말할 수 있을까? 하는 의문도 들었다. 내가 이런 생각에 빠져 있을 때 기욤은 조만간 다시 오르세 미술관에 가서 인상파 작품들을 다시 봐야겠다고 말했다. '아, 나도 이번 파리 여행에서 오르세 미술관에 갈 시간이 있으면 좋으련만……' 아무래도 이번엔 좀 힘들지 싶어 아쉬웠다.

Henri de Toulouse-Lautrec, Moulin Rouge: La Goulue, 1891
http://fr.wikipedia.org

기메 박물관을 한번 둘러보고 잠시 카페테리아에 앉아서 기욤과 이야기를 조금 더 나누었다. 그는 내게 자포니즘으로 유명한 화가들 중 앙리 드 툴루즈 로트렉Henri de Toulouse-Lautrec(1864-1901)을 아냐고 물었다. 질문이 끝나기도 전에 나는 "물랭 루즈!" 하고 대답했다. 그는 웃으면서 내게 작년에 여행을 왔다면 로트렉을 파리에서 만나볼 수 있었을 텐데 아쉽다고 말했다. 내가 왜 그러냐고 묻자, 로트렉은 지금 고향에 있는 어느 요양소에 있다고 한다. 내가 '불쌍한 로트렉'이라고 중얼거리고 있을 때 기욤은 자포니즘, 로트렉, 몽마르트르 등에 대한 이야기를 계속했다.

툴루즈 로트렉과 물랭루즈의 매니저 샤를 지들러Charles Zidler의 협력자인 트레몰라다Tremolada(1892)
http://fr.wikipedia.org

자포니즘으로 유명한 로트렉의 작품을 보면, 일본 작가들이 가부키 극을 그린 작품들에서 발견되는 과장된 얼굴 표정과 색깔, 테두리 처리 방식들을 확인할 수 있다. 우끼요에의 석판화 기술에 영향을 받아서 그는 자신만의 고유한 자포니즘 회화를 발전시킨 것이다. 툴루즈 로트렉은 작품뿐만 아니라 개인사로도 유명한데, 그의 화가로서의 짧은 생은 몽마르트르 없이는 충분히 이해될 수 없다. 흔히 많은 사람들이 그를 "몽마르트르의 영혼l'âme de Monmartre"이라 부르는데, 그의 작품들은 물랭 루즈나 그 외 다른 카바레와 극장에서의 삶을 잘 묘사하고 있다고 평가된다. 귀족 출신이었던 그는 키가 자라지 않는 병을 앓아 늘 지팡이에 의지해 다녔고, 몽마르트르에 살면서 근처의 카바레나 세탁부, 창녀 등 고전적인 작가들이 관심을 기울이지 않는 사회의 소외된 자들을 주로 그렸다. 그의 작품들 중 당시 파리의 가장 유명한 세 개의 카바레(르 물랭 루즈Le Moulin Rouge, 아리스티드 브뤼앙Aristide Bruant의 미를리톤Le Mirliton, 르 샤 누아르Le Chat Noir)에서 공연되어 성공을 거두었던 공연 장면을 그린 것이나, 공연 포스터 등이 유명하다.

이런 이야기를 하는 중 기욤은 내게 툴루즈 로트렉이 그린 세탁부 그림의 주인공을 아느냐고 묻기에 나는 별 생각 없이 "잘 몰라요. 그녀도 혹시 그의 연인이었나요?" 하고 말했다. 그는 웃으면서 맞다고 대답한 뒤, 그런데 그녀가 화가가 된 것도 알고 있느냐고 물었다. 깜짝 놀란 나는 그 이야기를 좀 더 해달라고 했다. "툴루즈 로트렉 작품의 모델이자 연인이었던 세탁부 마리 클레망틴은 로트렉이 처음이자 유일하게 사랑했던 여인이라고 합니다. 그는 그녀에게 쉬잔 발라동Suzanne Valadon이라는 이름을 지어주며 사랑했지만, 결혼에는 생각이 없어 점차 그녀와 멀어졌죠. 그녀는 로트렉 뿐 아니라 르누아르, 드가 등 당시 몽마르트르의 예술가들 사이에서 뮤즈로 통했다고 해요. 그녀는 음악가 에릭 사티와도 한때 연인이었고, 그 후에는 사티의 친구인 은행가와 결혼하여 부유한 삶을 살게 됩니다. 그러다가 아들의 친구와 또 다시 사랑에 빠지기도 하죠." 이 대목에서 나는 그녀가 어떤 사람일지 정말 궁금해졌다. 그는 나의 호기심을 눈치 챘는지 물을 한 모금 마시고는 이야기를 계속 이어갔다. "그녀는 단순히 화가들의 모델 혹은 연인에 그치지 않고 그림을 직접 그리게 되는데, 로트렉의 부탁으로 에드가 드가가 그녀에게 그림을 가르쳤다고 합니다. 그녀는 18세에 사생아 아들을 낳았는데 그 역시 화가인 모리스 위트릴로Maurice Utrillo예요." 그녀는 로트렉에 버금가는 아니 그 이상의 놀라운 캐릭터의 소유자인 것 같았다. 나는 그녀의 그림이 무척 궁금해졌다. 내가 기욤에게 그녀와 위트릴로의 그림을 어디서 볼 수 있냐고 묻자 몇 년 전에 파리 피나코테크Pinacothèque에서 모자母子의 전시회가 열렸었다고 했다. 그런 전시회를 볼 기회

아베스 역 내 그래피티들

몽마르트르 Montmartre

파리 시내에서 가장 높은 129m의 언덕이다. 오스만 남작Baron Georges-Eugène Haussmann의 파리 도시계획이 실시된 이후 파리로 편입된 지역이기 때문에 비교적 개발이 되지 않았다. 꼭대기에 원래 군신을 섬기는 메르퀴르Mercure 신전이 있었는데 그래서 언덕 이름이 몽메르퀴리였다. 그러나 성 드니 주교의 순교 이후 '순교자의 언덕Mont des Martyrs' 즉 몽마르트르라고 불리게 되었다.

언덕의 꼭대기에 사크레 쾨르 대성당이 있으며 주변에는 순교자 예배당, 성 베드로 성당, 성 요한 성당 등을 볼 수 있다.

뒤편에서 본 사크레 쾨르 성당

사크레 쾨르 성당

가 아마 다시는 없을 거라는 생각에 너무 아쉬워졌다.

아쉬운 마음에 기욤을 쳐다보니 그는 어깨를 한 번 으쓱하고는 자기는 이제 가야 할 시간이라고 말하며 일어섰다. 기욤과 작별 인사를 하고 나는 트로카데로 역으로 향했다. 기욤은 헤어지면서 이번 여행에 몽마르트르에도 꼭 가보라고 조언했다. 호텔로 가려다가 이왕 나선 김에 몽마르트르나 한번 보고 가자는 생각이 들어, 6호선을 타고 샤를 드골 에투알 역까지 가서 2호선으로 갈아타서 피갈Pigalle 역에서 다시 12호선을 타고 한 정거장 더 가서 아베스Abesses 역에서 내렸다. 아베스 역에서는 출구로 나가기 위해 기나긴 계단을 올라가야 했는데, 벽에 그려진 알록달록한 그래피티들로 지루하지 않았다. 예전 여행에서도 몽마르트르에는 와 본 적이 있지만, 사크레 쾨르 성당만 보고 내려왔었는데, 이번에 툴루즈 로트렉 이야기를 듣고 나니 마치 처음 가보는 것처럼 새롭게 느껴졌다.

몽마르트르는 파리 북쪽의 몽마르트르 언덕에 위치한 구역으로, 파리의 대표적인 관광 명소들 중 하나이다. 몽마르트르 언덕은 원래 1900년대까지 시내에서 떨어진 변두리 외곽이었고, 높은 언덕으로 된 동네였다. 19세기 후반 예술가들이 이곳에 몰려든 것은 아마도 싼 임대료에 널찍한 공간을 얻을 수 있었기 때문일 것이다. 이곳에는 유명한 사크레 쾨르 성당을 비롯하여, 다양한 스펙터클의 집산지이다. 20세기 초 많은 예술가들이 드나들었던 카바레, 물랭 루즈, 수많은 극장들, 1928년 탄생한 영화관 스튜디오 28

사크레 쾨르 성당 Basilique du Sacré Cœur

1910년 몽마르트르 언덕의 꼭대기에 하얀 트래버틴 대리석으로 지어진 성당이다. 둥글고 거대한 돔과 섬세한 장식이 인상적인 로마네스크와 비잔틴 양식의 건축물로서 종탑의 높이는 83m에 이른다. 설계를 맡았던 아바디 주니어Paul Abadie Jr.가 1884년 사망하자 5명의 건축가가 그 뒤를 이었다. 이중 마지막 건축가였던 루이-장 월로가 종탑과 연못을 설계하였다.

이 성당은 교구성당이 아닌 바실리카로서, 예수의 성심에 경배하는 순례지이자 독립된 성소이다. 성당 일부는 민족주의에 바탕을 두고 있는데, 포르티코Portico(열주랑)와 세 개의 아치 양옆으로 잔 다르크와 루이 9세의 청동 기마상이 세워져 있다. 그 위의 지붕 바로 아래에는 예수 그리스도의 동상이 벽감 안에 있으며 성당 정면에는 그리스도의 일생을 묘사한 부조 장식이 있다. 또한 앱스apse에는 메르송Luc Olivier Merson이 제작한 세계에서 가장 큰(475㎡) 모자이크를 볼 수 있다. 거대한 아치형 벽면을 감싼 이 황금색 바탕의 모자이크는 승천하는 예수 그리스도를 나타낸다. 성당에서 가장 유명한 타원형 돔은 비늘모양의 빗살무늬가 나 있으며 안쪽으로는 발코니가 있어 스테인드글라스로 장식된 화려한 성당 내부를 볼 수 있다. 끝

*포르티코: 열주로 지붕을 버티고 적어도 한쪽편이 개방되어 있는 부분
*앱스: 한 건물 또는 방에 부속된 반원이나 이에 가까운 다각형 평면의 내부공간

뿐 아니라, 초현실주의 화가 달리Dali 전시관, 여가수 달리다Dalida의 집을 개조한 달리다 박물관, 음악가 에릭 사티Erik Satie의 집을 개조한 사티 박물관, 몽마르트르 박물관 등이 있다.

이 거리를 분주하게 왔다 갔다 했을 툴루즈 로트렉과, 쉬잔 발라동, 사티 등을 상상하며 동네를 천천히 둘러보았다.
대체 이 공간은 어떤 매력으로 화가들을 끌어당겼을지, 이 공간에서 그들은 어떻게 사랑하고 헤어지고 성장하고 스러져 갔을지 궁금했다. 길을 걷다 보니 여전히 관광객들의 초상화를 그려주며 돈을 버는 무명의 화가들도 보였고, 작은 작업실 안에서 그림을 그리고 있는 모습들도 종종 보였다. 이 자유롭고 평화로운 풍경에 마음이 아주 따뜻해졌다. 몽마르트르 언덕은 정말 특별한 공간임에 틀림없는 듯 했다. 파리 시내가 내다보이는 언덕배기와 그 위에 지어진 새하얀 성당, 주위를 둘러싼 포도밭과 작은 술집, 식당, 작업실 등…….

그러다가 인터넷으로 쉬잔 발라동의 작품들을 검색해 보고 싶어서 호텔로 발걸음을 재촉했다.

5월 28일

아침 늦잠을 자는 바람에 두아노와의 약속에 늦지 않기 위해 아침 식사도 하지 않은 채 부랴부랴 호텔을 나왔다. 그나마 베르시 역에서 14호선을 타면 갈아타지 않고 바로 피라미드Pyramide 역까지 갈 수 있어 다행이었다. 실제로는 베르시 역에서 피라미드 역까지는 꽤 긴 거리인데, 14호선을 타면 3정거장 밖에 되지 않아서 금세 도착할 수 있었다. 파리 지하철 14호선은 가장 나중에 생긴 노선으로, 무인으로 운행되는 것이 특징이다. 열차의 맨 앞 칸에 타면 운전석이 없어

서 창문 밖으로 열차가 달리는 것을 다 볼 수 있어서 신기했다.

보통 파리에 여행가는 사람들이 주로 가는 관광지 코스에는 들어가 있지 않은 파사쥬를 가보겠다는 계획은 발터 벤야민의 『아케이트 프로젝트』를 읽으면서 떠오른 것이다. 파사쥬는 건물과 건물 사이의 보행자 통로의 천장을 돔 형식으로 덮은 것인데 주로 쇼핑가로 활용된다. 파리에는 오페라 근처, 루브르 박물관 근처에 많이 있고, 그 외에도 오데옹 근처 등에도 있다. 파리에는 죠프로이 파사쥬, 슈와죌 파사쥬, 그랑 세르프 파사쥬, 파노라마 파사쥬, 갤러리 비비엔, 방돔 파사쥬, 마들렌 갤러리, 프랭스 파사쥬, 리도 아케이드, 생트 앙드레 등 20개 정도의 파사쥬가 있다.

로베르 두아노
http://www.robert-doisneau.com

오늘 나와 동행해 줄 사람은 로베르 두아노Robert Doisneau(1912-1994)이다. 그는 1950년 〈시청 앞 키스Le Baiser de l'hôtel de ville〉라는 작품으로 스타 사진작가가 된 사람이다. 이 사진은 지금도 여전히 가장 아름다운 키스신 사진으로 평가되고 있기도 하지만, 사진 속 인물이 누군가 하는 문제로 소송까지 벌어진 놀라운 역사를 가진 사진이기도 하다. 그는 해학과 재치, 유머 그리고 평범한 일상에 대한 따뜻한 감성이 느껴지는 많은 사진을 남겼다. 특히 그가 남긴 2차 대전 이후의 파리의 일상적인 삶의 장면들을 포착한 흑백 사진은 대단히 아름다운데, 사진기 너머에 있는 대상을 바라보는 작가의 시선과 마음이 잘 드러나는 듯하다. 나는 이 키스 사진으로 그의 이름을 알게 되었는데, 우연히 그가 파사쥬 사진도 남겼음을 알게 되었고, 그에게 나와 두어 시간 동행해 줄 것을 부탁했다. 그는 흔쾌히 나의 부탁을 들어주었다.

갤러리 비비엔 앞에 도착해서 시계를 보니 약속 시간인 10시 30분이 조금 지나 있었다. 많이 늦지 않아서 다행이라 생각하면서 주변을 둘러보고 있는데, 장난기 가득한 미소를 지은 로베르가 사진기를 손에 들고 나타났다. 그는 나에게 따뜻하게 인사를 건네며 파리에는 처음이냐고 물었다. 나는 그건 아니지만, 파사쥬에 와 본 것은 오늘이 처음이라고 대답했다. 그러자 그는 어떻게 파사쥬를 알게 되었는지, 그리고 왜 이곳을 구경하고 싶은지에 대해 물었다. 내가 벤야민의 『아케이드 프로젝트』를 읽다가 궁금해졌다고 대답을 하니, 그는 재미있다는 표정으로 나를 갤러리 비비엔 내부로 이끌었다. "자, 일단 보면서 이야기 할까요?"

그는 이 갤러리 비비엔이 흔히 가장 아름다운 파사쥬라고 이야기 되는 곳이라고 설명했다. 안으로 들어가니 온갖 잡동사니들을 파는 가게들, 오래된 책방, 유명한 찻집과 식당들을 볼 수 있었다. 조카들에게 선물할 나무로 만든 곰인형과 친구들에게 줄 파리 사진 엽서를 몇 장 샀다. 유리로 된 천장에서 밝은 빛이 들어와 환해진 파사쥬는 대단히 화려하지는 않지만, 은은하게 빛바랜 사진 같은 매력을 가지고 있었다. 특히 갤러리 비비엔은 화려하고 독특한 문양의 바닥 장식이 특이했다.

파사쥬 Passage

원래 파사쥬는 건물과 건물 사이의 보행자 통로로서 갤러리galerie라고도 불리며 이쪽과 저쪽을 연결하는 지름길이자 산책로이다. 그리고 건축구조에서 아케이드는 열주에 의해 지탱되는 연속된 아치로 이루어진 복도나 통로로서 지붕이 덮인 형태를 말한다. 하지만 19세기 파리에서는 유리와 철골로 천장을 덮은 통행로 형태로서 양측에 상점이 연속적으로 이어져 있는 상가를 파사쥬 혹은 갤러리라고 불렀다.

최초의 파사쥬는 팔레 루아얄Palais Royal 옆에 있는 갤러리 비비엔Galerie Vivienne(1823)으로 전체 길이는 173m이다. 원래는 귀족의 사적 공간인 궁전이었으나 프랑스대혁명 후 당시 소유주가 이곳에 회랑을 꾸미고 저택을 나눠 점포로 임대하면서 시민의 공간이 되었다. 대혁명 직후인 1784년부터 1853년까지 도시 전역에 약 50여 개의 파사쥬가 있었다.

하지만 나폴레옹 3세 시기에 파사주는 쇠퇴하게 되었다. 1860년 파리지사 오스만이 파리의 도시계획을 새로이 수립하면서 파사쥬를 대부분 철거하고 대로를 따라 아케이드와 백화점을 세웠기 때문이다.

파사쥬를 한번 둘러 본 후 나는 "와! 정말 오래된 고풍스러움이 느껴지네요! 벤야민이 『아케이드 프로젝트』를 쓸 때만 해도 이 파사쥬들은 화려한 최신의 상품들이 전시된 신전으로 여겼겠지만, 지금은 아주 낡은 고대의 파리를 느끼게 하는 것이 참 신기하네요! 시간이란 정말 모든 것을 늙게 만들어 버리나 봐요!" 하고 말했다. 두아노는 "그래요. 내가 70-80년대에 파사쥬 사진을 찍을 때만 해도 이 파사쥬들은 여전히 호화롭고 고급스러운 최첨단 유행을 창조해내는 곳이었는데, 이제는 오래된 골동품들을 구경할 수 있고 구식의 생활 방식들을 엿볼 수 있는 장소가 되었죠. 이제는 신상품을 쇼핑하려면 대형 백화점으로 가야 하겠지요."라며 맞장구를 쳤다.

나는 배도 고프고 약간 피곤해져서 주위를 둘러보니 멋진 찻집이 눈에 들어와서 두아노에게 간단히 요기를 좀 하자고 제안했다. 그는 흔쾌히 "좋아요. 저기로 가죠. 저긴 1980년에 문을 연 파리에서 유명한 찻집이에요. 이 집은 스콘이 맛있더군요."라고 말했다. 나는 신이 나서 "〈아 프리오리 테A priori thé〉! 정말 이름부터 고상하네요! 저도 그 맛있는 스콧을 맛보고 싶어요. 저녁에 왔다면 포도주도 한 잔 마실 수 있었을 텐데 아쉽네요."라고 대답했다.

두아노, <시각적 왜곡>

찻집 내부에도 자리가 있긴 하지만 우리는 찻집 바깥의 테라스에 자리를 잡았다. 파리의 카페는 늘 내부에는 사람이 거의 없고 테라스가 북적이는데, 이 파사쥬 내부에 자리 잡은 찻집도 예외는 아니었다. 최신 유행의 공간이 이제는 과거의 공간으로 탈바꿈한 것도 시대의 아이러니랄까. 이런 저런 생각들로 살짝 들뜬 나는 우선 물부터 한 잔 마시며 두리번거리고 있었다.

두아노, <시청 앞 키스>(1950)

두아노가 조용한 목소리로 "마침 저기 벤야민(1892-1940) 선생이 지나가는군요. 오늘도 역시 도서관에 가시나보군요." 하고 중얼거리더니 갑자기 "벤야민 선생님!" 하고 큰 소리로 외쳤다. 벤야민까지 만나다니, 오늘은 정말 운이 좋은 날이다.

"아, 두아노 선생! 안녕하세요?" 하고 벤야민이 인사를 건넸다. 그러자 두아노도 "안녕하세요? 도서관에 가시나 보네요. 바쁘지 않으시면 잠시 차 한 잔 하고 가세요." 하고 우리가 앉아 있는 테이블 의자를 권했다. 벤야민은 의자에 앉으면서 "파사쥬는 그냥 통과하기엔 너무 많은 유혹들로 가득 차 있곤 하죠. 점심은 지젤과 먹기로 했으니, 커피나 한 잔 하고 가야겠군요."라고 말했다. 벤야민, 두아노와 파사쥬에서 다 함께 만나다니, 정말 꿈만 같았다.

프랑스 국립 도서관에서의 발터 벤야민. 1936년 12월 지젤 프로인트가 찍은 사진

벤야민에게 인사를 건넨 후 나는 지젤이 누구인지 물어보았다. 벤야민은 그녀에 대해 대단히 많은 설명을 해주었지만 (다 기억이 나진 않고) 간단히 요약하자면, 지젤 프로인트Gisèle Freund는 프랑크푸르트의 사회연구소에서 공부했고, 그녀의 스승들 중에는 테오도르 아도르노, 노베르트 엘리아스 등이 있었다고 한다. 노베르트 엘리아스가 그녀에게 이미지에 관한 문제를 심화시켜 보라고 조언했다고 한다. 그녀는 어디에나 있으면서 어디에도 머물지 않는 삶을 좋아해서 사회학자가 되기보다는 기자가 되길

원했다고 한다. 그녀의 첫 번째 르포르타쥬는 1932년 5월 1일에 프랑크푸르트의 반파시스트 학생 운동을 찍은 것이다. 1933년 히틀러가 집권하고, 대학은 나치에 반대하는 이들은 쫓아내고 나치를 동조하는 이들로 가득 찰 무렵 벤야민은 파리로 망명해 왔고, 지젤 프로인트도 역시 마찬가지였다.[3] 벤야민과 지젤 프로인트는 파리 2구 리슐리외 거리에 자리 잡은 국립 도서관에서 연구를 했다고 한다.

두아노씨는 카페 종업원에게 "여기 이 선생님께 커피 한 잔 갖다 주세요!" 하고 외친 후 나를 가리키며 "이 친구는 한국에서 여행을 왔는데, 선생님의 책 덕분에 파사쥬 관광을 결정했다고 하네요."라며 벤야민에게 내 소개를 해주었다. 나를 바라보며 벤야민은 "아 그래요? 반갑습니다. 파사쥬 관광을 하고 시간이 남으면, 파리국립도서관도 한 번 둘러보세요. 정말 아름답답니다. 요즘은 파리에서 파리 국립 도서관(BNF)이라고 하면, 1995년 미테랑 대통령의 명령으로 도미니크 페로Dominique Perrault가 건축한 미테랑 도서관을 흔히 가리키지만, 실제로는 미테랑 도서관뿐 아니라, 리슐리외 도서관, 아스날 도서관, 오페라 도서관 및 박물관을 모두 합친 것을 말한다는 건 알고 있나요? 이 각각의 도서관은 각기 다른 전문 도서를 보유하고 차별화되어 있어요. 예전에는 리슐리외 도서관이 대표적인 국립도서관이었지만, 지금은 예술 및 예술사 전문 도서관으로 사용되고 있어요."라며 설명해 주었다. 파리 국립도서관이라, 벤야민이 앉아서 공부를 했던 곳이라니 어떤 곳일지 무척 궁금해졌다. 꼭 그곳에 방문해 보겠다고 다짐을 하고 차를 한 모금 마셨다.

두아노가 벤야민을 향해 요즘 무슨 글을 쓰고 있는지를 질문했다. 벤야민은 "저는 요즘 보들레르와 초현실주의자들의 작품을 참고하면서 그들에게서 탐색되는 근대성이 무엇인지 보여주려고 구상 중이에요. 특히 아라공Aragon의 『파리의 농부』는 정말 대단해요! 그들의 글과 그림을 보고 있으면, 낡아빠진 것 속에서 출현하는 혁명적 에너지가 느껴져요. 그들은 이 시대의 철골건축물과 공장, 사진, 살롱, 유행, 그리고 유행이 지나자마자 사멸하기 시작하는 것들에서 혁명적인 에너지를 간파해내고 있는 거죠. 두아노 선생! 사진 작업은 잘 되고 있나

3 그리고 1940년 독일군이 파리에 입성하기 전날 밤 프로인트는 파리를 떠났고, 1941년 부에노스 아이레스로 망명에 성공했다. 하지만 벤야민은 끝내 1940년 포르부Port-Bou 국경 지역에서 자살로 생을 마감하고 말았다.

요? 언제 한번 이 파사쥬를 찍어보지 그래요? 멋진 작품이 나올 것 같은데, 그렇게 생각하지 않으세요?" 하고 말했다. 그러자 두아노는 언젠가 한번 찍어보고 싶다고 대답하며 벤야민에게 이 파사쥬에 대해 어떻게 생각하는지 좀 더 말해 달라고 청했다.

벤야민은 "이 파사쥬는 그야말로 화려함의 신전이지요. 수많은 새로운 상품들이 진열되고, 사람들은 그걸 바라보며 언젠가 그것을 자신이 소유할 것이라는 상상 속에서 행복을 느끼죠. 하지만 이 행복은 실상 한낱 꿈에 불과하기도 하죠. 어쩌면 이 행복은 실질적인 현실의 불행을 은폐하는 베일일 뿐인 거죠. 노동과 일상에 권태를 느끼는 사람들은 이 새로운 신상품들에 열광하지만, 이는 마침내 강박적인 욕망으로 바뀌게 되고 우리에게 남는 건 '반복되는 새로움'뿐이죠. 우리가 과연 무엇을 욕망하고 있는지, 우리의 욕망이 과연 우리의 것인지는 의문이 남게 되죠."라고 말했다. 그러자 두아노는 "그렇군요. 화려함과 꿈, 희망으로 가득 찬 것 같은 이 공간이 실은 사람들을 불러들이는 환상이고 기만일 수 있겠군요." 하고 나지막이 중얼거렸다. 벤야민은 그런 그를 바라보며 "하지만 물론 거기서 멈춘다면 단순한 자본주의 비판 이상은 아닐 겁니다. 그 이상의 의미를 봐야 해요." 하고 단호한 어조로 말했다. 그리고는 커피를 단숨에 마시고 "억눌려 있거나 은폐되어 있는 과거의 기억이 어느 날 섬광처럼 떠올라 이미지로 현실화되는 순간이 있어요. 그것이 바로 혁명적인 순간이죠. 이 순간에는 사람들이 누군가에 의해 만들어진 꿈을 제 것으로 착각하는 것이 아니라 스스로 꿈을 꾸고, 그 꿈을 현실화시키기 위해 활동할 것입니다. 그리고 자본주의의 환상에 끌려다니는 군중과, 이 자본주의의 시스템에 균열을 내려고 움직이는 자는 어쩌면 동일한 사람일지도 몰라요. 이게 바로 우리를 혼란스럽게 만드는 부분이죠. 정말이지 파리의 파사쥬들은 근대성을 놀라울 정도로 정확하게 예견하며 상징적으로 보여주고 있어요."라고 빠르게 말했다. 두아노는 아무 소리도 내지 않은 채 커다란 미소를 지으며 "아 이런, 점점 더 파사쥬 사진 찍기가 어렵겠는데요?" 하며 말했다. 하지만 이내 진지한 표정으로 "하지만 선생님이 말씀하신 대로 언젠가 꼭 이 파사쥬를 찍고 싶어지네요."라고 말했다.

두아노는 1970년대 말부터 80년대 초까지 파리의 파사쥬들을 사진으로 남겼다. 우리는 그의 흑백 사진들 속에서 화려한 상품 신전으로서의 파사쥬가 아니라,

두아노, <갤러리 비비안>(1981)
http://www.robert-doisneau.com

두아노, <파사쥬 쥬프로이>(1976)
http://www.robert-doisneau.com

오래된 영화의 흔적을 간직한 박물관과 같은 파사쥬를 발견하게 된다. 그 사진 속에는 지팡이에 의지한 늙은 여성이 등장하는데 그것은 순전한 우연일까, 아니면 늙은 파사쥬에 대한 두아노 식의 해석일까?

두아노는 나에게 파사쥬 안내를 해줘야 한다는 생각은 완전히 잊어버렸는지 "이왕 이야기가 나왔으니 말인데, 선생님이 생각하시는 좋은 사진은 어떤 건가요?"라며 벤야민에게 다시 물었다. 그러자 벤야민은 "한 장의 사진을 보는 사람이 그 사진 속에서 한 줄기 불꽃같은 우연을 볼 수 있다면 그건 성공한 사진이라고 봅니다. 카메라에 비치는 자연은 눈에 비치는 자연과는 다른 법이죠. 왜냐하면 인간이 의식을 갖고 엮은 공간의 자리에 무의식적으로 엮인 공간이 들어서기 때문입니다. 정신분석학이 발전하면서 우리가 충동적 무의식을 통해 알게 되었듯이, 우리는 사진을 통해 시각적 무의식의 세계를 엿볼 수 있게 된 것이죠. 아도르노 선생은 대중문화를 대중을 기만하는 도구라고 비판하지만, 저는 그렇게만 생각하지는 않아요. 사진과 영화가 탄생한 우리 시대에는 사실 원본과 복제본의 구별이 거의 무의미해졌죠. 즉 전통적인 예술의 특징이었던 유일무이한 현존성과 진품이라는 특성을 순식간에 사라지게 만들었지요. 그래서 우리는 아우라의 상실을 이야기할 수 있습니다. 아우라는 원본이나 일회적인 대상에서 나오는 신비스럽고 독특한 기운을 말하는데요. 이 아우라 덕에 우리는 그 대상을 몰입하고 심지어 숭배의 대상으로 여기게 되죠. 하지만 기술복제 시대에 사람들은 예술을 숭배하는 대상으로서가 아니라, 소유하고자 하죠. 예술작품이 소유의 대상이 된 겁니다. 이 과정에서 아우라는 물론 상실되지만, 우리는 또한 숭배와 권위로부터의 독립이라는 정치적인 의미를 획득하게 됩니다. 이때부터 예술은 더 이상 종교적인 숭배 가치에서 벗어나 세속적인 아름다움이라는 가치를 추구하게 되는 것인데, 이 새로운 가치는 이 대상을 바라보는 주체의 주관적 경험에서 비롯되기 때문에, 아우라가 남아 있을 수도 있지요. 앗제Atget 선생의 사진은 그런 점에서 대단히 독보적입니다. 우리에게 공허하고 쓸쓸한 도시를 보여주는 20세기 초반 앗제의 사진들은 인간과 세계의 소외를 보여주고 있습니다. 이 사진들은 그저 당연한 것으로 여겨 그냥 지나칠 수 있는 것들을 낯설게 만들어 우리로 하여금 그것들을 새로 주목하고 관심을 가질 수 있도록 만들어 주죠. 앗제 선생은 파리의 뒷골목에서 무의미한 것으로 여겨져 버려지고 지워진 온갖 기억들 속에서 새로운 예술의 가치를 발견한 것이지요."라고 단숨에 이야기했다.

나도 두아노도 말을 잇지 못하고 잠시 침묵에 빠졌다. 21세기를 살아가는 나에게 사진과 파사쥬는 어떤 것일까 하는 생각이 문득 들었다. 두아노 역시 무슨 생각을 하고 있는지 조용했다. 우리의 침묵을 깬 건 벤야민이었다. 그는 "아, 이런, 지젤과의 약속을 잊어버렸지 뭐예요. 벌써 12시가 다 되어 가네요." 하며 자리에서 일어난 것이다. 나와 두아노도 따라 일어서며 피사쥬 바깥으로 함께 나왔다.

이왕 벤야민도 만났으니 계획에는 없었지만 파리 국립도서관을 방문해 보는 것도 좋겠다는 생각이 들어서 벤야민을 따라 가기로 했다. 두아노도 동행했다. 도서관 앞에 도착하니 지금 우리가 파리 국립도서관이라고 알고 있는 미테랑 도서관의 위용과는 거리가 먼 건물이어서 처음에는 조금 실망했다. 그런 나의 표정을 읽기나 했는지, 벤야민은 도서관에 대해 설명하기 시작했다. "이 도서관은 1720년 왕립 도서관으로 시작되었다가, 1733년 루이 15세 치하에 국립도서관이 되었고, 그 후에도 여러 변천을 거듭한 끝에, 1860년에서 66년 사이에 건축가 앙리 라브루스트Henri Labrouste에 의해 지금의 형태를 띠게 되었습니다. 그는 엄청난 수의 장서를 수용하고 또한 화재에 대비하려는 목적으로, 철제를 사용하여 건물을 지었는데, 당시에는 보통 석재나 목재로 건축물을 지었기 때문에 그의 결정은 대단히 파격적이었어요. 어떻게 그런 생각을 해냈는지! 정말 놀랍지 않나요?"라며 나를 쳐다보았다. 나는 에펠탑도 그렇고, 파리 국립도서관도 그렇고, 철제를 사용한 건축물이 그렇게 여러 가지 상반된 의견을 불러일으킨다는 것이 신기할 뿐이었다. 누군가에겐 혐오를 일으키는데, 누군가에겐 앞서가는 시대의 징후로 해석된다는 것……. 지금 우리 시대는 철제와 유리가 이미 식상해져버려 또 다시 새로운 재료를 찾고 있는 걸 보면, 정말 시간은 돌고 도나 보다. 안으로 들어서자마자 벤야민은 "이 도서관은 빛이 들어오는 원통형의 아치 천장을 만들어 건물의 측면에는 서가를 배치하고, 건물 중앙에는 열람실의 책상을 배치하

프랑스 국립도서관 Bibliothèque nationale de France

도서관은 로마에서 유학한 라브루스트Henri Labrouste에 의해 설계되었다. 건물의 외형은 석재로 전통적인 양식을 유지하면서 구조는 기초에서 지붕까지 철골을 사용하였다. 철골 기둥으로 지탱되는 9개의 돔이 있는 대열람실, 바닥을 철재로 격자 처리한 대서고大書庫가 있다.

프랑스 국립 도서관. 라브루스트 실
http://lewebpedagogique.com

고 있는데, 이 원형 지붕창 덕분에 열람실은 은은한 분위기를 가질 수 있게 되었죠. 그리고 1936년 장 루이 파스칼Jean-Louis Pascal에 의해 오발 실salle ovale이 개관되었는데, 정말 멋져요. 나중에 도서관에 가서 내부를 한번 직접 보세요. 정말 화려하면서도 따뜻한 분위기가 느껴질 겁니다."라고 말했다.

프랑스 국립 도서관. 오발 실
http://fr.wikipedia.org

그런 다음 벤야민은 지젤과의 약속 때문에 인사를 하고 바쁜 걸음으로 떠나갔다. 두아노와 나는 라브루스트 실과 오발 실을 차례로 들어가 보았다. 들어가는 순간 정말이지 벤야민이 말한 대로 굉장히 화려하면서도 은은한 조명에 차분한 느낌에 마음이 편안해졌다. 한 마디로 환상적인 느낌이었다. 그 방에 앉아서 조용히 책장을 넘기며 독서 하는 사람들을 보니 정말 부러워졌다. 미테랑 도서관에 가보고는 왜 한국에는 이런 도서관이 없을까 하는 아쉬움이 들었는데, 여기서도 역시 이런 도서관이 한국에도 있으면 좋겠다는 생각이 들었다. 누구라도 이런 도서관에서 공부를 하면 벤야민과 같은 대단한 학자가 되지 않을까 하는 황당한 생각도 잠시 들고……. 그러면서 도서관을 빠져나왔다.

나오면서 시간을 보니 12시가 조금 지나 있었다. 배가 고파진 나는 두아노에게 점심 식사를 함께 하자고 제안했는데, 다행히 그는 그러자고 했다. 파리 국립도서관 근처에 있는 작은 식당에 들어가서 닭고기와 폴폴 날리는 쌀로 만든 '오늘의 요리'와 백포도주 한잔, 그리고 디저트로는 크렘 브륄레를 먹었다. '오늘의 요리'는 별로였지만, 포도주와 디저트는 정말 맛있었다. 식사를 하면서도 그는 끊임없이 사진에 대해 이야기했다. 특히나 오전에 벤야민이 이야기했던 것이 그의 머리를 사로잡은 것 같았다. 식사를 마친 후 두아노는 자기 작업실에서 약속이 있다며 인사를 하고 지하철 역 쪽으로 뛰어갔다.

그에게 전염이라도 된 것일까? 나도 계속해서 사진에 대한 생각이 머리에 맴돌았다. 사진을 찍는 것은 아마도 창작에 대한 욕구가 충족된다는 환상을 주는 것 같다. 지금은 파리의 어디에서건 디지털 카메라를 손에 들고 거리를 오가며 파리의 풍경들을 기록으로 남기고 그것을 (SNS에) 전시하고자 하는 사람들을 아주 쉽게 볼 수 있다. 카메라가 막 탄생했던 시대가 아니라, 인쇄와 편집이 무한히 가능해진 현재의 디지털 시대를 살았다면 벤야민은 어떤 이야기를 했을까? 카메라가 가져온 예술의 민주화는 이제 우리를 더 이상 고무시키지 않는다. 왜냐하면 그것은 우리에게 이미 하나의 사실이기 때문이다. 그렇다면 카메라의 복제 기술과 놀랄만한 편집 기술은 예술의 가치를 어떻게 변화시키는 걸까? 이런 저런 생각들로 복잡해진 나는 갤러리 비비엔 바로 근처에 팔레 루아얄Palais-Royal쪽으로 향했다.

팔레 루아얄 Palais-Royal

팔레 루아얄은 건물 자체를 뜻하기도 하고 그 건물을 포함한 그 주변 거리, 광장을 아울러 부르는 용어이기도 하다. 원래 건물은 르메르시에Jacques Lemercier의 설계로 1636년 루이 13세 시대의 재상인 리슐리외Duc de Richelieu에 의해 지어진 팔레 카르디날 저택이었다. 리슐리외가 죽은 후 국왕에게 유증遺贈되어 루이 14세가 거주하면서 왕족의 저택이 된 후 팔레 루아얄로 개칭되었다. 현재의 건물은 1764-1770년 건축가 디브리Pierre Constant d' Ivry가 설계하고 1815-1830년 퐁테느가 개조한 것이다. 1871년 방화로 부분적인 연소가 있었으나 수리되어 현재는 국사원Conseil d'Etat과 문화성 청사의 일부로 사용되고 있다.

팔레 루아얄거리街는 오를레앙 공公 루이 필립Louis philippe(후의 Philippe-Egalité)에 의해 건물이 증축되면서 만들어졌다. 그는 수입의 증가를 위해서 팔레 루아얄의 정원을 축소하고 세 방향의 도로를 신설하였다. 그리고 이 도로에 연결하여 1781-1786년 건축가 루이Victor Louis가 정원 쪽의 1층은 주랑柱廊이 있는 상점가, 2층 이상은 주택으로 하는 코린트식으로 장식한 화려한 건물을 건축하였다. 건물의 서쪽에 인접한 극장 코메디 프랑세즈Comédie Française도 이전에는 팔레 루아얄의 일부였다. 현재 건물은 1900년 화재 후 개축한 것이다. 끝

아까 점심 식사를 할 때 두아노가 내게 어디 어디를 구경했는지 물어 보다가 팔레 루아얄에 가보라고 이야기했기 때문이다. 루브르 궁 북쪽에 위치하고 있는 팔레 루아얄에는 정원, 궁전, 갤러리, 극장 등이 모여 있다고 한다. 그는 다니엘 뷔렌Daniel Buren(1938-)이라는 작가를 아느냐고 내게 물은 다음, 팔레 루아얄에 가면 그의 작품의 볼 수 있다고 말해 주었다.

나는 그렇지 않아도 얼마 전에 룩셈부르크 시티에서 그의 작품을 우연히 하나 보았고, 또 그랑 팔레Grand Palais에서 열린 〈모뉴멘타 2012〉 전시회에 뷔렌이 올해의 작가로 전시했다는 기사를 읽고 가 보았다고 대답했다. “전시회에 가 보니 공간과 빛을 아주 잘 다루는 작가인 것 같았어요. 고급예술 전시장을 알록달록한 어린이 놀이터처럼 변신시킨 건 정말 재밌는 발상인 것 같았어요. 그리고 전시장 내부에 설치된 조형물 보다 그것이 설치된 공간에 사람들이 들어오면서 만들어내는 분위기가 오히려 작품인 것 같았어요.”라고 이야기하자, 두아

팔레 루아얄에 설치된 뷔렌의 <두 개의 고원>

룩셈부르크 시티에 설치되어 있는 뷔렌의 <하나의 서클에서 다른 서클로>

노는 "맞아요. 그게 바로 뷔렌의 에스프리죠."라고 대답했다. 두아노는 뷔렌이 우리가 흔히 생각하는 예술이라는 범주를 아주 평범하고 일상적인 영역으로 확장시키거나, 자연을 예술의 영역으로 끌어오기도 하는 등, 기존의 정형화된 예술 개념을 비판하면서 자신만은 독특한 작업 방식을 선보이는 걸로 유명하다고 설명해 주었다. 그의 작업방식은 보통 'in situ' 즉 한 마디로 말하자면, 작품이 설치되는 장소가 곧 작품으로 전환되어 작품과 장소의 구별이 사라지는 것이 특징이라고 했다.

그 말에 궁금해졌던 나는 두아노와 헤어진 후 곧장 팔레 루아얄로 갔다. 대체 이 고풍스러운 공간에 두아노의 유머러스한 작품들이 어떻게 어울리고 있을지 무척 궁금했다. 팔레 루아얄 광장에 도착한 나는, 두아노에게 좀 더 자세히 뷔렌의 작품이 어디에 전시되어 있는지 물어보지 않은 것을 후회하기 시작했다. 낯선 사람에게 말을 거는 것을 어려워하는 나는 누구에게 이걸 물어봐야 할까 망설이며 광장에 잠시 멍하니 서 있었다. 주위를 둘러보니 아이들이 광장에 서 있는 기둥에 걸터앉아 있기도 하고, 그 주위를 뛰어 다니기도 하며 놀이에 정신이 없어 보였다. 유모차를 옆에 세워두고 기둥에 앉아 있는 사람들도 있었고, 기둥에 앉아서 핸드폰으로 통화를 하는 사람들도 있었다.

나도 그 기둥에 앉아서 주위를 천천히 둘러보기 시작했다. 대단히 고풍스러운, 심지어 이름조차도 팔레 루아얄, 즉 왕궁인 이 공간에 희고 검은 줄무늬가 쳐진 대단히 모던한 기둥이 높이도 제각각인 채 200여 개가 세워져 있는 것이 대단히 신기해 보였다. 나는 누군가에게 물어보는 대신 스마트폰으로 팔레 루아얄과 뷔렌을 검색어로 넣어 찾기 시작했다. 검색된 정보들을 읽던 나는 정말이지 깜짝 놀라고 말았다. 광장에 세워져 있는, 내가 깔고 앉아 있는 이 기둥들이 바로 뷔렌의 작품이었던 것이다! 심지어 팔레 루아얄은 뷔렌이 만든 기둥들로 더욱 유명해졌고 프랑스인들이 가장 좋아하는 파리 공간 중 하나가 되었다는 것이다! 1628년 리슐리외Richelieu 추기경에 의해 팔레 루아얄이 세워졌는데 그 후 프롱드의 난이 일어났을 때 루이 14세가 이곳에 머물렀기 때문에 왕궁(팔레 루아얄)으로 불리게 되었다. 리슐리외가 연극을 좋아해서 매일 이곳에서 공연이 열렸고, 극작가 몰리에르가 1660년에 자신의 공간을 가지기도 했고, 1799년 코메디 프랑세즈가 이곳에 세워졌고 지금까지도 여전히 문을 열고 있다. 루이 14세 이후에는 오를레앙가家의 소유가 되지만 자금 사정으로 그 소유권이 넘어갔고 현재는 아파트나 카페와 술집, 상점으로 임대되고 있다.

그러고 보니 팔레 루아얄 바로 옆에는 코메디 프랑세즈 간판이 보였다. 최근 리모델링을 했는지 아주 깔끔하고 현대적인 느낌이 드는 건물이었는데, 팔레 루아얄과 어울리는 듯, 어울리지 않는 듯, 그렇게 서 있었다. 팔레 루아얄은 광장 옆으로 늘어선 회랑이 대단히 멋있어 보였다. 이 회랑 옆의 정원은 산책하기에 정말 훌륭한 공간이었다. 아까 두아노가 조용한 평일 오전에 이 정원 벤치에 앉아서 책을 읽는 걸 아주 좋아한다고 말했던 것이 떠올랐다. 정말 그럴만하다는 생각이 들었다.

뷔렌의 기둥들이 설치된 공간은 원래 국사원 주차장으로 이용되었다고 한다. 그런데 미테랑 대통령이 귀족적인 이 공간을 일반인들에게 친숙한 공간으로 만들겠다는 생각으로 뷔렌에게 의뢰했고, 결국 이 기둥들이 세워질 수 있었다. 그런데 1985년 공사가 시작되고 프랑스에서는 이 기둥의 설치를 두고 엄청난 논쟁이 벌어졌다고 한다. 1986년 정권이 우파로 바뀌면서 문화부 장관으로 임명된 프랑수아 레오타르는 뷔렌의 작품 설치를 중단시켰고, 뷔렌은 소송을 제기했다. 86년 우여곡절 끝에 260개의 기둥 설치는 마무리되었지만 개막식은 열리지 못했고, 2010년이 되어서야 개막식이 열릴 수 있었다. 거의 25년 만에 개막식이 열리게 된 것이다.

예술작품이 공공 공간에 설치되면서 스캔들을 일으킨 경우는 종종 있었지만, 뷔렌의 기둥처럼 긴 시간동안 논쟁이 된 경우는 아마 없지 않을까 싶다. 그런데 고풍스럽고 귀족적이었던 이 공간이 사실 그대로 남아 있었더라면 여타의 많은 파리 건물들과 별다른 차이가 없었을 것이다. 이 기둥 덕분에 지금 많은 관광객들과 파리지앵들이 찾아와 기둥을 배경으로 사진도 찍고, 산책을 하다가 걸터앉기도 하고, 아이들은 기어 올라가기도 한다. 이처럼 팔레 루아얄이 대단히 일상적이고 대중적인 공간으로 변모되었다면 뷔렌의 프로젝트는 일단 성공적이라고 할 수 있지 않을까 하는 생각이 들었다. 이 '살아있는 조각상들' 덕분에, 팔레 루아얄은 과거의 영화를 간직하고 사라진 영웅의 영혼만이 출몰하는 화석화된 죽은 공간이 아니라, 현재 우리의 삶과 함께 하는 생활공간으로 기능할 수 있게 된 것이다.

이런 생각을 하며 자리에서 일어섰다. 오전에 벤야민이 앗제 사진을 이야기하면서 지금 파리 카르나발레Carnavalet 박물관에서 앗제 사진전이 열린다고 알려준 것이 떠올랐지만, 피곤해진 나는 일단 호텔로 향했다.

5월 29일

어제 밤에 계속 고민을 하다가 결국 오늘은 카르나발레에 가서 앗제 사진전을 보는 걸로 결정했다. 베르시 역에서 14호선을 타고 샤틀레로 가서 1호선으로 환승할까 하다가, 그냥 샤틀레에서 내려서 바깥으로 나왔다. 차라리 좀 걸으면서 파리 시청과 퐁피두 센터 등을 구경하는 것이 더 나을 거란 생각이 들었기 때문이다. 오늘 파리 날씨는 걷기에 아주 좋았다.

샤틀레에서 레알Les Halles 쪽 출구로 나와서 걷다보니 시청이 보였다. 사람들이 웅성웅성해서 근처로 가보니 시청 광장에 스크린을 설치해서 프랑스 오픈 테니스 대회 롤랑 가로스Roalnd Garros(2012.5.22-6.10)를 관람하고 있었다. 마침 화면에는 마리아 샤라포바의 모습이 비춰졌다.

파리 시청. 롤랑 가로스 플랭카드가 걸려 있다.

웅성거리는 사람들을 피해 시청 광장을 벗어나니 근처에 원색의 건물이 보이기 시작했다. 퐁피두 센터다. 퐁피두 센터 건물을 한 바퀴 돌면서 구경하고, 다시 마레 지구 쪽으로 향했다. 갑작스레 일정이 변경되는 바람에 카르나발레를 소개해 줄 가이드를 찾지 못했다. 조금 걱정스럽기도 했지만, 앗제의 사진을 보겠다는 생각 하나로 나선 길이었다.

파리 시청 Hôtel de Ville de Paris

원래 시 청사는 1260년 루이 9세가 파리 시민에게 시장 선출권을 부여한 것을 계기로 샤틀레Châtelet 광장에 세워졌다. 그러나 1357년 동쪽 그레브 광장Place de Grève으로 이전하여 에티엔 마르셀Étienne Marcel 시장 이래 시 청사는 메종 오 필리에르였다. 그 후 프랑수아 1세가 이탈리아 건축가 보카도르Boccador에게 새로운 시 청사를 짓도록 명하였다. 르네상스 양식의 시 청사는 1533년 공사를 시작하여 17세기 초에 완성되었다. 그러나 1871년 파리 코뮌 때 파리 시청에 본부를 둔 시민군과 베르사유에 임시 정부를 설치한 정부군이 맞서게 되면서 시 청사는 화재로 전소되었다. 1874-1882년 건축가 드페르트Edouard Deperthes와 발뤼Theodore Ballu가 중앙 부분만 원래 건물 그대로 지었을 뿐 나머지는 새롭게 만들었다. 길이 110m, 너비 85m, 높이 48m의 화려하고 당당한 위용을 드러내는 네오 르네상스 양식이다. 피라미드 모양의 지붕이 독창적이며 외벽은 파리를 빛낸 108명의 유명인사와 프랑스의 대표적인 30개 도시를 상징하는 크고 작은 조각상으로 장식되어 있다. 건물 중앙에 있는 시계탑은 세느 강을 상징하는 여신상으로 장식되어 있으며 그 밑에는 프랑스혁명의 3대 정신, '자유, 평등, 박애' 3단어가 새겨져 있다. 끝

카르나발레 박물관(23 rue de Sévigné 75003 Paris)은 주로 파리의 역사 자료들을 전시하는 곳이라고 한다. 1층에는 이 저택을 이용했던 귀족들의 가구, 집기 등이 전시되어 있는데, 화려한 소품과 집기들은 귀족들의 생활을 엿볼 수 있게 해준다. 그 외에도 파리 역사를 증언하는 초상화, 풍경화, 각종 장식품들, 모형과 기록들이 보관되어 있다.

입장권을 사서 전시관으로 향했다. 으젠 앗제Eugène Atget(1857-1927)는 20세기 가장 유명한 사진작가 중 한 명이다. 그가 1898년부터 1927년까지 파리에서 찍은 약 230여 점의 사진이 카르나발레에 전시되고 있었다. 거기서 나는 과거 파리의 거리들, 세느 강변과 정원, 오래된 상점들과 소규모 영세상인들, 거리에서 일하는 사람들의 모습 등을 볼 수 있었다.

특히 만 레이Man Ray관이 따로 있었는데, 만 레이가 수집한 40여 점의 앗제 사진이 전시되어 있었는데 대단히 흥미로웠다. 만 레이가 수집한 앗제의 사진들은 대부분 벤야민이 판타스마고리아 등으로 언급했던 파리 풍경들과 관련된 것들이었다. 쇼윈도 뒤편의 마네킹들과, 온갖 공연들을 광고하는 포스터가 덕지덕지 붙어 있는 파리 건물의 벽면, 키오스크 등……. 마치 벤야민이 언급한 내용들을 토대로 앗제가 찍은 사진들만 추려낸 전시실인 것 같았다. 만 레이는 정말 벤야민과 동일한 문제의식 속에서 앗제의 사진을 수집했던 것일까?

이런 저런 답 없는 질문들로 가득 차서 바깥으로 나왔다. 오늘은 여행 마지막 날이다. 마레 지구에서 친구들에게 줄 선물을 조금 사고, 노트르담 성당과 오데옹 근처 파사쥬를 구경하고 호텔로 돌아갈 계획이다. 마레 지구를 돌면서 스카프 두 장과 가죽으로 만든 작은 동전 지갑을 두 개 샀다. 마레에는 온갖 종류의 편

카르나발레 박물관. 오른쪽 회랑에 <앗제 사진전> 포스터가 걸려 있다.

카르나발레 박물관 Musée Carnavalet

박물관은 두 채의 저택을 전시 공간으로 만든 것이다. 박물관 이름은 주 전시관으로 사용되는 첫 번째 저택인 카르나발레 저택Hôtel Carnavalet에서 유래된 것으로, '축제'라는 뜻의 카르나발레는 1578년 당시 저택을 매입한 프랑수아즈 부인의 남편 드 케르느브노이François de Kernevenoy의 별명이었다.

이 저택은 1548-1560년 지어진 르네상스 양식의 건축물로서 당시 고등법원장이었던 드 리네리스Jacques de Ligneris가 세운 것이다. 그 후 1654년 건축가 망사르가 확장공사를 하여 1660년 새로운 모습을 갖추게 되었다. 1866년 오스만 남작의 파리 도시계획에 의해 시의회가 구입하였으며 건축가 파르망띠에Victor Parmentier가 내부공사와 복원공사를 담당하여 15년간 전시공간을 확대하였다. 1880년 박물관으로 개장하였다. 두 번째로 1989년 생 파르조 르 펠티에 저택Hôtel Le Peletier de Saint Fargeau을 추가로 사들여 박물관의 별관으로 공개하였다. 이 저택은 1690년경 뷜레Pierre Bullet의 설계로, 국회의원이자 재무행정관료였던 르 펠티에Michel Le Peletier가 지은 것이다.

집샵들이 있어서 패션에 관심 있는 이들의 눈길을 끌고 있었다. 사고 싶은 것은 많았지만 여비를 머리로 계산하며 일단 샌드위치를 하나 먹으러 팔라펠 가게를 찾기 시작했다. '라스 뒤 팔라펠L'AS du FALLAFEL'에 도착했을 때 이미 15명 정도 사람들이 줄을 서 기다리고 있었다. 겨우 내 차례가 되어서 팔라펠과 망고 맛 음료수를 하나 사들고 길에서 먹기 시작했다. 기다렸다가 먹어서 맛있는 건지, 아니면 진짜 맛있는 건지는 구분이 잘 되지 않았지만 아무튼 정말 맛있었다. 내가 좋아하는 가지도 듬뿍 들어 있었고, 콩을 갈아서 크로케처럼 튀긴 팔라펠이 가득 들어 있었다. 정신없이 먹느라 주위 구경은 제대로 못하고 걷다보니 어느새 시청이었다.

시청에서 11호선을 타고 한 정거장만 가면 샤틀레인데, 여기서 환승해서 두 정거장을 더 가면 생 미셸 역이다. 도착해서 보니 듣던 대로 질베르 죠셉 서점이 전문서적에 따라 몇 군데로 나눠져서 있었다. 걷다보니 소르본 대학 근처에 있는 질레브 죠셉 서점까지 가게 되었는데, 그곳에서 운 좋게 싼 가격에 나온 책을 몇 권 건질 수 있었다. 불어로 번역된 피터 한트케의 『쥬크 박스에 관한 에세이』와 『피로에 관한 에세이』, 페렉의 『실종』, 카프카와 로버트 발저의 책 몇 권을 샀다. 한국 사람이 파리에 여행을 와서 불어로 번역된 한트케와 카프카, 발저의 책을 사다니……. 갑자기 우스워졌다. 보고 싶은 책을 싸게 구입했다는 생각에 기분이 좋아져서 책방을 나섰다. 근처의 이곳저곳을 구경하다가 생 떵드레 데 자르 길을 걷다가 눈에 띈 '라 자코빈 La Jacobine'에 들어갔다. 이전 여행때도 와봤던 곳인데 서빙해 주시는 아주머니가 그대로다. 아는 척을 하니 벌써 10년째 일하고 있다고 하니 놀라울

파리 6구 오트풰이유 가街(1898)

거리의 가수와 오르간 연주자(1898)

콩시에르쥬와 세느 강, 파리 1구 안개 낀 겨울(1923)

전등갓 파는 사람
파리 18구 몽마르트르 르픽 가街(1899)

따름이다. 〈아즈텍 쇼콜라〉라는 메뉴가 있어서 주문했는데, 최고의 맛이었다! 끈적하다 싶을 정도로 초콜릿을 듬뿍 넣은 쇼콜라쇼에 바닐라 아이스크림이 들어 있었다. 내 생각에는 '앙젤리나의 집'에서 먹은 쇼콜라쇼보다 더 맛있었다. 아무튼 여러 가지로 기분이 좋아진 나는 호텔로 향했다.

호텔로 가서 짐을 정리하고, 저녁에는 다시 밖으로 나와 퐁네프 다리 쪽으로 갔다. 근처에서 해산물로 저녁 식사를 맛있게 하고 한 시간 가량 걸으면서 루브르 박물관, 시테 섬, 노트르담 성당의 야경을 구경했다. 정말이지 시간이 멈춘 것 같은 파리. 거의 변화가 없는 것 같은 파리. 파리는 전체가 다 박물관인 것 같았다. '신상'에 환호하며 늘 새로운 것을 추구하는 한국도 나름의 역동적인 멋과 힘이 있지만, 파리는 늘 사람들로 북적대면서도 조용하고 평온한 것 같다. 나이가 든 할머니의 느린 우아함이 느껴진달까? 아무튼 이로써 이번 짧은 여행도 끝이다. 아쉬운 마음으로 지하철을 타고 호텔로 돌아갔다.

5월 30일

입국일이다. 9시쯤 호텔에서 체크아웃을 하고 베르시 역에서 6호선을 타고 샤틀레 레알로 간 후 거기서 RER B선으로 환승했다. 운 좋게 샤틀레 레알 역에서 공항까지 직통으로 가는 기차를 탈 수 있었다. 자리를 잡고 앉아서 이번 여행을 다시 한 번 생각해 보았다. 그러고 보면 이번 여행은 계획했던 대로 진행이 되지는 않았지만, 오히려 새로운 사람들을 우연히 만날 수 있는 기회가 많았고, 그들의 제안과 이야기로 파리의 좀 더 색다른 면들을 보게 된 것 같았다.

한국에서 친구들이 보낸 메일을 보니, 여기는 아직 서늘한 기운이 있어서 긴팔 옷만 입고 다녔는데 한국은 벌써 덥다고 한다. 내가 만난 랭보와, 아폴리네르, 벤야민, 두아노……. 이 환상적인 여행 이야기보따리를 친구들에게 어떻게 풀어야 할지, 벌써부터 기대가 된다.

전통적 건축 위에 세운 '현대성'의 갈등과 조화 : 그 속에서 만나는 인간과 삶의 장소들

곽동준

여행지 **엘리제궁** Palais de l'Élysée

안내인 **프랑수아 미테랑** François Miterrand, 1916.10.26-1996.1.8

1981년 5월 21일부터 1995년 5월 12일까지 재임한 프랑스 제21대 대통령이다. 제4공화국(1946-1958) 정부에서 장관을 11회나 했고, 제5공화국(1958-) 정부에서는 하원의원, 상원의원을 역임했으며, 최초의 사회당 출신 대통령으로 임기 7년을 연임한 프랑스 현대사의 산증인이다. 재임 중 총선에서 두 차례(1986-1988, 1993-1995)에 걸쳐 패배하는 바람에 프랑스 헌정사상 최초로 좌파 대통령에 우파 총리라는 동거정부를 구성하기도 했다. 우리나라는 1993년 프랑스의 고속철도인 TGV를 도입하기로 한 가운데 미테랑 대통령이 방한하면서 병인양요 때 약탈당한 외규장각도서를 반환하기로 합의한 바 있다.

여행지 **국립 조르주 퐁피두 예술문화센터** Georges Pompidou National Art et Culture Centre

안내인 **피에르 불레즈** Pierre Boulez, 1926.3.26-2016.1.5

프랑스의 론-알프스 지역 몽브리종에서 태어나 올해 초 독일의 바덴바덴 자택에서 타계한 세계적인 프랑스 작곡가이며 오케스트라 지휘자이다. 퐁피두센터 부설 음향 음악연구소(IRCAM) 소장을 맡으면서 현대음악 전문 악단인 '앙상블 앵테르콩탕포랭'을 창설했다. 런던 BBC 교향악단과 뉴욕 필 하모닉 상임지휘자로 활약했으며, 1955년 작곡한 그의 〈주인 없는 망치〉는 전위적인 현대음악의 고전이 되어 있다.

여행지 **카르티에 라탱** Quartier latin

안내인 **미셸 푸코** Michel Foucault, 1926.10.15-1984.6.25

권력과 지식과의 관계를 연구한 프랑스 철학자. 명문고인 앙리 4세고를 거쳐 문과계열 최고의 그랑제콜인 파리 고등사범학교(ENS)를 나와 소르본 대학에서 박사 학위를 마치고 1970년부터 1984년까지 당대 최고의 학자들만이 강의할 수 있다는 콜레주 드 프랑스의 교수를 지냈다. 서양전통의 핵심인 합리적 이성을 비판하고, 보편적 이성의 독단에서 소외된 비이성적 사고, 즉 광기의 의미와 역사를 연구했다. 〈말과 사물〉, 〈광기의 역사〉, 〈감시와 처벌〉 등의 저서로 유명하며, 후천성면역결핍증(AIDS)으로 사망한 것으로 알려져 있다.

여행지 **'미테랑 프로젝트' 아랍세계연구소** Institut du Monde Arabe, IMA

안내인 **자크 랑** Jack Lang, 1939.9.2-

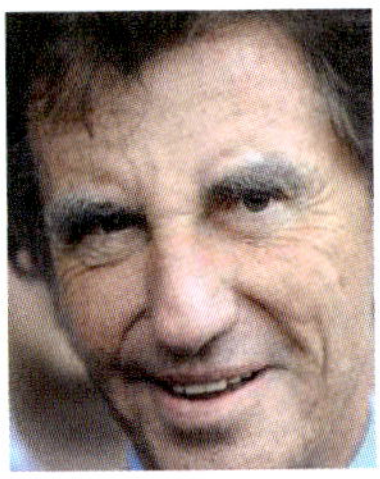

미테랑 대통령의 절대적인 신임을 받아 1981년부터 1992년까지 10년 동안 최장수 문화부 장관을 지냈다. 2000-2002년 사이 자크 쉬라크 대통령의 동거정부(사회당 리오넬 조스팽 총리)에서는 교육부 장관을 맡기도 했으며, 2002년부터 2012년까지 하원의원을 지냈고, 2012년 총선에서 낙선한 후 현재까지 아랍세계연구소 소장을 맡고 있다. 특히 1988-1991년 사이 프랑스대혁명 200주년을 기념하여 루브르 박물관의 유리피라미드, 라데팡스의 그랑 다르슈, 국립도서관, 오페라 바스티유, 아랍세계연구소 등 전통적인 파리 속에 현대적인 파리를 건설하는 이른바 '미테랑 프로젝트'를 수행한 것으로 유명하다.

여행을 떠나기에 앞서 이번 여행은 장기간에다 장거리 여행이다. 보통 유럽 여행을 떠나면 20일 정도의 일정을 잡지만 이번에는 한 달 일주일간의 일정으로 다녀오기로 했다. 특별한 사유가 있어 장기간 일정을 잡은 것은 아니지만 그냥 스쳐지나가는 여행이 아니라, 좀 더 오래 머물면서 여행지를 천천히 걸어 보고 그곳 사람들과도 얘기를 나눌 시간을 가져보는 느린 여행을 해보기로 했기 때문이다.

프랑스 파리에서 출발해서 프랑스의 동남부 지방을 거쳐 이탈리아 피렌체로 돌아오는 일정이다. 특히 여름에 떠나는 여행이라 현지에 가서 호텔을 예약하는 것은 쉽지 않으므로 미리 인터넷으로 예약하기로 했다. 따라서 어느 도시에 얼마 동안 머물 것인지 떠나기 전에 미리 결정해야 하므로 날짜별 사전 여행계획이 철저해야 한다. 특히 인터넷을 서핑하면서 호텔을 예약하는 것 못지않게 자동차를 렌트하는 것도 유럽 여행의 사전 준비에서 가장 중요한 부분이다. 나는 유럽을 패키지여행이나 배낭을 메고 다녀본 적이 없다. 항상 느끼는 거지만 자동차 여행은 언제나 잠시 쉬고 싶을 때 쉬고 떠날 수 있어서 편하다. 지난 7년 동안의 프랑스 유학 경험은 내가 유럽 여행을 떠날 때마다 항상 젊은 시절의 향수를 찾아 떠나는 여행처럼 느끼게 해 주어서 좋다. 그러나 이번 여행에서 마지막 5일 간의 파리 일정은 프랑스의 중요한 인사들을 만나는 일정이 있어 무엇보다 더 신경을 써야 한다. 그리고 이 글은 중간 중간에 다른 여행지에서 보고 겪고 느낀 점에 대해서도 언급하겠지만 파리의 마지막 5일 간의 일정에 초점을 맞추었다.

7월 31일 어제 제법 긴 일정을 소화했다. 프랑스 중동부 호반의 도시 안시(Annecy)에서 출발해서 파리로 오는 먼 길이었다. 자동차로 5시간 가까이 걸렸다. A6 고속도로를 타고 파리에 들어와서 파리 외부순환도로를 타고 포르트 몽트뢰유(porte Montreuil)로 접어들었다. 이어 파리에서 5일간 머물 포르뮐 엉 호텔(Hotel Formule 1)에 도착했다. 우선 안내 데스크에서 방 호수와 방문 비밀번호를 받아 방으로 들어왔다. 세면대가 방안에 있긴 하지만 화장실과 샤워실이 복도에 있는 공동 시설이라서 그런지 파리에서 비교적 저렴한 호텔에 속한다. 그러나 내부는 아주 깔끔하고 깨끗하다. 샤워를 하고 자리에 누었다. 피곤한지 금세 잠이 들었다.

8월 1일

아침에 일어나니 배가 슬슬 고파오기 시작했다. 어젯밤 저녁도 먹지 않고 오랜 시간 잤던 탓일까. 뭐 그래도 긴 여행을 하면서 익숙해 온 터라 별 문제 없다. 오랜만에 혼자 하는 여행이라 홀가분하고 자유로워서 움직이는 데 구애를 받지 않으려고 애썼다. 호텔 1층으로 내려갔다. 아침 식사비를 데스크에서 지불하고 레스토랑으로 들어갔다. 바게트 몇 조각과 우유, 딸기 잼과 버터를 쟁반에 담아 가지고 자리에 앉았다. 식사를 하면서 오늘 일정을 생각했다. 사전에 이메일을 통해 약속한 대로 프랑스의 대통령에서 평범한 시민으로 돌아간 프랑수아 미테랑을 만나기로 되어 있었다. 유학시절 나의 지도교수가 그와 연락하는 데 큰 역할을 해 주었다.

미테랑이 누군가? 1981년부터 1996년까지 7년 임기를 두 번이나 했으므로 무려 14년 간 프랑스의 대통령으로 지낸 분이 아닌가. 내가 1986년 프랑스에서 유학을 시작했으므로 미테랑 대통령의 임기를 함께 보낸 셈이다. 지금도 기억이 생생하지만, 알로카시옹(가족 수당)을 신청하기 위해 사회보장기관의 사무실을 방문했을 때 벽에 붙은 그의 사진을 본 것이 그와의 첫 대면이었다. 그 당시 박정희, 전두환 대통령으로 서슬 퍼런 시절을 보냈던 나로서는 벽에 붙은 커다란 대통령의 사진을 보고 충격을 받았던 것이다. 사진 속에 대통령은 책장을 배경으로 책을 들고 온화하게 미소를 짓고 있는 사진이었는데, 우리의 관공서에 붙은 근엄한 전직 대통령 사진과는 너무나 대조적이었고, 특히 압침으로 네 귀퉁이에 고정해 놓은 사진은 정말 충격이었다. 프랑스에서는 다음 대통령이 나오면 그냥 압침 떼고 다른 사진으로 바뀔 수도 있는 거구나. 장기집권, 장기 독재의 체제에서는 정말 상상할 수도 없는 그 사진 한 장에 적잖이 충격을 받았던 기억이 지금도 새롭다. 그리고 매일 저녁 TF1(프랑스 최대 민영 TV)의 8시, F2(프랑스 최대 국영 TV)의 9시 뉴스에서 미테랑 대통령에 대한 뉴스를 접하고 살았으니, 그 정도면 나에게도 자연스럽게 프랑스 사람들과 똑같이 우리 대통령이라는 생각이 들 정도로 친숙했다. 그를 직접 대면한 적은 없지만 오래 전부터 알고 있는 듯한 그런 감정이었다. 그리고 그의 온화한 미소는 지금도 잊을 수 없다.

프랑수아 미테랑은 1916년 10월 26일 프랑스의 서남쪽에 위치한 샤랑트(Charente)도(道)의 인구 약 4천여 명에 불과한 작은 도시 자르나크(Jarnac)에서 태어나 1996년 1월 8일 대통령 퇴임 후 8개월 만에 전립선암으로 타계했다. 그는 자신의 고향에 묻혔다.

프랑수아 미테랑은 파리의 정치대학 법학부를 졸업하고 변호사를 지내다 2차 대전 당시 프랑스를 점령한 독일에 대항하여 레지스탕스 운동에 참여했다. 이후 그는 제4 공화국 하에서 제향군인부, 해외영토부, 국무위원, 내무부, 법무부 장관 등 무려 11번이나 장관을 역임했고, 1946년부터 1958년, 1962년부터 1981년까지 하원의원으로, 1959년부터 1962년까지 상원의원을 지냈다. 1965년 대통령 선거에서 5공화국의 샤를 드골 대통령과 결선 투표에서 붙었지만 패배했다. 1971년에는 사회당의 제1 서기장이 되어, 1974년 좌파 연합 대통령 후보로 나섰지만 공화당의 우파 후보 지스카르 데스탱에게 패배했다. 1981년 또다시 대통령선거에서 사회당 후보로 나서 2차 투표에서 51.76%의 지지를 얻어 마침내 최초로 사회당 출신 대통령이 되었다. 지금이야 대통령 임기가 5년이지만 그 당시 7년 임기에 두 번이나 대통령에 당선되었으니 14년이나 재임했던 것이다. 특히 1988년 대통령 선거에서 54.02%를 획득해 우파의 자크 쉬라크 후보를 여유 있게 따돌리고 대통령에 재선되었다.

프랑스의 역대 대통령의 관저는 엘리제궁이다. 엘리제궁에 대해서는 나중에 이야기 하겠지만, 1959년 프랑스 제5공화국 이후 엘리제궁의 주인은 샤를 드골(1959-1965, 1965-1969), 조르주 퐁피두(1969-1974), 발레리 지스카르 데스탱(1974-1981), 프랑수아 미테랑(1981-1988, 1988-1995), 자크 쉬라크(1995-2002, 2002-2007), 니콜라 사르코지(2007-2012)를 거쳐 2012년부터 현재 프랑수아 올랑드이지만, 미테랑 대통령은 엘리제궁에서 살지 않았다. 그는 파리 시내의 한 사저에서 거주하면서 엘리제궁으로 출퇴근한 것으로 알려져 있다.

나는 오늘 프랑스 역사상 최초의 사회당 대통령이며 가장 긴 임기를 마친 미테랑 대통령을 만나기로 한 것이다. 그런 분을 만나다니 심장이 떨리지 않을 수 있겠는가. 그러나 한편으로 내가 TV를 통해 수없이 봐온 그는 정치적으로는 똑부러지고 단호했지만, 정말 서민적이고 수수하고 친화적인 대통령의 모습으로 기억하고 있다. 한편으로 국민들에게 정확하고 분명하게 정치적 메시지를 전달하던 모습과 또 다른 한편으로는 케익을 손수 손에 들고 먹으면서 손가락에 묻

생 제르맹 데 프레 Saint-Germain-des-Prés
파리의 중심부 세느 강 가에 위치한 번화가로서 19세기 오스만 남작의 도시계획으로 조성된 구역이다. 파리에서 가장 오래된 성당을 비롯 화랑, 카페, 골동품가게 등이 있어 대학생뿐만 아니라 세계의 젊은이와 관광객들로 붐비는, 프랑스를 상징하는 문화적 취향이 담긴 거리이다. 카페 드 플로르Café de Flore, 카페 레 되 마고Café Les Deux Magots, 브라스리 리프Brasserie Lipp는 생 제르맹 데 프레의 '카페 삼각지'로 불린다. 공

은 케익을 하나하나 빨아 먹던 모습을 TV로 보면서 우리로서는 정말 상상하기조차 힘든 장면이 지금도 생생하게 떠오른다. 그런 서민 이미지, 서민의 아이콘으로 이제 평범한 한 시민이 된 그를 만나다고 생각하면 편안하게 대할 수 있지 않을까 짐작해 보았다. 사실 나는 그를 엘리제궁에서 만나기를 내심 기대했지만 그는 거기서 만나는 것을 꺼려했다. 그래서 우리는 파리의 생 제르맹 데 프레(Saint-Germain-des-Prés)에 있는 카페 레 되 마고(Les Deux Magot)에서 만나기로 했다. 사르트르와 시몬 드 보부아르, 헤밍웨이와 피카소 등 작가와 예술가들이 드나들었던 곳으로 유명한 카페다. 나도 그에게 그곳이 편할 것으로 생각했다.

그는 젊을 때부터 워낙 글을 읽고 쓰는 것을 좋아했다. 정치를 한 이후로도 그의 손에서 늘 책이 떠난 적이 없고 문학 토론을 즐겼다고 한다. 대통령 시절에는 수많은 작가들을 엘리제궁으로 초대해 식사를 하면서 그들의 이야기를 들었다. 레지스탕스 활동을 같이 했던 여류 소설가 마르그리트 뒤라스는 그의 단골손님이었다. 뒤라스는 『연인』이란 소설로 1990년 프랑스의 노벨상이라는 공쿠르 상을 수상했고 1992년에는 장 자크 아노 감독이 영화로 제작해서 전 세계 영화 팬들의 관심을 받았다. 미테랑의 식사 단골손님 중에는 『슬픔이여, 안녕』으로 유명한 프랑수아 사강, 올 초 타계했지만 『방드르디, 태평양의 끝』으로 1970년 공쿠르 상에 빛나는 미셸 투르니에, 루마니아 출신으로 인간 조건의 부조리를 파헤치는 냉소와 허무의 까칠한 지성 에밀 시오랑 등도 있다. 특히 미테랑은 파리에서 기차로 30분 정도 걸리는 투르니에의 집을 직접 찾아가 같이 식사를 할 정도였다. 엘리제궁보다는 사생활을 즐긴 미테랑이 개인적으로 몰래 만난 사람들은 수없이 많았다고 14년 동안 그를 그림자처럼 보좌해온 자크 아탈리는 회고했다.

비록 카페가 사람들로 북적이는 곳이고 그런 곳에서 그를 만나는 것이 난감한데다 많은 사람들의 시선은 또 어떻게 할 것인지 고민이 되었지만, 일단 거기서

부딪쳐 보기로 하고 차를 몰고 호텔을 나섰다. 나는 파리의 중심부로 이동할 때는 항상 외부순환도로를 타고 들어간다. 거리상으로는 조금 멀어도 그게 훨씬 길을 찾기가 쉬워서다.

파리 외각에는 시계 방향으로 도는 내부순환도로와 시계 반대 방향으로 도는 외부순환도로가 있다. 말하자면 자동차 전용도로인데 페리페리크(périphérique)라고 한다. 1860년대 나폴레옹 3세가 오스만 남작을 통하여 파리의 도시 개조 작업을 하면서 파리의 외각에 내부순환도로와 외부순환도로가 도시의 외각을 둘러싸게 했다. 이 두 도로의 사이로 공원, 학교, 병원, 스포츠 시설 등 주로 공공 건물들을 설치해서 녹지벨트가 도시를 포위하고 있는 형태를 만들어 무분별한 도시 확장이 원천적으로 불가능한 구조로 만들어 놓은 것이다. 그리하여 파리를 20개의 구(아롱디스망, arrondissement)로 나누고 그 당시 200만 명의 파리 인구를 지금도 그대로 유지하고 있다. 호텔에서 차를 몰고 나오면 곧장 외부순환도로를 탈 수 있다.

외부순환도로를 따라 포르트 디탈리(porte d'Italie)에서 빠져 나와 이탈리아 가(avenue d'Italie) 쪽으로 직진해서 몰고 가면 이탈리아 광장(place d'Italie)에 이른다. 이 광장에서 약간 오른쪽으로 오피탈 가를 접어들면 세느 강이 나오는데, 세느 강을 오른쪽에 두고 먼저 생 베르나르 가를 타고 이어지는 생 제르맹 대로를 따라 가면 생 제르맹 데 프레 지하철 역이 나온다. 자동차를 생 브누아가 도로변에 주차하고 유로화 동전을 주차 기계에 넣고 3시간의 주차권을 차 안 유리창 앞에 놓고 나왔다.

생 제르맹 데 프레는 몽마르트르, 몽파르나스와 더불어 오래된 카페가 많기로 유명하다. 특히 생 제르맹 데 프레는 역사와 전통이 깊은 카르티에 라탱(라탱가)으로 잘 알려져 있는 곳이다. 생 브누아 가를 중심으로 오른쪽에 카페 레 되 마고 왼쪽에 카페 드 플로르가 마주하고 있고, 주변에 카페 오 생 브누아, 카페 루이즈, 카페 푸쉬킨, 브라스리 리프가 줄줄이 자리 잡고 있다. 나는 카페 안으로 들어가지 않고 일단 초록색 차양 아래 야외 테라스의 가장 자리에 의자를 당기고 앉았다. 한 여름인데도 날이 그렇게 덥지 않았다. 오전 시간이라 사람들은 그다지 많지 않았다. 조금 있으면 점심시간이 되고 그러면 사람들로 북적거릴 것

생 제르맹 데 프레의 카페 '레 되 마고' © 곽동준

생 제르맹 데 프레의 '카페 드 플로르' © 곽동준

이다. 되 마고는 전에 와 본적이 있는데 그때는 호기심에 사르트르와 카뮈가 앉았던 자리에서 커피를 마시면서 얘기를 나눈 적이 있었다.

1885년 중국인의 비단 가게였던 이곳은 내부를 중국 인형으로 장식했는데, 나중에 와인 가게로 바뀌고 다시 유행에 따라 카페로 바뀌면서 '두 개의 중국인형'을 뜻하는 되 마고라는 이름이 생기게 되었다. 카페 내부에는 두 개의 중국인형이 벽에 조각품처럼 장식되어 있다. 현재는 1914년 파산지경에 이른 이 가게를 40만 프랑을 주고 인수한 호텔업자의 증손녀인 카트린 마티바(Catherine Mathivat)라는 매니저 겸 대표가 운영하고 있다. 앞에서 언급했지만 그동안 카페 레 되 마고는 사르트르와 보부아르는 말할 것도 없고 자크 프레베르, 피카소, 페르낭 레제, 앙드레 지드, 알베르 카뮈, 앙드레 브르통, 보리스 비앙 등 자유를 꿈꾸는 작가와 예술가들의 휴식처이자 창작의 영감을 얻었던 곳이기도 하다. 그들은 여기에서 차를 마시고 이야기를 나누면서 문학과 예술에 대해 열정적으로 토론하고 시를 쓰고 색을 탐구했다. 이곳을 들른 유명인들이 그들뿐이겠는가. 에디트 피아프, 줄리에트 그레코, 알랭 들롱 등 가수, 배우들도 있고 미테랑 자신도 이곳을 들리던 손님이었다. 1980년 현직 대통령으로 지스카르 데스탱은 20세기 중반 신비평 운동의 선두 주자로 세계에 이름을 알린 문학비평가, 철학자, 기호학자인 롤랑 바르트를 만나 이곳에서 점심을 먹고 헤어졌는데, 롤랑 바르트가 카페 앞 횡단보도를 건널 때 달려오는 자동차에 치여 병원에 입원 후 한 달 만에 세상을 떠난 안타까운 사건도 있었다. 지금은 카페의 그 유명한 단골손님들의 이름이 카페의 메뉴판에 일일이 나열되어 있다. 이런 유명인사들이 앉았던 자리에 여러분도 앉아 그 당시 그들의 흔적을 음미해 보라는 카페의 배려인지 상술인지 모르지만 그런 유명세를 타고 수많은 관광객들이 모여드는 것은 사실이다.

내가 편안하게 자리에 앉아 이리저리 지나가는 사람들에게 눈길을 돌리고 있는데, 몇 미터 전방에서 챙 없는 모자를 쓰고 천천히 걸어오는 한 사람에게 눈길이 멈추었다. 가벼운 잠바에 헐렁한 바지를 입은 정말 이웃집 할아버지 같은 차림으로 오는 분이 틀림없는 미테랑이었다. 나는 천천히 자리에서 일어나 몇 걸음 앞으로 다가갔다. 그리고 '봉주르, 머시외 프레지당'(안녕하세요, 대통령님)이라고 인사를 하고 나의 지도교수 이름을 들먹이면서 한국에서 왔다고 짧게 인사를 했다. 그는 예의 그 온화한 미소를 짓고 주변 사람들을 별로 의식하지 않으면서 자리에 앉았다. 그는 퇴임 이후 보기보다 꽤 늙어 보였고 핼쑥해 보이기까지 했다. 나는 만날 수 있는 영광을 주셔서 감사하다고 말하자, 즉시 나에게 프랑스 여행은 좋았냐고 물었다. 나는 7월 20일 파리에 도착해서 퐁텐블로 궁전, 밀레의 마을로 알려진 바르비종, 남불의 님, 아를, 생 레미, 아비뇽, 생 폴 드 방스를 거쳐 이탈리아의 피사, 피렌체를 여행하고 샤모니와 안시를 거쳐 어제 파리에 도착해서 한 달이 되었다고 제법 자세하게 설명해 주었다. 특히 내가 7년 동안 공부했던 리모주, 그르노블에 한 일주일 정도 머물렀지만, 바빠서 지도교수를 만나지 못하고 전화로 통화했는데 안부 인사를 꼭 전하라는 당부를 받았다고 했다. 그는 그중에 생 레미를 어떻게 찾게 되었냐고 나에게 물었다. 내가 대답하려고 하는데, 나이가 지긋이 든 가르송이 와서 뭘 주문하겠느냐고 물었다. 그는 순간 미테랑을 알아보고 놀라면서 웃더니 '봉주르 머시외 프레지당'하고 인사를 한다. 우리는 가르송에게 커피를 두 잔 주문하고 그가 물러나자 나는 아까 질문에 답을 하기 시작했다. 나는 단도직입적으로 뱅상 반 고그(빈센트 반 고흐를 프랑스 사람들은 이렇게 부른다)가 입원했던 정신병원이 있던 곳이 아니냐고 했다. 1888년 2월 아를에 와서 그 해 10월 고흐의 초청으로 고갱과 함께 지냈고 12월 고갱과 그림과 색에 대한 논쟁을 벌이다가 고흐가 자신의 귀를 찢고 1889년 5월 3일 생 레미의 생폴 정신병원에 거의 일 년을 보낸 곳이었다. 특히 거기서 그린 〈생 레미의 생폴 정신병원〉은 내가 정말 좋아하는 그림이라고 했다. 차를 병원 앞에 주차하고 정문을 들어서면 긴 정원이 나타나는데, 병원 앞에 서면 고흐가 그 당시 그린 그림과 지금 보아도 거의 다름이 없는 그 병원 건물과 정원이 그대로 보존되어 있는 게 처음에는 신기하고 감동적이었다. 이 그림은 현재 오르세 미술관에 전시되어 있지만 병원(이제는 병원은 아니다) 앞 정원에는 그 모사작품이 나무 팻말에 그려져 있다. 로마네스크 양식의 아치로 된 병원 건물 안으로 들어가면 2층에 의자 하나에 침대 하나 놓여 있는 그가 입원해서 보냈던 단출하기 그지없는 방이 복원되어 있다. 방 안의 창문을 통해 뒤뜰에는 보라색의 허브들이 마치 농장처럼 가지런히 심어 있다. 고흐는 여기 입원해서도 그림 그리기를 멈추지 않았는데, 좁은 방안에서 창을 통해 뒤뜰을 얼마나 사색하면서 바라보았을까 하는 생각이 들었다. 나는 남불을 여행할 때마다 고흐를 생각하면서 이 정신병원을 찾아온다. 그리고 그의 체취를 느껴본다. 그가 캔버스를 들고 수없이 다녔을 골목길, 남불의 풍경, 병원 정원과 복도 그리고 그의 방안…… 그리고 그 해 5월 그러니까 1890년 5월 고흐는 정신병원에서 퇴원하고 동생 테오의 도움으로 파리 근교에 있는 오베르 쉬르 우아즈라는 아주 작은 마을로 옮기게 된다. 약 2개월 동안 오베르에 머무르면서 거의 70여 점의 그림을 그리는데, 1890년 7월 27일 자신의 복부에 권총을 쏘고 7월 29일 숨을 거두는 고흐의 최후를 간단하게 덧붙여서 그에게 설명했다. 미테랑은 내 얘기를 아주 흥미 있게 듣고 미술에 참으로 관심이 많은 것 같다고 했다. 나는 전공이 문학이어서 자연스럽게 미술에도 관심을 갖게 되었다고 했다.

미테랑은 사람을 만날 때 이야기를 해 주는 편이라기보다는 주로 상대방의 이야기를 듣는 편이라는 글을 읽은 적이 있어서 그에게 여러 가지를 물어 본다는 것이 좀 부담이 되었다. 그럼에도 나는 그를 만나는 목적 상 그의 대통령 시절 특히 엘리제궁에 대해 질문을 던져 보았다. 그러나 그는 "나에게 엘리제궁은 대통령으로서의 집무실인 셈이지요. 그래서 나도 아내도 엘리제궁에서 거주하지 않았어요."라는 대답이 돌아온다. 엘리제궁에 대해 더 이상 언급하고 싶지 않다는 것 같았다. 사실 프랑수아 미테랑도 그의 아내인 다니엘 미테랑도 파리 시내의 사저(파리 제5구, 22 rue de Bièvre)에서 따로 지냈다. 이제야 세상이 다 아는 얘기가 되었지만 미테랑 대통령은 오르세 미술관의 학예사를 지냈던 안 팽조라는 여인과 수십 년간 혼외관계를 맺고 그녀와의 사이에 마자린 팽조라는 딸을 얻었다. 대통령이 된 이후도 팽조의 집에서 출퇴근한 셈이다. 다니엘은 1940년 17세의 나이로 레지스탕스 활동을 하다가 미테랑을 만나 1944년 결혼해서 세 아들을 두었다. 그녀는 엘리제궁의 영부인으로 불리기보다 (그녀는 남편이 대통령에 당선되고 엘리제궁에 살았던 적이 없으므로) "자유와 저항의 날개를 달고 지구촌을 누비며 평생을 인권과 인도주의에 헌신했던 대통령의 정치적 동지"라고 부르는 편이 더 옳을 것이다. 그녀는 나중에 남편에게 숨겨진 여인과 딸이 있다는 것을 알고서도 "각자가 서로에게 깊이 연결돼 있을 때, 그리고 서로가 함께 있기를 진정으로 원할 때 각각 다른 사람과 사랑하는 것이 결코 납득 못할 일은 아니다"고 했다고 한다. 그녀는 남편의 장례식에도 내연녀와 그 딸이 참석하도록 배려했다고 한다. 사회당의 열성 당원이었고, 제3세계의 지원자였으며, 인종차별, 어린이 학대, 유고슬라비아 내전 등에 깊은 관심을 가지고 평생 인권활동가로 투쟁을 마다하지 않았던 그녀는 2011년 11월 20일 87세로 세상을 떠났다. 마리 조르주 뷔페 공산당 대표는 "내 기억과 프랑스 역사에서 가장 위대한 여인을 잃었다"는 말로 그녀의 죽음을 애석해했다.

프랑스 대통령의 관저인 엘리제궁 전경

미테랑 대통령과 영부인 다니엘 여사
http://www.lepoint.fr

프랑수아와 다니엘에게 엘리제궁은 각자가 맡은 일을 하고 출퇴근하는 사무실일 뿐이었다. 엘리제궁은 파리 8구의 포부르 생 토노레(Faubourg Saint-Haunoré)가 55번지에 자리 잡고 있다. 파리에서 엘리제궁을 찾기란 쉽다. 우선 콩코르드 광장에서 개선문에 이르는 약 2km 직선의 대로인 샹젤리제 거리로 나서야 한다. 콩코르드 광장에서 출발해서 약간의 오르막길을 따라 개선문을 향해 올라가면 오른쪽에 나타나는 첫 번째 길이 마리뉘 가인데, 그 길의 끝까지 가서 오른쪽으로 돌면 바로 포부르 생 토로레가에 위치한 엘리제궁을 만나게 된다.

엘리제궁이 프랑스 대통령의 공식적인 관저가 된 것은 1848년 2월 혁명이후 제2공화국 시절이니까 역사가 상당히 깊다. 나폴레옹 1세는 황제가 되기 전 1809년 3월 오스테를리츠 전투로 떠날 때까지 여기에서 머물렀다고 하며, 나폴레옹 3세도 황제가 되어 튈르리궁으로 옮기기 전까지 엘리제궁에서 잠시 살았고, 그 이후 황후가 된 스페인 가문의 에후에니아 데 몽티호에게 엘리제궁을 선물로 주었다고 한다. 나폴레옹 3세는 1853년 엘리제궁의 대대적인 보수공사를 건축가 조제프 외젠 라크루아(Joseph-Eugène Lacroix)에게 맡겼는데, 파리 만국박람회가 열린 1867년 공사가 끝나고 나서, 오늘날 대통령 관저 엘리제궁의 모습을 갖추게 되었다.

엘리제궁은 1718년 건축가 아르망 클로드 몰레(Armand-Claude Mollet)가 엘리제궁이 있던 넓은 땅을 에브뢰(Evreux)의 백작인 루이 앙리 라 투르 도르베뉴에게 매각하면서 그에게 저택을 지어주기로 계약하고 세운 건축물이다. 1718년부터 1722년까지 4년의 공사 끝에 마침내 가장 고전적인 양식의 화려한 저택이 완공되었다. 그 이후 지속적으로 살롱의 장식과 내부 수리를 통해 1753년 아르망이 죽을 때까지 파리에서 가장 아름다운 저택으로 꼽혔다. 루이 15세는 이 저택을 애첩이었던 퐁파두르 후작부인에게 선물로 주었고, 루이 16세는 이 건물을 외국대사 관저로 사용했다. 1787년 루이 16세의 사촌인 부르봉 공작부인이 새 주인이 되면서 부르봉 저택으로 불린다. 프랑스대혁명 때에는 관보 출판소, 입법송달 관청 등으로 사용되다가 근처의 샹젤리제 거리 이름에서 마침내 팔레 드 렐리제(Palais de l'Elisée, 엘리제궁)라는 이름을 얻는다. 1805년 나폴리 왕으로 임명된 조아킴 뮈라 장군이 엘리제궁을 나폴레옹 황제에게 헌납한 이후, 엘리제궁은 점점 프랑스 역사와 정치의 중심이 된 것이다.

내 앞에서 차를 마시면서 이야기를 나누고 있는 프랑수아 미테랑도 14년간 엘리제궁의 주인이었지만 그는 스스로 그 주인임을 포기한 것이다. 그리고 특별한 직장을 가진 일반적인 프랑스 시민처럼 엘리제궁을 다녀간 것이다. 참으로 상상하기조차 힘든 신념과 정신의 소유자임이 분명하다. 그는 문득 카페 레 되 마고가 제정한 문학상 이야기를 했다. 나도 그것에 대해 조금 알고 있었는데, 1933년 소설 『인간조건』으로 유명한 앙드레 말로가 공쿠르 상을 받았던 그 해, 공쿠르 상 30주년을 기념해 카페 문학상을 수여하기 시작했다고 설명했다. 차를 마시고 간단한 식사를 할 수 있는 이런 카페에서 문학상을 수여한다는 것은 분명 놀라운 사건이다. 1933년 100프랑의 상금이 오늘날 7700유로(약 1000만원)로 오른 것 외에 달라진 것은 아무것도 없다. 첫 해의 레 되 마고상(Prix des Deux Magots) 수상자인 레이몽 크노(Raymond Queneau, 1903-1976)에서 2016년에 23세의 젊은 수상자 피에르 아드리앙(Pierre Adrian)에 이르기까지 84년을 이어온 프랑스의 전통 있는 문학상임에 틀림없다. 물론 1903년에 제정된 공쿠르 상은 현재 상금이 10유로(약 13,000원)에 불과하다. 제정 당시에는 상금

5,000프랑과 보조금 6,000프랑 등 그 당시 상당한 금액을 지급했지만 재단의 재정이 고갈되자 상금을 상징적으로 50프랑으로 책정했고 유로화 통일 이후에 현재 10유로(약 13,000원)를 유지하고 있다. 그렇다고 공쿠르 상의 권위가 떨어지는 것은 절대 아니다. 공쿠르 상은 프랑스의 노벨상으로 불리며 현재 프랑스 문학에서 최고의 상으로 여기고 있다. 물론 공쿠르 상을 브랜드 가치로 따진다면 수상자의 명예와 명성이 보장되는 출판권 등으로 이 상의 가치를 약 1,500만 유로(약 20억 원)로 평가하고 있다고 한다.

미테랑은 워낙 많은 작가와 예술가들을 만나고 이야기 나누는 것을 좋아하다 보니까 마고상에 대한 언급을 했을 것으로 본다. 나는 그와 이런 저런 얘기를 좀 더 나누다가 이제 먼저 일어서야 할 것 같았다. 연로한데다가 전립선암 수술 이후 피로를 느끼는 것 같아 오랜 시간 그와 함께 할 수 없다고 생각했다. 다시 한 번 그와 만나 영광스러웠으며, 너무나 감사했다고 정중하게 인사를 하고 카페를 나왔다. 아직 주차 시간이 한 시간여 남아 혼자 카페 드 플로르를 거쳐 생 제르맹 데 프레 성당을 둘러보기로 했다. 카페 레 되 마고에서 길만 건너면 바로 카페 드 플로르가 보인다. 카페 레 되 마고와 카페 드 플로르의 단골손님들은 취향에 따라 이쪽저쪽 카페로 옮겨 다녔는데, 1930-40년에 걸쳐 주로 노장 작가들이 드나들던 이 시기가 카페 레 되 마고의 전성시대였다면, 1938년부터 1946년 사이는 젊은 작가들이 드나들었던 카페 드 플로르의 전성시대라고 할 수 있다. 이를테면 한때 되 마고의 단골이었던 사르트르와 시몬 드 보부아르는 난방시설이 더 좋다는 이유로, 또 글쓰기에 조용하고 편하다는 이유로 카페 드 플로르의 2층을 이용하는 단골이 된다. 실존주의 철학의 완성인 사르트르의 『존재와 무』, 보부아르의 『제2의 성』을 여기서 탈고했다고 한다. 특히 "여성은 태어나는 것이 아니라 만들어지는 것이다"라는 유명한 말을 남긴 보부아르는 여성의 억압받는 성을 해방시키고자 했던 실존주의 페미니스트였다. 여성도 자유의지에 의한 자유로운 성이 있다는 것을 몸소 실천한 페미니즘의 이론가이며 활동가였다. 카페의 길모퉁이에는 '사르트르-보부아르 광장'이라는 표지판이 세워져 있다.

두 사람은 같은 파리의 고등사범학교(Ecole Normale Supérieure) 출신으로 계약결혼으로 너무나 유명하다. 사랑을 '결속과 독립으로' 결합시킨 두 사람은 서로가 서로에게 구애받지 않으면서 사랑한다는 그들의 사랑방정식을 50년 이상 따

카페 드 플로르의 단골이었던 사르트르와 보부아르

그들의 이름을 딴 '사르트르-보부아르 광장' 표지판 © 곽동준

르면서 '따로 또 같이' 살았던 것이다. 특히 사르트르는 1964년 노벨 문학상 수상자로 지명되었지만 그는 수상을 거부했다. 그의 수상 거부 이유는 이렇다. "정치적이거나 사회적 혹은 문학적으로 그 어떤 태도를 가진 작가는 자기 스스로의 수단, 즉 쓰여진 말을 가지고 행동해야만 한다. 작가가 어떤 영예를 받게 될 경우 그는 자기의 독자들을 바람직하지 않은 어떤 압력에 노출시키게 된다. 장 폴 사르트르라는 이름으로 된 작품과 장 폴 사르트르 노벨 문학상 수상자라고 인쇄된 것은 이미 다르다." 사르트르는 1980년, 보부아르는 1986년 각각 타계했다. 두 사람은 모두 몽파르나스 공동묘지에 마치 부부처럼 나란히 누워 있다. 법률적 부부는 아니지만 사실혼 관계를 프랑스 정부가 인정한 것인가? 나는 1991년 프랑스의 세계적인 샹송 가수이자 영화배우인 이브 몽탕이 세상을 떠난 후 얼마 안 되어 페르 라셰즈 공동묘지를 찾았다가 그의 묘지 바로 옆에 이혼한 전 부인 영화배우 시몬 시뇨레의 묘지가 나란히 있는 것을 보고 놀란 기억이 난다. 이브 몽탕은 샹송 가수 에디트 피아프, 영화배우 마릴린 먼로와 연인이었고, 그가 사망할 당시(70세) 그의 조수였던 28세의 카롤 아미엘과 함께 살았으며 더구나 그녀와 사이에 유일한 자식인 발랑탱(3세)을 두고 있었던 것이다. 이브 몽탕-시몬 시뇨레의 경우와 사르트르-보부아르의 경우를 우리는 어떻게 보아야 할지 잠시 혼동이 왔다.

이외도 카페 드 플로르와 얽힌 몇 가지 에피소드들이 더 있는데, 비평가이자 기호학자 롤랑 바르트는 이곳에서 늘 아침식사를 하고, 앙드레 말로는 플로르의 창가에 자신이 정한 자리에 앉아 글을 쓰고, 자크 프레베르는 여기서 시적 영감을 얻어 시를 썼으며, 피카소는 매일 저녁 플로르 안으로 들어가면 두 번째 테이블에 앉아 스페인 고향 친구들과 술잔을 기울였다고 한다. 기욤 아폴리네르도 이곳의 터줏대감이었다. 그는 카페의 1층을 점령하고 1913년 〈수아레 드 파리〉라는 잡지를 창간했다. 카페 드 플로르도 1994년 5월 10일 13명의 기자로 이루어진 심사위원회에서 상금 4,000프랑을 걸고 플로르 문학상을 수여하기 시작했는데, 2015년 플로르 상의 수상자는 장 노엘 오랑고이며 그의 첫 소설인 『자본의 꽃』이 수상을 했다. 플로르 상의 상금은 6,150 유로(약 800만원)에 수상자의 이름이 새겨진 유리잔과 카페 드 플로르의 1년 식사권이 주어진다. 또한 이 카페의 2층에서는 지금도 매달 첫째 수요일에 철학모임과 매주 월요일에는 연극 비평모임을 가지며 문학 카페로서의 위상을 굳건히 지키고 있다.

카페 드 플로르를 지나 생 제르맹 대로를 걸어서 지하철 역 앞 생 제르맹 데 프레 광장에는 생 제르맹 데 프레 성당이 자리 잡고 있다. 유럽 여행을 하다 보면 도시마다 특히 성당(에글리즈, église)이나 대성당(카테드랄, cathédrale)을 중심으로 구시가지가 형성되어 있음을 알 수 있다. 내가 기독교인이거나 특별히 가톨릭 신자라서 성당을 찾는 것이 아니다. 특히 여름에는 무더위를 피할 수 있고, 피로한 여행에서 잠시 쉬면서 차분하게 생각과 사색에 잠길 수 있는 최적의 공간이 아닌가 한다. 좀 더 관심을 가지면 이런 성당에서 중세 미술의 양식인 로마네스크와 고딕 양식을 하나하나 감상할 수 있는 절호의 기회이기도 하다. 로마네스크와 고딕 문양은 중세미술의 전기와 후기를 특징짓는 중요한 양식이다. 보통 여러 나라의 지폐에 그 나라의 중요한 인물이 도안되어 있는데 반해 유로화 지폐에는 각 시대를 대표하는 양식이 디자인되어 있다. 5유로에는 대칭, 비례, 균형, 조화를 중시하는 그리스 로마의 고전 양식, 10유로에는 반원형 아치가 이루는 두꺼운 벽과 기둥의 로마네스크 양식, 20유로에는 첨두 형식의 아치에 높은 기둥과 벽, 스테인드글라스로 채색된 창문의 고딕 양식, 50유로에는 세련된 기둥과 둥근 돔형의 지붕 그리고 조각과 그림으로 건물 전체를 장식한 르네상스 양식이 각각 도안되어 있다. 그만큼 유로화의 도안에는 유럽 문화 전체를 관통하는 공통된 국제적인 양식이 있으며 또한 그 도안 자체가 유럽 예술과 문화에서 대단히 중요하다는 의미일 것이다. 나는 성당 안과 밖을 관찰하면서 어디에 어떤 양식들이 자리하고 있는지, 그것이 독립된 양식인지 아니면 융합된 양식인지 살펴보는 것이 나름대로 성당을 방문하는 목적이기도 하다.

생 제르맹 데 프레 성당은 6세기 순교자 생 뱅상의 유품을 보관하기 위해 건립한 파리에서 가장 오래된 교회이다. 성당의 외부와 내부는 로마네스크 양식과 고딕 양식이 결합되어 있다.
http://static.panoramio.com

생 제르맹 데 프레 성당은 6세기 순교자 생 뱅상의 유품을 보관하기 위해 건립한 파리에서 가장 오래된 교회이다. 성당의 외부와 내부는 로마네스크 양식과 고딕 양식이 결합되어 있다.

생 제르맹 데 프레 성당 입구에서 성당 건축 전체를 바라보면 여러 건축양식이 결합되어 있음을 알 수 있다. 우선 입구의 둥근 아치와 그 위에 자리 잡고 있는 삼각형의 박공은 중세 초기 로마네스크 양식을 따르고 있음을 알 수 있다. 교회 외부의 높은 첨탑과 내부의 긴 기둥과 벽, 스테인드글라스로 장식된 창문은 12세기 중엽에 개축되면서 그 당시 유행하던 건축 양식인 고딕양식을 따르고 있다. 따라서 생 제르맹 데 프레 성당은 6세기 성유물을 보관하고 왕가의 무덤으로 사용하기 위해 건축된 수도원으로, 로마네스크 양식과 12세기의 고딕 양식이 결합되어 조화를 이룬 성당 건축인 셈이다. 현재 이 성당은 파리에서 가장 오래된 성당으로 알려져 있지만, 프랑스 대혁명 때 화재로 파괴되어 19세기에 대대적으로 복원작업이 이루어졌다. 성당 입구의 로마네스크 양식의 아치와 내부의 프레스코화, 프랑스에서 가장 오래된 것으로 여겨지는 고딕 양식의 종탑 등이 이 성당의 가치를 더해 준다. 또한 이곳에는 17세기 근대철학의 아버지라 불리는 『방법서설』의 저자 르네 데카르트("나는 생각한다. 고로 존재한다.")와 17세기 고전주의 문학의 최고 이론가이며 시인으로 『시학』의 저자 니콜라 부알로가 잠들어 있다.

내가 주차한 3시간이 지나가고 있고, 벌써 12시 반이 넘어 가고 있다. 빨리 차가 있는 쪽으로 서둘러 가서 차를 몰고 뤽상부르 공원 쪽으로 몰았다. 점심도 해결해야 했기 때문이다. 날이 점점 더워지고 있었다. 차를 노상에 주차하는 것보다 지하 주차장을 이용하기로 했다. 일단 공원 옆 지하 주차장에 차를 주차하고 공원으로 올라왔다. 점심을 해결하기 위해 주변에서 식당을 찾았다. 마침 구운 닭고기에 삶은 당근과 아리코 베르를 7유로 90상팀에 먹을 수 있는 오늘의 요리(Plat du jour)가 눈에 띄었다. 식당의 테라스에 자리를 잡고 앉아 있으니까 서빙하는 여 종업원이 온다. 인사를 하고 오늘의 요리를 주문하니 잠시 후 물병과 물잔 하나, 바게트 몇 조각이 담긴 작은 바구니를 식탁 위에 올려놓고 간다. 일단 물을 한 잔 들이켜고 바게트 한 조각을 씹으니 부드러우면서 고소한 맛이 전해온다. 이윽고 그녀는 식탁 위에 요리를 놓고 미소를 지으면서 '보나뻬띠'(맛있게 드세요)라고 한다. 나는 기분 좋게 '메흐씨, 마드무아젤'(고마워요, 아가씨)이라고 미소로 답하고 포크와 나이프를 들었다. 리옹산 소스 무타르드는 내가 특히 좋아하는 소스다. 어떤 고기와도 잘 어울리는 이 소스에 나는 오랫동안 길들여져 있었다. 닭고기나 채소에 조금 찍어서 발라먹으면 무타르드의 톡 쏘는 맛과 어우러져 나에게는 환상적인 궁합이다. 프랑스 사람들처럼 바게트 빵 조각으로 접시를 닦아가면서 마지막까지 정말 맛있게 비웠다. 나는 식사를 하는 도중이나 식사를 한 후에도 항상 내 주변에서 식사하는 사람들이나 혹은 주위에 지나가는 사람들을 찬찬히 관찰하는 습관이 있다. 다양한 피부를 가진 사람들이 섞여서 이야기를 나누는 모습이 그렇게 오랫동안 프랑스에서 살고 또 여행을 다녀도 나의 호기심을 자극하는 부분이기 때문이다. 내 가까이 있는 사람들에게는 말을 붙여 보기도 하고, 가끔씩 그들이 무슨 이야기를 나누는지 귀를 쫑긋 세우고 엿듣기도 해본다. 나는 물 잔에 물을 채우고 천천히 마시면서 오후 일정을 생각했다. 물론 아침 식사를 하면서 미테랑을 만나고 난 그 이후의 일정을 미리 짜놓았던 것이다. 스마트 폰을 꺼내서 이메일을 체크하고 카톡을 열어 아내에게 안부를 묻고 여기 여행은 잘하고 있다고 문자를 날렸다. 그리고 필요한 자료를 이것저것 뒤적이고 난 뒤 손가방 안에 폰을 넣고 자리에서 일어났다. 일단 뤽상부르 공원으로 향했다. 식사 후 소화도 시킬 겸 공원 안을 가볍게 산책할 요량이었다. 여기도 참 오랜만에 왔다.

뤽상부르 공원 입구에 육중한 철문이 있다. 정원 담장에는 사진전, 그림 전시회를 안내하는 포스터가 붙어 있고 우편엽서들이나 사진들이 긴 줄에 매달려 있다. 안으로 들어가면 좌우 양쪽에 아름드리의 육중한 느릅나무들이 늘어서 있고 그 사이로 파란 잔디가 펼쳐져 있다. 좀 더 걸어 들어가면 직선으로 펼쳐진 넓은 길 저 끝에 연못이 보이고 뤽상부르 궁전이 눈에 들어온다. 여름 한 낮의 햇빛을 받은 온갖 꽃들이 정원의 오솔길을 따라 곳곳에 피어 있고 커다란 나무숲들은 여기가 도심의 한복판인지 착각할 정도로 녹색의 공간을 만들어 준다. 이렇게 더운 여름철에는 더 많은 사람들이 이 곳을 찾는데, 숲속에서 더위를 피하면서 곳곳에 설치된 의자

뤽상부르 공원 Jardins du Luxembourg

파리 제6구 세느 강 좌편에 있는 23ha의 공원으로 엄밀하게는 뤽상부르 궁전Palais du Luxembourg의 정원이다. 프랑스식 정원과 영국식 정원이 조화를 이루고 화단과 연못이 특히 아름답다. 루이 13세의 섭정 모후母后이자 앙리 4세의 왕비였던 마리 드 메디치Marie de Medicis의 명으로 1625년 조성되었다. 궁전과 공원은 마리 드 메디치의 고향인 이탈리아 피렌체의 피티궁전Pitti Palace과 보볼리정원Giardino di Boboli을 모방하여 지은 것이다.

에 앉아 이야기를 나누거나 책을 읽고 혹은 잔디에 누워 따가운 햇살을 즐긴다. 날이 덥지만 땀은 별로 나지 않고 그늘로 들어가면 이렇게 시원할 수가 없다. 여름이지만 걸어 다닐만한 이유가 여기 있다.

파리 도심의 휴식공간인 뤽상부르 공원은 늘 수많은 사람들로 북적인다. http://anewtraveller.com

파리 도심의 휴식공간인 뤽상부르 공원은 늘 수많은 사람들로 북적인다.
공원의 북쪽 구석에 있는 뤽상부르 궁전은 현재 프랑스 의회의 상원 건물로 사용되고 있지만, 구교와 신교의 자유를 공인한 낭트칙령을 발표하고 30년 종교전쟁을 종식시킨 것으로 유명한 앙리 4세가 왕비인 마리 드 메디치를 위해 건축한 것이다. 앙리 4세는 우리나라 조선 왕조의 시조인 이성계처럼 프랑스 발루아 왕조를 이은 부르봉 왕조의 시조 왕이다. 메디치 가문 출신인 마리 드 메디치는 피렌체의 피티 궁전을 본떠서 궁전과 정원을 바로크 양식으로 화려하게 장식했다. 특히 종교전쟁 이후 혼란을 수습하고 캐나다 퀘벡을 개척하는 등 대내외적으로 프랑스의 국력을 신장시켜 나가는 와중에 앙리 4세가 1610년 구교도에 의해 살해되자 왕비는 자신의 아들(9세) 루이 13세를 섭정함으로써 막강한 권력을 쥐게 된다. 그녀는 뤽상부르 궁전의 1층을 장식하기 위해 당대 바로크 미술의 최고 거장이었던 루벤스를 초청해 자신의 탄생과 권력에 오르는 과정을 그려놓은 〈마리 드 메디치 연작〉 24점을 주문했다. 현재 미완성이지만 연작 21점이 루브르 미술관의 리슐리외 관에 전시되어 있다. 뤽상부르 궁전에 혼신을 다했던 마리 드 메디치는 그러나 아들과의 권력 암투에서 밀려나 독일의 쾰른으로 유배를 떠나고 그녀가 세상을 떠난 후 뤽상부르 궁전의 건축이 완성된다. 그 후 이 궁전은 왕실의 소유가 되었다가 프랑스 대혁명 이후 수많은 정치범들을 수용한 감옥으로 사용되었고, 한때 나폴레옹 1세가 거처하기도 했다. 나폴레옹 3세는 여기서 제2제정 때 황제 자신의 결혼식을 축하하는 무도회를 열기도 했으며, 2차 세계 대전 당시 독일군이 점령하여 독일군

사령관의 본부로 사용되었다가 파리 탈환 때 치열한 전투가 벌어진 곳이기도 하다.

뤽상부르 궁전의 왼쪽에는 박물관, 오른쪽에는 '메디치 분수'가 있고, 궁전 앞에는 호수가 있는데, 호수 주변에는 프랑스 왕비들의 조각상이 줄지어 있으며, 정원 곳곳에 쇼팽과 염문을 뿌렸던 4살 연상의 여류 소설가 조르주 상드, 프랑스 상징주의 시인 보들레르, 우리에게 「목걸이」, 「비계 덩어리」라는 소설로 잘 알려진 모파상, 19세기 최고의 소설 『적과 흑』으로 유명한 스탕달의 조각상이 있고, 또한 1886년 프랑스가 미국 독립 100주년을 기념해 선물한, 조각가 바르톨디의 오리지널 〈자유의 여신상〉이 자리 잡고 있다. 물론 이 조각상은 복제품이고 오리지널 작품은 2011년부터 오르세 미술관에서 전시되고 있다.

사실 이곳저곳을 짧은 시간 안에 다녀야 하는 여행 일정상 공원을 관광하는 경우는 드물다. 그러나 이렇게 여유 있게 여행을 할 수 있는 사람들에게 뤽상부르 공원은 파리에서 가장 아늑한 공원일 것이다. 로댕의 비서였던 시인 릴케, 파리의 댄디보이였던 보들레르가 자주 산책했다는 이 공원을 이리저리 다녀보는 것도 참 좋을 것이라는 생각이 들었다. 혼자 조용히 책을 읽으면서 사색하고 싶은 사람은 숲속의 조용한 곳으로 찾아가면 될 것이고, 또 다양한 사람들을 구경하고 그들과 잠시라도 대화를 나눠보고 싶은 사람이라면 바로 이 뤽상부르 공원이 제격일 것이다. 이런 저런 생각을 하면서 나는 공원의 매점 카페로 갔다. 테이블에 앉아 가르송을 불러 시원한 딸기 아이스크림을 주문했다. 그런데 그는 먼저 냅킨 위에 커다란 숟가락을 하나 놓고 간다. 헐! 티스푼도 아니고 숟가락으로 아이스크림을 먹으라니!

8월 2일

어제 파리에서의 일정은 긴 하루였지만 한결 여유가 있었다. 오늘은 차를 호텔 주차장에 두고 지하철을 타고 조르주 퐁피두센터를 찾을 생각이다. 11시에 개장하니까 서두를 필요가 없었다. 다만 작곡가 피에르 불레즈(Pierre Boulez, 1925-2016)를 퐁피두센터 광장에서 만나기로 했으므로 약속 시간에 늦지 않도록 해야 한다. 호텔에서 걸어 나오니 바로 앞 넓은 광장에 새벽시장이 펼쳐져 있다. 각종 천막을 치고 의류, 장신구, 잡화, 과일, 치즈 등 온갖 종류의 물건들을 팔고 있다. 흑인, 아랍인, 프랑스인, 아시아계 사람들이 한데 어우러져 물건을 사고 팔고 있다. 나는 한국에서도 재래시장에서 물건을 사고 구경하는 것을 좋아하기 때문에 유럽 여행을 할 때도 꼭 새벽시장을 찾는다. 마치 우리의 시골장터와 같은 인상을 준다. 시골에서 농사를 지어서 과일이나 채소를 팔려고 오는 사람들은 덤으로 더 얹어 주는데 어디 가나 시장은 사람 사는 정을 느낄 수 있는 곳이라는 생각이 들었다. 여기서는 다양한 사람들도 구경하고 값도 저렴하고 또 물건을 사면서 장사하는 사람들에게 한 마디 던지면 두 마디 세 마디 대답이 돌아오는데 그들이 일상적으로 어떤 의식을 가지고 있고 어떤 생각을 하는지 파악할 수 있다. 각 도시마다 정해진 구역에는 새벽시장이 서는데 보통 아침 일찍 개장했다가 12시쯤에는 폐장한다. 장사가 끝나면 청소차와 살수차들이 들어와서 대대적으로 청소하고 대체적으로 오후 1시쯤이면 주변이 말끔하게 치워져 있다. 한번은 스위스 베른을 여행하면서 연방정부의 의회의사당 광장에서 새벽시장을 구경한 적이 있었는데 요일을 정해 놓고 일주일에 두세 번 장이 열린다는 것이었다. 참 놀라운 일 아닌가. 민의의 전당이라고 해놓고 수위들이 의사당의 입장을 철저히 통제하는 우리 국회의사당과 비교하면서 우리는 언제 저런 모습을 볼 수 있을지. 우리도 못할 일이 아니지 않는가. 그런 것이 바로 진정한 민의의 전당이 아닌가 하는 생각이 들었다. 새벽시장은 꽤 넓었다. 이리저리 둘러보고 횡단보도를 건너 지하철역으로 향했다.

여기서 퐁피두센터로 가는 여러 길이 있지만, 포르트 드 몽트뢰유 역에서 9호선을 타고 가다 나시옹 역에서 RER A선으로 환승해서 오텔 드 빌(시청)역에서 내리기로 했다. 오텔 드 빌 역의 지하에서 지상으로 올라오면 바로 각종 조각상과 탑, 동상으로 화려하게 장식된 파리의 시청 건물이 눈에 확 들어온다. 지금이야 시청 건물 앞 넓은 광장과 분수대는 수많은 관광객과 파리 시민들이 찾는 곳이지만, 1871년 파리코뮌 때 불에 타 전소되었다가 1882년 현재의 모습으로 재건되었고, 나폴레옹 황제와 합스부르크가의 공주인 마리 루이즈의 결혼식이 열렸던 곳이기도 하며, 1610년 앙리 4세의 암살자 라바일라의 사형을 집행했던 역사의 현장이기도 하다. 오텔 드 빌 역에서 오른쪽으로 돌면 르나르 가(Rue du Renard)가 나타나는데 그 길을 따라 한 블록만 지나면 저 멀리 빨강(승강기), 노랑(전기배선), 파랑(환기통), 초록(수도관)의 컬러풀한 설치물들이 보인다. 바로 퐁피두센터다. 정식 명칭은 국립 조르주 퐁피두 예술 문화센터다.

파리 시청 광장 © 곽동준

시청 역에서 나와 오른쪽으로 돌면 르나르 가의 끝에 컬러풀한 설치물들이 보이는데 퐁피두센터의 배관시설들이다. 빨강은 승강기, 노랑은 전기배선, 파랑은 환기통, 초록은 수도관이다.
http://cache-graphicslib.viator.

시청 역에서 나와 오른쪽으로 돌면 르나르 가의 끝에 컬러풀한 설치물들이 보이는데 퐁피두센터의 배관시설들이다. 빨강은 승강기, 노랑은 전기배선, 파랑은 환기통, 초록은 수도관이다.

나는 퐁피두센터가 개장하기도 전 10시 반에 광장에 들어섰다. 이미 광장에는 삼삼오오 모여서 사람들이 앉아 있거나 누워있다. 나는 이 광장을 참 좋아한다. 퐁피두센터 건물이 무대가 되어 있는 것처럼 약간 경사가 져 있는데 도심에서 마음껏 다리를 펴고 앉을 수도 있고 누우면 침대의 머리맡이 약간 올라가 있는 것처럼 그렇게 편할 수가 없다. 특히 여름 날 저녁에는 이 광장 곳곳에서 벌어지는 클래식 공연, 마술쇼, 마임, 민속음악, 퍼포먼스 등이 펼쳐지는데 관객들과 대화를 나누면서 진행되는 작은 스펙터클이 재미를 더해주기 때문이다. 일단 오전에는 피에르 불레즈와 약속이 있어 퐁피두센터를 둘러보겠지만, 오늘 저녁이나 내일 저녁에 다시 와볼 참이다.

나는 음악을 공부해 본 적이 없어 그다지 잘 알지 못하지만 음악을 좋아하고 특히 음악가를 좋아한다. 그들의 역경의 삶과 성공 스토리는 정말 드라마틱한 한 편의 영화 같기 때문이다. 유학 시절 논문 쓰면서 골머리를 앓고 있을 때 그 당시 한국에서는 쉽게 구할 수 없었던 베토벤, 요한 스트라우스, 바흐, 모차르트, 차이코프스키, 비발디 등 귀에 익은 음악가들의 시디(CD)를 사서 들었는데, 음악이 나의 기분을 차분하게 만들어주었던 기억을 가지고 있다. 오스트리아 비엔나를 여행했을 때 참 인상적이었던 것은 음악가들의 공동묘지를 방문한 적이 있었는데, 가운데 모차르트 묘지(기념비)를 중심으로 베토벤, 슈베르트, 요한 스트라우

국립 조르주 퐁피두 문화예술센터 정면과 각종 공연과 퍼포먼스가 벌어지는 광장
http://www.travelling-kids.com

스 부자(父子), 브람스 등의 묘지를 원형으로 둘러싸고 있는 것이었다. 나는 묘지를 나오면서 유명한 음악가들의 묘지를 가지고 관광지로 만드는 기발한 아이디어에 혀를 내둘렀다. 비엔나 시내에서는 하이든과 슈베르트의 생가를 찾아갔다. 또 프라하를 여행했을 때도 나는 거기서 드보르작보다 체코 사람들이 가장 좋아한다는 스메타나, 야나체크라는 음악가를 알게 되었고, 특히 프라하 시내를 흘러가는 블타바(Vltava) 강의 물줄기를 음악으로 작곡한 스메타나의 교향곡 '마 블라스트'(Má Vlast, 나의 조국)를 얼마나 자주 들었는지 모른다. 블타바 강은 오스트리아 비엔나를 흘러가는 도나우 강과 만나고, 이 강물은 또 헝가리 부다페스트 시내로 흐르는 두나 강(영어로 다뉴브 강)으로, 세르비아, 불가리아에서 두나브 강, 루마니아에서는 두너레아 강이 되어 흑해로 흘러드는데, 같은 물줄기로 나라를 지날 때마다 이름만 달라지는 강이라는 것을 그 때 알았다.

나는 피에르 불레즈를 만나기 전에 호기심이 발동해서 그에 대해 여러 자료를 찾아보았다. 그를 알아야 만나도 대화를 쉽게 풀어갈 수 있을 것으로 생각했기 때문이다. 불레즈는 1925년 리옹 근처 몽브리종(Montbrison)에서 태어났는데, 철강 사업을 하던 아버지의 뜻에 따라 처음에는 수학을 열심히 공부해서 파리의 명문 공과대학인 에콜 폴리테크니크에 들어갈 목표를 세웠다고 한다. 그러나 아버지의 의사를 어기고 결국 파리 음악원에 입학하여 작곡가로서 지휘자로서 세계적인 명성을 가진 음악가가 되었던 것이다. 40대 초반부터 메이저급 미국 클리브랜드 오케스트라의 지휘를 맡기 시작해서 1971년부터 1975년 사이 BBC 심포니 지휘를 맡았고, 같은 시기에 뉴욕 필하모닉의 상임지휘자(1971-1977)로 활동하다가 프랑스 정부로부터 바로 이 조르주 퐁피두센터의 현대음악 음향연구소(IRCAM)의 소장직을 제안 받으면서 뉴욕 필에서 사임했다. 그는 음악원에서부터 자신의 스승인 작곡가 올리비에 메시앙(1908-1992)에게 천재라는 소리를 들었던 그의 수제자였다. 특히 현대 음악의 혁신을 외친 음악계의 앙팡 테리블이었다. "위대한 작품의 역사는 보존이 아니라 파괴의 역사였다"고 주장하면서 "현대 오페라를 수용하지 않는 독일 구식 오페라 하우스를 폭파하

초라"고 일갈했다. 그는 엄격하고 정확한 고전적 형식 위에 우연적이고 변칙적이며 역동적인 현대음악과 전위음악을 추구했다. 특히 그의 음악에서 '합리성'과 '우연성'이 공존하는 데 대해 "대단히 모순적인 창작방식을 동시에 구사하는 작곡가"로 평가받고 있다고 하자, "내 음악이 모순적이라는 것은 나도 인정한다. 그리고 나는 그런 모순을 무척 즐긴다. 나는 생각을 하는 데 있어서나 창작을 하는 데 있어서나 균형을 중시한다. 그와 동시에 자유로운 상상력도 아주 좋아한다. 만약 작품 속에 합리적인 측면만 있다면 굉장히 지루할 것이다. 그와 동시에 우연성만 중시된다면 예측할 수 있는 규칙이 없기 때문에 음악으로서 지속성을 갖기 어려울 것으로 생각한다"고 1995년 2월 그의 고희기념 세계 7대 도시 순회 연주 중 도쿄에서 우리나라 한 일간지와 인터뷰하면서 그렇게 밝혔다.

20세기 가장 전위적인 점묘주의적 양식으로, 현대의 고전으로 인정받는 피에르 불레즈의 〈주인 없는 망치〉(1954)는 초연부터 대단한 성공을 거둔 작품이다. 이 작품은 초현실주의 시인 르네 샤르가 자신의 아내 조르제트에게 헌정한 1934년 출판된 시집 제목인데, 콜라주 기법으로 말의 우연성을 통해 자동기술 글쓰기를 시도한 작품이다. 〈주인 없는 망치〉는 '죽기 전에 들어야 할 클래식 1001'에도 들어 있는데 플루트, 비올라, 기타, 조율되지 않는 타악기가 만들어 내는 '같이 또 따로' 같은 초현실주의적인 음악으로 들린다.

나는 그와 만날 약속 시간이 가까워지자 일단 퐁피두센터 광장의 경사진 면의 위쪽, 그러니까 위에서 광장을 내려다볼 수 있는 곳에 있는 카페 '르 파르비'(Le Parvis)로 자리를 옮겼다. 길 가의 테라스에 자리를 잡고 앉았다. 조금 있으니 휴대폰에서 벨이 울렸다. "알로(여보세요)? 들 라 빠흐 드 삐에르(피에르입니다)"라는 카랑카랑한 목소리가 전해 온다. 르 파르비 카페에서 기다리고 있다고 하니까 잠시만 기다려 달라고 한다. 곧 도착한다는 것이다. 나는 자리에 일어나서 어느 골목에서 나타날지 그를 기다렸다. 잠시 후, 대단히 깐깐하고 까다로운 사람일 거라고 생각했는데 내 앞에 나타난 그는 아주 인자해 보이는 인상이 좋은 분이 아닌가. 속으로 안심을 하고 그에게 나를 잠시 소개했다. 나는 선생님을 만나서 대단한 영광이라고 말하고 수 년 전 프랑스 그르노블 대학에서 17세기 바로크 문학을 공부했다고 덧붙였다. 그는 바로크라는 말에 대해 관심을 보이면서 우리는 자연스럽게 바로크 음악에 대해 이런저런 대화를 나누었다. 내가 선생님의 전위적인 음악이나 또 여기 조르주 퐁피두센터 자체가 모두 네오바로크 양식 같다고 하니까 그는 즉각 내 말에 동의했다. 나는 오늘날 우리가 경험하고 있는 가치의 무질서와 혼돈, 모순의 공존, 가치의 역전 현상 등이 움베르토 에코가 말한 제2의 바로크 시대를 말하는 것 같다고 한술 더 떴다. 그러자 그는 실제로 퐁피두센터를 가리키면서 이렇게 말했다. "보세요, 마감이 제대로 안 된 건축 철근들이 복잡하게 연결되어 있고 원색의 배관들이 건물 밖으로 나와 있잖아요. 안과 밖을 뒤집어 놓은 것이지요. 얼핏 보면 건축 중인 공장 같기도 하고 또 무슨 초대형 설치미술 같기도 하고요. 파리의 전통적인 분위기와 어울리게 주변의 고색창연한 건물들과 조화라는 개념도 없고…… 퐁피두센터는 그때까지 우리가 가졌던 건축 개념을 완전히 뒤집어 놓은 것이지요." 그의 말대로 그 당시 파리의 호사가들이 이 건축물을 보고 가만히 있었겠는가? 내장을 드러낸 모습이 흉측하다, 주변 환경과 어울리지 않는다, 파리의 유적지 보호를 위해 건축을 연기해야 한다는 등 얼마나 비판을 했는지 모른다. 하긴 퐁피두센터만 그랬던 것이 아니다. 프랑스대혁명 100주년인 1889년에 건축한 에펠탑을 설계할 때도 그랬고, 프랑스대혁명 200주년인 1989년에 루브르박물관 안에 유리피라미드를 건축할 때도 똑같은 반대에 부딪쳤던 것이다. 과거의 전통에 초현대적 실험적 요소가 조화를 이룬 퐁피두센터는 피에르 불레즈의 〈주인 없는 망치〉처럼 전통적 악기에 현대적 음색을 추구한 네오바로크적 양식으로 오브랩 되는 것이 당연한 것이다.

퐁피두센터는 노천시장(레 알, Les Halles)과 쓰레기 처리장으로 방치되었던 이 지역(보부르 언덕)을 조르주 퐁피두 대통령이 파리 재개발 프로젝트를 통해 현대식 복합문화공간으로 만들어 놓은 곳이다. 1971년 공모를 통해 이탈리아 건축가 렌조 피아노와 영국 건축가 리처드 로저스의 공동 설계가 채택되고 1977년에 지하 2층, 지상 6층짜리 퐁피두센터가 완공되었다. 퐁피두 대통령은 완공을 보지 못하고 1974년 갑자기 세상을 떠났다. 개관 당시에는 현대미술을 전담하는 국립현대미술관(CNAM), 국립현대미술센터(CNAC)의 조형 예술, 디자인과 건축을 중심으로 한 산업 및 창작센터(CCI), 거대한 규모의 개가식 공공도서관(BPI), 그리고 음향음악연구소(IRCAM) 등 문화 전반을 아우르는 복합 공간을 만들어 대중이 현대 문화예술을 쉽게 접하도록 하자는 것이었다. 피에르 불레즈가 퐁피두센터의 완공과 함께 잘 나가던 뉴욕 필하모닉 지휘자를 그만두

> **퐁피두센터** Centre Pompidou
>
> "뉴욕으로 떠나버린 현대미술을 다시 파리로!"라는 슬로건으로 센터의 창설에 힘을 기울인 퐁피두 대통령의 이름을 붙여 지스카르 데스탱Valery Giscard d'Estaing 대통령 시절인 1977년 개관하였다. 이후 2000년 센터를 설계한 피아노Renzo Piano에 의해 리노베이션되었다.
>
> 20세기를 대표하는 하이테크 건축물의 효시로 손꼽히는 센터는 공간변형이 불가능한 형태가 아니라 필요에 따라 계속 변화하는 공간, 기존의 사실들을 뒤엎는 새로운 공간을 만들고자 한 피아노, 로저스Richard Rogers, 프란키니Gianfranco Franchini의 설계 의도에 따라 건축물의 안과 밖이 뒤집힌 것 같은 형태를 취하고 있다.
>
> 센터는 제련소나 정유공장과 같은 직선적 철골 구조와 청색, 적색 등의 대담한 이미지 그리고 내부 변경이 가능한 설계로 파리 건축계에 큰 충격을 주었다. 미래주의, 구성주의, 아키그램의 영향을 받긴 했지만 센터는 모더니즘과 포스트모더니즘 사이의 건축적 담론에서 처음으로 이탈한 건물로 여겨지고 있다. 한편으로 문화의 중앙집권화, 정보의 자본주의적 집중이라는 비판을 받기도 했다. 하지만 음악, 미술뿐 아니라 문화정보 수집과 분류, 재생산의 장으로 활용되고 있어 '문화의 공장'이라고 할 수 있다. 끝

고 퐁피두센터의 일개 부서인 음향음악연구소의 소장 자리를 선뜻 받아들였다는 것이 나로서 이해가 되지 않았지만 그에게 물어보지는 않기로 했다. 어쩌면 현대 음악의 작곡가, 지휘자, 이론가로서 컴퓨터와 전자 음향을 작곡에 접목시키고자 하는 그의 시도를 거기서 실현해 보려는 의도와 맞아 떨어졌기 때문이 아닐까 한다. 그는 음악에서 컴퓨터와 멀티미디어의 기술을 결합하면서 작곡을 시도하는 IRCAM의 이러한 연주활동을 뒷받침 하고자 현대음악 전문 악단인 '앙상블 앵테르콩탕포랭'(Emsemble Intercontemporain)을 창설하여 "고전 레퍼터리와 현대음악 사이에 가교 역할을 한 독보적인 인물"이라는 평을 들을 정도로 활발하게 활동했다. 피에르 불레즈는 나에게 마침 올해 처음으로 한국을 방문하는데, '앙상블 앵테르콩탕포랭'이 8월에 개관 예정인 롯데 콘서트홀에서 공연을 펼칠 것이라고 했다.

퐁피두센터는 애초에 하루 관람객을 5,000명으로 예상하고 설계를 했다가 예상의 5배가 넘는 사람들이 찾는 장소가 되었다. 개관 후 20년 간 1억 4,500만 명이 다녀갔으며 그로 인해 1997년부터 3년 간 대대적인 보수 작업에 들어가 2000년 1월 1일에 재개관하는 일이 벌어졌다. 퐁피두센터에서 관람객들이 가장 많이 찾는 곳은 4층과 5층의 현대미술 전시관이다. 4층은 1960년대부터 현재까지 동시대의 미술품을 전시하고 있고, 5층은 1905년부터 1960년대 이전까지 우리에게 친숙한 현대미술의 거장들을 만날 수 있다. 마티스, 보나르, 들로네, 브라크, 피카소 그리고 키리코, 르네 마그리트, 몬드리안, 잭슨 폴록, 앤디 워홀, 이브 클라인, 백남준 등…… 초현실주의, 다다이즘, 앵포르멜, 플럭서스, 극사실주의 등 20세기의 주요 미술 운동을 반영하는 회화, 비디오아트, 디자인, 오브제 등의 다양한 작

품을 감상할 수 있다. 4, 5층의 복도와 룸을 빼곡히 채우고 있는 이 작품들을 하루에 다 관람하는 것은 불가능하다. 나는 적어도 파리에 있는 동안 매일 와서 하루에 조금씩 작품을 관람할 예정이다. 5일 동안 파리와 파리 근교에 있는 60여개 박물관, 미술관, 기념관 등을 자유롭게 관람할 수 있는 '파리 뮤지엄 패스'(Paris Museum Pass)를 오기 전 미리 인터넷을 통해 구매해 놓았기 때문이다.

우리가 카페 르 파르비에서 마시던 커피가 잔을 거의 비워갈 즈음, 내가 피에르 불레즈에게 함께 "르 코르뷔지에 기획전"을 관람하시겠냐고 제안을 했다. 퐁피두센터 건물 오른쪽에 르 코르뷔지에의 특별 전시회(2015. 4.15-8.3)를 알리는 거대한 배너 광고가 걸려 있는 것을 내가 보았기 때문이다. 르 코르뷔지에(1887-1965)는 현대 건축의 선구자로서 필로티 위에 입방체를 쌓아 올리는 방식으로 건축의 순수 기능주의를 시도한, 20세기 건축의 미에 대한 개념을 뒤집어 놓은 건축가이다. 나는 특히 르 코르뷔지에의 〈롱샹 성당〉을 두고 합리주의 건축을 추구한 그가 가장 비합리적인 건축을 지었다고 사람들에게 비난받았지만 후에 건축의 표준과 합리성을 넘어선 새로운 시도라는 평가를 받았던 것을 생각하면서 바로 내 앞의 피에르 불레즈를 떠올렸다. 피에르 불레즈가 현대 음악의 앙팡 테리블이라면 르 코르뷔지에도 현대 건축의 앙팡 테리블이라고 불릴만하다고 생각했기 때문이다. 그러나 불레즈는 관람을 정중하게 사양했다. 나이가 들어 몸이 자주 피곤해지기 때문에 무리를 할 수 없다는 것이다. 하긴 그가 1925년생이므로 아흔이 넘었다. 그는 가끔 가벼운 운동으로 세느 강변을 천천히 산책하는데 강변을 따라 걷다가 집으로 돌아가겠다고 한다. 나는 자리에 일어서서 함께 해 주셔서 감사하다고 말하고 그를 배웅했다.

나는 손가방을 챙겨서 퐁피두센터 안으로 들어갔다. 입구에서 '파리 뮤지엄 패스'를 보여주었으나, 특별전은 따로 티켓을 끊어야 한다고 한다. 입장료가 14유로였다(루브르 미술관이 7.5유로, 오르세 미술관이 7유로). 잠시 망설였으나 다시 보기 힘든 전시회일 것으로 생각하고 티켓을 사서 입장했다. 빨간색의 유리 아케이드로 덮은 에스컬레이터를 타고 기획전시가 열리는 6층으로 바로 올라갔다. 우선 점심을 해결하기 위해 카페 '르 조르주'로 갔다. 바게트 상드위치와 내가 좋아하는 탄산수 페리에를 사서 파리 시내가 한 눈에 들어오는 전망대로 갔다. 손에 잡힐 듯한 몽마르트르의 하얀 사크레 쾨르 성당에 눈에 들어왔다. 일

르 코르뷔지에 Le Corbusier
스위스 출신의 건축가이자 화가, 조각가, 가구 디자이너였다. 원래 이름은 샤를 에두아르 잔레 그리Charles-Édouard Jeanneret-Gris이다. 파리에서 철근콘크리트의 선구자인 페레Auguste Perret의 사무실에서 일하였다. 유럽, 인도, 러시아 등 주택건축에서 도시계획에 이르기까지 광범한 건축 활동에 종사하였다. 콘크리트를 이용한 독자적 양식을 창조했으며 입체주의의 표현 수단을 건축에 적용했다는 점 등을 높이 들 수 있다. 1926년 '새로운 건축의 5가지 원칙: 주거공간 설계의 전통을 타파하는 선언문'을 발표하였다. 필로티piloti, 자유로운 평면, 자유로운 파사드, 수평의 긴 창, 옥상정원이 그것이다.

직선으로 시원하게 뚫린 샹젤리제대로의 끝에 개선문이 보이고 좀 더 왼쪽으로 에펠탑도 보였다. 그 옆에는 지하에 나폴레옹 황제와 그의 아들 나폴레옹 2세가 잠들어 있는 황금색 돔의 앵발리드가 뚜렷이 보인다. 수 년 전 앵발리드를 방문해서 나폴레옹 황제의 무덤을 보고 난 후 파리의 박물관, 미술관, 기념관을 뒤지면서 그가 남긴 유품들을 미친 듯이 찾아다녔던 기억이 새로웠다. 전망대에서 남쪽으로 눈을 돌리니까 현대식 몽파르나스 타워가 보였고, 세느 강의 시테 섬에 위치한 노트르담 대성당과 팡테옹이 바로 앞에 펼쳐졌다. 바게트 상드위치를 씹으면서 한참을 전망대에서 보낸 후 전시실로 발길을 옮겼다.

'르 코르뷔지에의 기획전'은 이미 수많은 관람객들로 붐비고 있었다. 제법 비싼 입장료임에도 불구하고 많은 파리 사람들이 르 코르뷔지에에 대해 이렇게 관심이 깊은 줄 상상하지 못했다. 그의 데생에서부터 회화, 조각, 모형, 디자인 오브제, 건축 설계도, 건축 제작 과정을 보여주는 비디오 상영, 그가 쓴 수많은 저작들이 전시되어 있는데, 마치 그의 기념관을 방불할 정도였다. 그가 건축을 하기 전부터 그렇게 많은 그림을 그렸는지 이 전시회를 통해 알았고, 정말 수많은 자료를 통해 건축가로서 그의 전 생애를 한 눈에 파악할 수 있어서 너무나 좋았다. 관람객 대부분은 관광객이 아닌 파리 시민들이거나 학생들로 보였는데 전시물을 두고 작은 목소리로 서로 대화를 나누거나 가벼운 토론을 하는 것 같았다.

나는 오랜 시간 동안 천천히 전시회를 관람하고 광장으로 나왔다. 그리고 광장의 오른쪽으로 발걸음을 옮겼다. 오른쪽 모퉁이에 퐁피두센터의 별관인 IRCAM(음향 음악연구소)이 있고, 퐁피두센터의 또 다른 볼거리인 스트라빈스키 분수가 나타났다. 분수는 한 눈에 보아도 고색창연한 건물인 생 메리 성당과 맞은편에 수많은 카페와 레스토랑들 사이에 있다. 파리 시, 문화부, 퐁피두센터 측에서 주문 의뢰한 유명한 부부 예술가 장 탱글리와 니키 드 생팔이 1983년

현대식 건물인 퐁피두센터와 카페, 레스토랑, 스트라빈스키 분수, 중세 고딕 양식의 생 메리 성당. 이처럼 파리 중심은 전통과 현대의 대조가 갈등을 일으키면서 조화를 이루고 있다. http://ekladata.com

제작한 여러 장식 조각들이 있는 장방형의 분수인데, 러시아 출신 현대 작곡가 이고르 스트라빈스키(1882-1971)의 〈봄의 제전〉을 분수조각으로 표현한 것이다. 가로 33m 폭 17m의 분수에 조각되어 있는 16개의 작품들은 음악가들의 작곡에 바치는 오마주라고 한다. 불새, 높은음자리표, 나선형, 코끼리, 여우, 뱀, 개구리, 대각선, 죽음, 세이렌(반인반어의 요정), 사랑, 생명, 심장, 어릿광대 모자, 래그타임(재즈음악) 등을 묘사한 16개의 기계 장치들은 자동으로 움직이며 물이 위로 솟아오르거나 혹은 옆에서 흘러나오고, 아래로 흘러내리기도 한다. 분수에서 흘러나오는 물소리, 기계장치들이 움직이는 소리 등이 바로 옆에 있는 IRCAM과 잘 어울린다는 생각이 들었고, 현대 미술을 상징하는 분수 조각들과 14세기 고딕 양식의 생 메리 성당은 퐁피두센터처럼 전통과 현대가 서로 대조를 이루면서 공존하는 획기적인 발상이라는 생각이 들었다. 나는 아마추어 예술가들이 분수 주변과 스트라빈스키 광장의 길바닥 곳곳에 그려놓은 거리 예술(Street Art)과 벽면 예술(Wall Art)을 감상하다가 분수 옆의 한 카페로 들어갔다. 카페 르 브리즈미슈의 테라스 의자에 앉아 커피를 마시면서, 전통과 현대가 서로 어우러진 가운데 분수의 신기한 조각들과 그것들이 작동하는 광경을 한참 동안이나 구경하고 있었다.

8월 3일

나는 오늘 오전에는 차를 몰고 이동하기로 했다. 파리에 올 때마다 한 번 가봐야지 하면서도 아직 가보지 못한 곳이 있다. 오늘은 잠시라도 시간을 내서 꼭 가봐야겠다는 계획을 미리 세웠다. 바로 나폴레옹과 이혼 후에 조제핀이 말년을 보냈다는 말메종 성이다. 아침에 TV에서 일기예보를 보니 날이 너무 더워서 오전에 움직이고 기온이 가장 많이 올라가는 시간을 피해서 오후 늦은 시간에 약속을 미리 잡아 놓았다.

말메종은 파리에서 서쪽으로 14km 거리에 있는 아주 가까운 곳이다. 일단 외부 순환도로를 타고 개선문 뒤편에 있는 포르트 마이요에서 빠져 나와서 뇌이

나폴레옹 황제와 조제핀이 말년을 보냈던 말메종 성과 조제핀의 침실
© 곽동준

말메종 성 Château de Malmaison

말메종 성은 나폴레옹 시대 고대적, 이국적이면서 황제다운 요소들을 결합한 '제정양식帝政樣式'의 전형을 보여준 곳으로 성이라기보다 대저택에 가깝다. 1244년부터 이곳에 저택이 있었고 17세기에는 리슐리외Cardinal Richelieu 추기경의 소유였다. 혁명 시절에는 어느 부유한 은행가의 소유였는데 1799년 조제핀이 구입하였다. 건축가 페르시에Charles Percier와 퐁텐Pierre Fontaine이 인테리어를 개조하였다. 이후 1904년 국가에 기증되어 1906년부터 박물관으로 사용되고 있다. 20세기 말 성은 건축가 엉베르Pierre Humbert에 의해 대대적으로 수리되었다. 현재 성의 자랑거리는 조제핀이 가꾼 장미정원이다. 꿈

* 제정양식: 나폴레옹 1세의 제정시대를 중심으로 유행한 고전적인 프랑스의 공예, 건축양식

유 쉬르 센(Neuilly-Sur-Seine) 시내로 접어든다. 거기서 국도 N13을 타고 낭테르(Nanterre) 시내에서 지방도 D131, D913으로 이어지는 직진 거리를 가다보면 왼쪽에 샤토 드 말메종 표지판이 보인다. 바로 좌회전이 안 되므로 유턴을 하고 돌아오면 오른쪽에 샤토 드 말메종 가(Avenue du Château de Malmaison)로 들어가게 된다. 입구부터 길 양쪽에 늘어선 아름드리 가로수들이 예사롭지가 않다. 그 길을 따라 계속 차를 몰고 가니 골목길의 거의 끝 지점에 주차장이 있었다. 나는 주차장에서 나와 말메종 성의 큰 철문 앞에 섰다. 열린 철문 안으로 들어가니 넓은 자갈길이 직선으로 이어지고 좌우 대칭을 이루는 고전주의 양식의 건물이 나타나는데, 1799년 나폴레옹이 열렬히 사랑한 조제핀이 구입하여 자신의 취향에 맞게 꾸민 말메종 성이다. 나폴레옹이 황제가 되고난 후 1809년 두 사람은 이혼하고 조제핀은 이 성에서 살다가 1814년 세상을 떠난다. 사후 그녀는 말메종의 생 피에르 생 폴 성당(église Saint-Pierre-Saint-Paul)에 묻혀 있다. 나폴레옹은 1814년 엘바 섬으로 유배를 떠나기 전 이 말메종 성을 찾아왔지만 조제핀을 보지 못했고, 워털루 전쟁에서 패하고 세인트헬레나 섬으로 유배를 떠나기 전에 마지막으로 찾은 것도 이 말메종 성이다. 1810년 조제핀은 말메종 성의 별관인 부아 플레오(Bois Pléau) 성을 구입하는데 나폴레옹이 마지막으로 유배된 세인트헬레나 섬에서 나온 그의 유해와 유품들이 전시되어 있다. 말메종 성의 입구에 티켓을 파는 창구 직원에게 파리 뮤지엄 패스를 보여주니 팸플릿을 주면서 1층과 2층에 있는 방을 따라서 관람하라고 안내를 해주었다. 각각의 방에는 고급스러워 보이는 각종

탁자와 의자, 시계, 램프, 도자기, 조제핀의 가계도와 가족사진, 초상화, 가구들이 가지런히 놓여 있다. 조제핀이 여가 시간을 즐긴 흔적들은 당구 룸(당구대와 당구 큐대 등)과 음악 룸(피아노와 오르간, 하프 등)으로 확인이 된다. 나폴레옹과 조제핀이 지냈던 각각의 침실이 있고, 나폴레옹 침실 옆에는 시종의 방, 조제핀의 침실 옆에는 규방이 각각 따로 마련되어 있었다. 조제핀의 보석함들도 전시되어 있었고, 나폴레옹이 쓰던 각종 물품들도 자세히 볼 수 있었다. 나는 건물을 나와 주변의 잔디와 큰 나무들이 우거진 숲의 오솔길 사이로 혼자서 산책하면서 이런 저런 생각에 잠겼다. 루브르 미술관과 베르사유 궁전에서 보았던 자크 루이 다비드의 대작 〈나폴레옹 1세 대관식〉(621×979cm)에서 나폴레옹이 스스로 황제관을 쓰고 자신 앞에서 두 손을 모으고 무릎을 꿇은 조제핀에게 씌워줄 황후관을 들고 있는 장면, 파리의 개선문에서 멀지 않은 곳에 위치한 자크마르 앙드레 미술관에서 충격적으로 보았던 자크 루이 다비드의 데생에서 교황을 옆에 두고 조제핀 앞에서 나폴레옹 자신이 황제관을 막 자신의 머리에 올리는 장면, 그곳에 전시된 나폴레옹의 옷, 신발, 손수건, 식기, 면도기, 빗, 머리카락 등 인상적인 유품들도 기억 속에 떠올랐다. 숲 속의 의자에 한참을 앉아 있다가 차를 몰고 호텔로 돌아왔다.

호텔에서 샤워를 하고 점심을 해결하려고 다시 호텔 밖으로 나섰다. 호텔 주변의 지리도 익힐 겸 산책하면서 가까운 곳에 베트남 식당이 있다는 것을 봐 둔 터였다. 전에도 이런 식당에서 식사를 한 적이 있는데, 일종의 뷔페식이다. 일단 식당 안으로 들어와서 진열되어 있는 다양한 음식들 중에서 취향에 따라 선택해서 계산하고 자리에 와서 먹으면 된다. 특히 내가 좋아하는 음식은 리 캉토네(Riz cantonnais)인데, 우리나라의 볶음밥과 유사하다. 밥을 먹을 수 있고 간이 맞아서 입맛이 당기는 요리다. 원하는 음식을 고르고 옆에서 안내하는 직원에게 양을 말하면 저울에 달아서 준다. 나는 버섯과 죽순 볶음, 닭볶음, 쇠고기 볶음을 골라서 카운터에서 계산을 하고 자리에 앉아 맛있게 먹었다.

오후에는 카르티에 라탱에서 약속이 잡혀 있어서 서둘러 호텔로 돌아가서 차를 몰고 나왔다. 일단 팡테옹 쪽으로 가기로 했다. 소르본 대학 쪽은 길도 복잡하고 주차하기가 쉽지 않아서다. 팡테옹은 길 찾기도 쉽고 특히 팡테옹에서 일방통행 길을 따라 오른쪽으로 돌면 뒤편과 골목길에 노상 주차장이 있어서 주차하기가 훨씬 편하다. 차를 세느 강 쪽으로 몰았다. 세느 강에는 생 루이 다리로 연결된 섬이 두 개 있는데 하나는 시테 섬이고 다른 하나는 생 루이 섬이다. 시테 섬에 있는 노트르담 대성당을 왼쪽에 두고 시테 섬을 가로 지르는 생 미셸 다리를 건너가면 생 미셸 대로와 만나게 된다. 이 대로를 따라 가다 보면 왼쪽에 수플로 가가 나오고 그 길 끝에 돔 형태로 신고전주의 양식의 건축물인 팡테옹이 자리 잡고 있다. 팡테옹을 중심으로 파리 III대학(일명 소르본-누벨 대학), 파리 I대학(일명 팡테옹-소르본 대학), 파리 IV대학(일명 파리-소르본 대학), 콜레주 드 프랑스, 파리 V대학(일명 파리-데카르트 대학), 파리 VI대학(일명 피에르 에 퀴리 대학)이 있고, 팡테옹 뒤쪽에 명문 사범대인 에콜 노르말 쉬페리외르(고등사범학교)가 있다. 이처럼 이 지역에 대학들뿐만 아니라, 루이 르 그랑, 앙리 4세 등 명문 고등학교, 파스퇴르 연구소, 퀴리 연구소, 생 쉴피스 성당, 발 드 그라스 성당, 뤽상부르 공원, 식물원, 오데옹 극장 등 파리 지역의 역사와 전통이 살아 있는 고교, 대학, 연구소, 공원, 박물관, 성당, 극장 등이 특히 파리의 5, 6구에 집중적으로 자리 잡고 있는데, 이 지역을 카르티에 라탱이라고 한다. 중세 시대부터 이 지역에 대학이 세워지고 수많은 학생들이 드나들면서 수업이 라틴어로 이루어지고 자연스럽게 라틴어를 사용함으로써 그런 이름이 붙었는데, 소르본 대학이 단연 그 중심에 있다.

소르본이라는 이름은 1253년 로베르 드 소르봉(Robert de Sorbon, 1201-1274)이라는 가톨릭 신부가 가난한 신학생들을 위한 기숙사 겸 연구소를 세운 데서 유래했다. 세계에서 가장 오래된 대학의 명예를 누리고 있는 소르본이지만 백년전쟁의 영웅 잔 다르크가 화형에 처해지는 종교재판이 이곳에서 이루어졌고, 루이 13세 때는 재상이던 리슐리외가 소르본 대학을 아카데미의 중심에 올려놓기도 했지만, 프랑스 대혁명 때 한 때 폐쇄되기도 했고 68혁명 때에는 드골 정부에 저항하는 시위의 중심지가 되기도 했다. 그리고 68혁명 이후 1971년부터는 프랑스의 모든 대학이 파리 I, II, III대학, 그르노블 I, II, III 대학 등으로 평준화되면서 소르본 대학은 파리 IV대학이 된다. 파리에는 I대학부터 XIII대학까지 있으며 지역에 따라 별칭이 붙어 있다. 특히 파리 I대학의 학부가 법학, 정치학, 경제학, 경영학, 예술 및 인문학이라면, 파리 IV대학은 예술(예술사, 고고학, 음악학), 어학, 문학, 인문학(지리, 역사, 철학, 사회학)을 담당하는데, 우리나라와 달리 종합대학이 아니라 단과대학의 개념으로 각 대학마다 몇 개의 전공 영역으로 나

소르본 광장과 소르본(파리IV)대학은 카르티에 라탱의 중심이다. © 곽동준

누어져 있다.

나는 팡테옹에서 걸어서 소르본 대학 앞에 있는 소르본 광장으로 갔다. 파리에 올 때마다 찾아가는 서점이 있는데, 생 미셸 대로 34번지에 있는 '지베르 조젭(Gibert Joseph) 서점'이다. 파리 여행 중 하루 정도는 시간을 내서 그 서점에서 종일 죽치고 앉아 새로운 전공 서적들을 파악하고 필요한 책을 사곤 한다. 지베르 조젭 서점을 나오면 마지막으로 찾아가는 서점이 바로 소르본 광장 왼쪽에 있는 철학 전공 서점 필로조피크 J. 브랭 서점이다. 브랭 서점 마주보는 곳에 레크리투아르(L'Ecritoire)라는 카페가 있는데 여기서 만나기로 약속이 되어 있다. 나는 광장에 도착해서 분수대가 있는 쪽으로 올라갔다. 광장 주변은 서점들과 카페들이 양쪽에 들어서 있는데 자주 왔던 곳이라 카페로 바로 이동했다. 곳곳에서 솟아 나오는 분수의 물줄기와 가로수들이 만들어 주는 그늘이 시원하게 느껴졌다. 테라스에는 제법 사람들로 붐볐지만 한눈에 알아볼 수 있는 분이 있었다. 완전 대머리에다 안경을 쓴, 대단히 철학적으로 생긴 미셸 푸코다. 나는 그가 있는 쪽으로 다가가서 인사를 했다. 그르노블 대학의 장 세루아 교수의 소개를 받아 한국에서 왔다고 얘기를 했더니, 이미 들었다고 하면서 반갑게 맞아 주었다. 우리는 자리에 앉았다. 그리고 가르송을 불러 커피를 주문하고 본격적으로 대화를 시작했다.

나는 대뜸 오늘날 제3세계 국가인 한국의 한류현상에 대해 어떻게 생각하느냐고 물었다. 그리고 극동의 변방 국가의 문화가 전 세계에서 '난리'를 치는 것이 정말 놀라운 현상 같다고 덧붙였다. 그는 안경을 고쳐 잡고 미소를 지으면서, "맞아요. 분명, 놀라운 일이죠. 물론 오늘날 새로운 미디어의 발달이 거기에 한몫 했을 수도 있지만, 세계가 서양문화의 독무대에서 벗어나서 새로운 문화에 대한 가치를 발견했다는 데 의미가 있어요. 말하자면 문화의 파놉티콘에서 벗어났다는 것이지요"라고 대답한다. '문화의 파놉티콘'은 그가 말한 '권력의 파놉티콘'을 대체한 표현으로 느껴졌다. 그는 근대 사회의 권력은 부르주아의 발명품이며, 거기에 산업자본주의가 권력을 통해 근대 사회를 형성하는 데 기여했다는 것이다. 말하자면 국가가 학교, 군대, 병원, 감옥 등의 규율적인 제도를 만들어 권력의 파놉티콘을 행사했다고 푸코는 주장한다. 따라서 세계의 역사는 "인류 전체의 역사라기보다는 서구 백인 집단 권력의 흥망성쇠에 지나지 않으며, 따라서 진정한 역사는 따뜻한 거실이 아니라 지하실이나 다락방에 존재하는 것이며 그렇게 유폐되고 숨겨진 역사를 다시 찾아야 한다"는 것이다. 여기서 그가 말하는 역사를 문화라는 말로 대체해 보면 그의 주장을 이해할 수 있을 것 같았다. 그는 변방에 있던 개념을 자신의 철학적 주제로 삼고 있는데, 광기, 비정상, 타자, 성이나 성욕 등 이성이라는 이름으로 금기시 되었거나 억압받았던 것을 정상으로 되돌려 놓음으로써 기존의 철학 체계를 흔들어 놓은 인물이다. 그의 철학적 주제는 권력이다. 그런데 그냥 권력이 아니라 이성적 권력이 어떻게 광기와 성을 제물로 삼았는가 하는 것이다. 그런 반감에서 그는 스스로 동성애자로 살았는지 모른다. 프랑스 철학자이며 비평가인 롤랑 바르트가 그의 연인으로 알려져 있다.

우리나라에서도 『광기의 역사』, 『말과 사물』, 『지식의 고고학』, 『담론의 질서』, 『감시와 처벌』, 『성의 역사』 등 그의 저작은 상당수 번역되어 알려졌다. 지금 내가 그를 만나면서 나에게 흥미를 끈 것은 그가 명문 에콜 노르말 쉬페리외르(ENS) 출신이고, 콜레주 드 프랑스의 교수를 지냈다는 점이다. 그가 네 번을 낙방하고서야 겨우 입학했다는 ENS, 왜 그는 그토록 ENS에 들어가려고 했을까?

미셸 푸코가 ENS에 입학하는 과정은 한국에서 명문대학 가는 것보다 훨씬 더 힘든 일이었다. 그는 1926년 프랑스의 푸아티에(Poitiers)에서 의사인 아버지와 부유한 집안의 어머니를 둔 유복한 가정에서 태어났다. 그러나 학교에 들어가자마자 그는 치열한 경쟁에 내몰리게 되었다. 중학교에서 고등학교로 진학하면서 유급을 당하고 철학 과외를 받기까지 했다. 그는 겨우 바칼로레아를 통과하고 ENS에 들어가려고 푸아티에의 앙리 4세 고교 준비반에 입학했지만 ENS의 필기시험에서 낙방하자, 푸아티에를 떠나 파리의 명문고인 앙리 4세 고교로 전학한다. 1947년 마침내 그는 베르그송, 사르트르, 보부아르, 메를로 퐁티, 시몬 베유 등 프랑스의 엘리트들이 거쳐 간 ENS에 합격한다. 이공계의 에콜 폴리테크니크와 더불어 문과계열의 최고 대학이 바로 ENS이다.

여기서 잠깐 프랑스의 고등 교육을 살펴보면 세 가지로 분류 되는데, 단기 코스(2년)로 고등기술전문과정(STS), 기술전문대학(IUT) 등이 있고, 장기코스(3년 이상)인 일반 대학과 그랑제콜, 전문 코스인 진료보조 분야, 조산 학교 등이 있다. 이러한 대학교육 과정 가운데 고등 엘리트 양성 기관인 그랑제콜은 중요하고 대학 자율적인 자리를 차지하고 있다. 고급 직업인을 양성하는 그랑제콜은 독특한 프랑스적인 교육제도이다. 일반 대학이 개방적이고 본질적으로 교양을 갖춘 고등인력을 양성한다면, 그랑제콜은 폐쇄적이고 궁극적으로 전문 직업인을 길러내는 곳이다. 그랑제콜은 고등학교 수능 시험인 바칼로레아를 통과하고 그랑제콜 준비반에서 2-3년 더 공부해야 합격할 수 있는 대학 위의 대학이다. 프랑스 대혁명 전에 엔지니어와 기술 관료를 양성하기 위한 그랑제콜인 토목학교(1715), 포병학교(1720), 공병학교(1748), 탄광학교(1783) 등이 설립되었고, 대혁명 후 1794년 에콜 폴리테크니크와 에콜 노르말 쉬페리외르가 설립된 것이다. 특히 나폴레옹은 중앙권력으로 학교를 통제하고, 국가 권력을 실용적으로 이끌어 나가기 위해서는 연대감을 갖는 엘리트들의 고등교육의 필요성을 느껴 대학보다는 그랑제콜을 선호했다.

미셸 푸코는 ENS를 다니면서 '외톨이'가 되어 친구들과 별로 어울리지 않고 논쟁에만 끼어들며, 심지어 강의실에서 면도칼로 자살을 시도하는 등 평탄하지 않는 학창시절을 보내기도 했다. 그는 소르본 대학에서 박사 학위를 받았고, 한 번의 실패 후 아그레가시옹(교수자격시험)에 합격하여 스승이었던 루이 알튀세르의 추천으로 ENS에서 심리학을 강의했으며, 1970년 마침내 프랑스 지식인의 최고봉으로 여겨지는 '콜레주 드 프랑스'의 교수가 되었다.

우리는 카페에서 당대의 철학적 계보에 대해서도 이야기를 많이 나누었다. 나는 철학에 대해 그다지 아는 바가 없어 그의 이야기를 듣기만 했는데 그는 대단한 달변가였다. 그가 칸트, 니체, 바슐라르, 하이데거, 알튀세르, 프로이트, 레비-스트로스 등에게 영향을 받았다면, 질 드뢰즈, 에드워드 사이드, 미셸 옹프레(그는 주류 철학에서 소외된 철학자와 사상을 연구한 『반철학사』로 유명하다) 등은 그에게 영향을 받은 인물들이라 할 수 있다.

콜레주 드 프랑스 전경, 설립연도 1530년과 설립이념 Docet Omnia(모든 것을 가르친다). 입구에는 1855년 콜레주 드 프 랑스의 생리학 교수가 된 클로드 베르나르 조각상이 있고 오른쪽 잔디밭에는 '미셸 푸코 공원'(Square Michel Foucault 1926-1984)이라는 표지판이 서 있다. © 곽동준

푸코는 학창 시절 예민하고 날카로웠던 학생이나 흔히 철학도 하면 어둡고 심각한 사색가가 아니라, 한 때 멋진 재규어를 몰고 다니고 술자리에도 줄곧 잘 어울리는 등 부드럽고 세련된 신사 같은 이미지로 바뀌어 있었다. 우리는 자리에서 일어나 여기서 얼마 멀지 않은 곳에 있는 콜레주 드 프랑스 쪽으로 걸음을 옮겼다. 오후 늦은 시간이라 더위의 기세가 많이 꺾였다. 콜레주 드 프랑스는 소르본 대학의 뒤쪽 생 자크 가의 마르슬랭 베르틀로 광장에 있다. ㄷ자 형태의 콜레주 드 프랑스의 정면 입구에 클로드 베르나르 조각상이 있고 그 뒤로 건물의 삼각형 박공에는 "콜레주 드 프랑스 1530"이라는 설립연도가 새겨져 있다. 그 위에 "Docet Omnia"(모든 것을 가르친다)라고 쓰여 있는데 콜레주 드 프랑스의 설립이념이다. 푸코는 콜레주 드 프랑스에 대해, "여기 교육은 무료이며, 수강 등록할 필요가 없고 누구나 강의를 들을 수 있어요. 시험도 없고 학위 과정도 없지요. 콜레주 드 프랑스의 교수로 임명된다는 것은 대학 교육에서 최고의 명예로 간주되지요. 교수는 자기가 연구하는 주제를 자유롭게 강의할 수 있어요."라고 한다. 나는 프랑수아 1세 때 설립된 '왕립 학술원'이라는 정도만 알고 있었는데, 그의 이야기는 대단히 놀라웠다. 현재 해마다 10만 명 이상이 콜레주 드 프랑스에서 수강하는데, 교과서의 죽은 지식이 아니라 석학들이 직접 연구하는 현재 진행형의 지식에 대한 호기심 때문이라고 한다. 교수 시절 그는 연구에 집중할 수 있는 여건은 됐지만, 저작에다 강의와 연구를 병행하는 것이 쉽지는 않았다고 회고했다. 특히 강의 준비에 많은 시간을 보내는데, 1시간의 강의를 준비하는 데 최소 2주 이상의 준비 기간이 필요하다고 했다. 2016년 현재 콜레주 드 프랑스의 교수는 47명이며, 교과목은 수학, 물리학 등 자연과학과 의학, 철학과 문학, 사회학과 경제학, 고고학과 역사 등으로 나누어져 있고, 47개 강좌가 개설되어 있으며, 그중 4개 강좌는 1년간 개설되고 매년 새로운 강좌가 개설된다. 강좌가 비록 일반인에게도 공개되어 있지만 강의 내용이 고도의 전문성을 띠고 있어서 전공하는 학생이거나 연구자가 대부분이라고 한다. 우리는 콜레주 드 프랑스 광장을 나와서 생 자크 가로 나왔다. 그는 다시 내가 가고자 하는 팡테옹까지 동행하기로 했다. 우리는 수

플로 가로 접어들었다. 벌써 저 멀리서 팡테옹 건물이 보이기 시작했다.

프랑스 국립묘지 팡테옹 © 곽동준
팡테옹 내부에 안장된 유일한 부부인 피에르와 마리 퀴리 묘지 http://www.destination360.com

나는 푸코에게 "1790년 완공되어 지금이야 프랑스의 위인들이 잠들고 있는 국립묘지가 된 팡테옹이 AD 2세기 초 고대 로마에 세워진 신전인 판테온의 전신 같으며, 판테온은 BC 5세기 고대 그리스에 세워진 파르테논의 모방이 아니겠느냐"고 했다. 그는 "당연하지요. 서양 문화는 이렇게 고대 그리스와 고대 로마를 뿌리로 하여 프랑스나 영국, 독일, 스페인 등으로 확대 재생산된 것이지요."라고 명쾌하게 대답했다. 나는 '확대재생산'이라는 말이 인상적이었다. 그러니까 나폴레옹 황제의 제정 시대에 건축된 파리의 개선문도 고대 로마제국의 티투스 황제나 콘스탄티누스 황제의 개선문에서 '확대재생산' 된 것 아니겠는가? 오늘날 따지고 보면 세계적으로 개선문 하나 정도 없는 나라가 있을까 하는 생각이 들었다. 우리나라의 독립문도 개선문 양식을 하고 있다. 더 나아가 파리의 에펠탑은 이집트의 피라미드에서 '확대재생산' 된 것이 아니고 무엇이겠는가? 세계 문명의 발상이라는 랜드 마크가 피라미드라면, 프랑스대혁명 100주년인 1889년 프랑스는 파리 만국박람회에서 그 당시 세계에서 가장 높고 가장 최첨단의 건축 소재인 철을 사용하여 자국문화의 랜드 마크를 과시하고 싶지 않았겠는가? 프랑스대혁명 200주년인 1989년에는 유리피라미드를 세워서 다시 한 번 세계 문화의 중심이 프랑스로 '확대재생산' 되었음을 보여주고자 했다. 이번에도 루브르 박물관의 한 복판에 피라미드를 세우고 그 당시 건축의 최첨단 재료인 유리를 사용하여 이후 건축 소재의 세계적 모델을 보여준 것이다.

팡테옹(높이 110m, 폭 80m)은 처음에는 루이 15세가 자신이 중병에서 회복하고 난 후 신에게 감사하기 위해 성녀 주느비에브(Sainte Geneviève)에게 바치는 성당으로 건축가 자크 제르맹 수플로가 설계를 맡았다. 거대한 삼각형 박공에 그리스 후기 헬레니즘 시대 코린트 양식의 기둥과 고대 로마 양식으로 둥근 돔 모양의 궁륭을 갖춘 19세기에 유행한 전형적인 신고전주의 건축이다. 삼각형 박공의 중앙에는 자유를 상징하는 '공화국'을 재현하고, 왼쪽에는 수많은 학자(프랑수아-그자비에 비샤 등), 철학자(볼테르, 루소 등), 작가(코르네유 등), 예술가(자크-루이 다비드 등)를 재현한 '과학', 오른 쪽에는 국가의 위대한 지도자(나폴레옹 보나파르트)와 에콜 폴리테크니크 출신자들을 재현한 '역사'가 각각 조각되어 있다. 앞에서 언급한대로 처음에 성녀 주느비에브의 성궤를 보호하는 성당으로 설계되었지만 프랑스 혁명 이후 새로운 통치 체제에 의해 프랑스의 국가 영웅들을 위한 묘지로 사용되면서 팡테옹으로 불리게 되었다. 이곳에는 계몽주의 사상가 볼테르와 장 자크 루소, 소설가 빅토르 위고, 정치가 사디 카르노, 소설가 에밀 졸라, 정치가 장 조레스, 도지사이면서 레지스탕스 운동가 장 물랭, 유럽연합(EU)의 아버지라 불리는 장 모네, 물리학자 피에르와 마리 퀴리 부부, 소설가 앙드레 말로와 알렉산드 뒤마 등 현재 약 80여 명의 위대한 위인들의 유해가 안장되어 있다. 그리고 2015년 레지스탕스 운동가이며 여류 작가 제르멘 틸리옹(Germaine Tillion, 1907-2008), 드골의 조카이자 레지스탕스 운동가 주느비에브 드골 앙토니오즈(Geneviève de Gaulle-Anthonioz, 1902-2002), 정치가 장 제(Jean Zay, 1904-1944), 언론인이며 레지스탕스 지도자 피에르 브로솔레트(Pierre Brossolette, 1903-1944)(팡테옹 전면에는 이들 4명의 대형 초상화가 걸려 있다) 등 4명이 마지막으로 이장되었다.

그러나 여기에 프랑스 전직 대통령들의 유해는 없다. 샤를 드골 대통령은 팡테옹에 안장해야 한다는 여론이 높았지만 그의 유언에 따라 가족장으로 장례를 치르고 사저가 있는 프랑스 동북부의 작은 마을 콜롱베(Colombey)의 가족묘지에 묻혀 있다. 재임 중 희귀병으로 사망한 조르주 퐁피두 대통령은 파리 북쪽 그의 사저가 있던, 인구 740여 명에 불과한 조그만 마을 오르빌리에(Orvilliers)의 공동묘지에 묻혀 있으며, 14년 동안 대통령으로 재임한 프랑수아 미테랑 대통령도 자신의 고향인 프랑스 남서부의 인구 4천여 명의 작은 도시 자르나크(Jarnac)에서 영면하고 있다. 소설가 빅토르 위고의 장례식은 국장으로 치르고 팡테옹에 안장되었으나, 노벨 문학상을 수상한 알베르 카뮈는 그의 사저가 있는 남불의 조그마한 마을인 루르마랭(Rourmarin)의 공동묘지에 잠들어 있다. 세계적으로 유명한 프랑스를 빛낸 수많은 작가, 예술가, 철학자, 과학자들은 파리 시내의 페르 라셰즈 공동묘지나, 몽파르나스 공동묘지, 혹은 몽마르트르 공동묘지에 묻혀 있다. 우리나라의 국립묘지에는 전사한 군인들, 전직 대통령, 애국지사, 국가 유공자 등은 말할 것도 없고 12.12 군사반란자들, 친일 반민족 인사들의 유해도 안장되어 있다고 한다. 어떻게 이런 일이 일어나는지, 국립묘지 관리의 후진성을 드러내는 것이 아닌가 한다. 1976년에 사망한 앙드레 말로는 1996년에, 1870년에 사망한 알렉상드르 뒤마는 2012년에야 각각 그들의 유해가 팡테옹으로 이장되었고, 장 제는 1944년, 제르멘 틸리옹은 2008년에 각각 사망했지만 2015년에 이장된 사례인데, 누구나 인정하는 대상자를 선정하는 데 국민적 공감대가 형성돼야 한다는 것이다.

앙리 4세 고교와 클로비스 탑, 내부 전경
http://static.panoramio.com

나는 이미 팡테옹을 여러 번 방문한 적이 있었고 우리에게 시간이 얼마 남아 있지 않아 잠시 주변을 둘러보기로 했다. 내가 푸코가 바로 여기, 팡테옹에서 지구 자전 실험을 했던 곳 아니냐고 했다. 그는 그 푸코는 100여 년 전 푸코의 진자로 유명한 물리학자이자 천문학자인 레옹 푸코(Léon Foucault, 1819-1868)이지 이 미셸 푸코가 아니라고 하는 바람에 우리는 한바탕 크게 웃었다. 우리가 팡테옹 건물의 뒤를 돌아갈 때 높이 솟은 클로비스 탑이 보이는 건물을 가리키며, 나는 그에게 당신의 어린 시절 푸아티에에서 파리로 전학 와서 다닌 명문 앙리 4세 고교가 아니냐고 했다. 그는 여기 지리를 잘 아시는 군요 한다. 그때 내가 이 학교 뒤쪽에 한국 식당이 있는데, 한국 요리 맛보지 않겠느냐고 슬쩍 물어보았다. 그는 아주 흔쾌히 좋다고 대답했다. 그래서 우리는 앙리 4세 고교 앞 클로틸드 가(Rue Clotide), 레스트라파드 가(Rue de l'Estrapade)를 따라서 블랭빌 가(Rue Blainville) 6번지에 있는 한림 식당을 찾아갔다.

8월 4일

오늘은 파리 일정의 마지막 날이다. 오전에 아랍세계연구소(Institut du Monde Arabe, IMA)를 방문할 계획이다. 2013년부터 IMA의 소장을 맡고 있는 자크 랑과 약속이 있기 때문이다. 그는 미테랑 대통령 임기 14년 중 10년 동안 최장수 문화부 장관을 지냈던 인물이다. 나는 유학시절 매일 저녁 정치인들을 우스꽝스럽게 패러디한 TF1의 마리오네트 '베베트 쇼'(동물 인형 쇼)에서 염소로 나오는 그를 자주 본적이 있어 친숙하다. (미테랑 대통령은 자신을 신(神)으로 불러

달라고 하는 개구리로, 동거정부의 총리인 자크 쉬라크는 화를 잘 내는 독수리로, 공산당 당수인 조르주 마르셰는 돼지로, 극우 정당 국민전선 당수는 바다코끼리로 등장한 기억이 난다.) 그리고 2009년 6월 그는 외규장각 도서를 들고 한국을 방문한 적도 있다.

내가 자크 랑을 찾는 이유는 미테랑 대통령 시절 1981년 5월부터 1984년 7월까지, 1984년 12월부터 1992년 4월까지 10년 동안 문화부 장관을 지냈는데, 특히 1988년 문화부를 문화·통신·대역사(大役事) 및 프랑스대혁명 200주년 기념부로 바꾸고, 그가 혁명 200주년 기념사업의 일환으로 파리 전역에 대규모 공공건축물을 건립하는 '그랑 프로제'(일명 '미테랑 프로젝트'라고 한다)를 맡았기 때문이다. 그랑 프로제에 따라 세워진 건축물들은 오르세 미술관, 루브르 박물관의 유리 피라미드, 라데팡스의 그랑 다르슈, 라 빌레트 공원과 음악당 및 산업과학관, 아랍세계연구소, 오페라 바스티유 극장, 국립도서관, 재무부 청사 등이다. 내가 관심을 가지고 있는 라데팡스의 그랑 다르슈와 우리나라 정명훈이 초대 음악감독 겸 지휘자를 맡았던 오페라 바스티유 극장에 대해 알고자 한다면 그를 먼저 만나보는 것이 순서일 것 같았다.

오늘도 이동 거리가 만만찮고 신속하게 이동해야 할 것 같아서 차를 몰고 나갔다. 아랍세계연구소는 이슬람의 전통 문양과 유리, 철, 알루미늄 소재로 건축된 10층 건물로, 멀리서도 눈에 확 뜨이는 직육면체와 곡선형태의 현대식 외관을 가지고 있다. 세느 강의 생 루이 섬 가장 동쪽 끝에 위치한 쉴리 다리를 건너면 바로 IMA광장이 나온다. 나는 차를 주차하고 건물 안으로 들어갔다. 1층에 카페 '리테레르'가 있는데, 아직 오전 10시 반인데도 제법 많은 사람들로 북적거리고 있었다. 나는 카페의 한쪽에 자리 잡고 앉아 있는 자크 랑을 한 눈에 알아보았다. 제법 연세가 들어 보였다. 1939년생이니까 올해 76세다. 50대 전후의 한창 때 스마트한 그를 보았던 시절을 생각하면 세월이 그도 비켜가지 못했구나 하는 느낌이 들었다. 내가 그에게 다가가 미소를 지으면서 "봉주흐, 머시외 미니스트르"(안녕하세요, 장관님)라고 인사를 하자, 악수를 하면서 나를 반갑게 맞이한다. 참고로 그는 프랑스 정·관계에서도 한국에 대해 잘 알고 한국을 잘 이해하고 있는 지한파, 친한파로 알려져 있다. 그 특유의 굵은 목소리가 굉장히 매력적이다. 그리고 달변가는 아니지만, 천천히 솔직하고 정확하게 전달하는 말

세느 강의 생 루이 섬을 연결하는 쉴리 다리 건너편에 있는 아랍세계연구소는 직선과 곡선이 조화를 이루는 현대식 외관을 하고 있다.
http://www.picturalissime.com

투를 가지고 있다는 것을 나는 익히 알고 있다. 내가 자리에 앉자마자 그는 이 건물 9층에 파리의 파노라마가 다 보이는 레스토랑 '르 지리아브(Le Ziriab)에 가려다가 거기는 12시에 개장하고, 역시 9층에 있는 카페 '셀프'도 11시에 문어 열어 여기 1층에 약속 장소를 정했다고 친절하게 설명해 주었다. 나는 여기가 참 좋다고 맞장구를 쳤다.

나는 우선 여기 아랍세계연구소도 그 당시 당신의 '그랑 프로제'에 따라 건축된 것인데, 엄청난 대역사업을 어떻게 추진해 나갔는지, 존경스럽고 대단하다고 했다. 그는 이 프로젝트가 단순히 토목 · 건축 개발 사업이 아니라, 전통과 현대의 조화를 통해 문화대국 프랑스를 상징하는 대사업이었다고 회고했다. 그러면서 문화는 정책이며, 예산, 인재, 아이디어, 실천의지 등이 뒷받침되어야 한다고 했다. '그랑 프로제'는 철저하게 국제 공모 방식을 통해 건축물의 진취적이고 도전적인 가치에 방점을 둔 것이라고 덧붙였다. 그 결과 국립 도서관의 도미니크 페로, 라 빌레트 공원의 베르나르 추미, 아랍세계연구소의 장 누벨 등 30대에다 거의 무명에 가까운 건축가들이 나올 수 있었다는 것이다. 나는 또 그에게 1982년부터 개최돼 온 '음악 축제'에 대해서도 얘기를 끄집어냈다.

자크 랑은 문화에 대한 조예가 대단히 깊고 아이디어가 정말 풍부한 분으로 알려져 있다. 그는 대중예술과 고급예술의 경계를 없애고 그 문턱을 낮춘 장관으로 유명하다. 1982년부터 매년 6월 21일이면 누구라도 거리에 나와서 음악을 즐기

아랍세계연구소 Institut du Monde Arabe

미테랑 대통령의 '그랑 프로제'로 진행된 건축물 중 가장 규모가 작지만 혁신적인 건축물이다. 현대 건축가 누벨Jean Nouvel, 소리아Pierre Soria, 르즈네즈Gilbert Lezenése가 공동 설계하였고 1981년 착공하여 1987년 완공되었다. 아가 칸Aga Khan 건축상을 수상했으며 아랍식 퐁피두센터로 불리기도 한다.

연구소의 북쪽 외관은 반달형의 매스에 글라스월glass wall로 되어있으며 마주하는 스카이라인과 강 건너 파리의 모습을 비춘다. 남쪽은 직방형 매스로 1960년대 중반에 설계된 쥐시외대학Jussieu Université과 연구소를 이어주는 대광장을 향하고 있다. 또한 빛에 자동으로 반응하는 27,000여 개의 조리개판과 242개의 그릴로 된 창이 있는데 전통적인 격자문양인 아랍의 무샤라비에Moucharabieh의 패턴을 재해석하여 만든 것이다. 이런 장치들은 유리, 알루미늄, 철 등의 하이테크 건축 재료와 함께 외관의 디자인을 드러내며 현대적인 아랍의 건축양식을 느끼게 해 준다. 곰

는데, 도시의 공간, 거리 곳곳이 무대가 되고 공연장이 된다. 아마추어와 프로, 전통과 현대가 어우러지고, 재즈, 락, 팝, 클래식의 장르 구분도 없으며, 모두가 음악의 주체가 되고 관객이 된다. 바로 그가 고안한 거리음악축제에 대한 이야기다. 그의 아이디어로 시작했을 당시만 해도 누구도 예상하지 못할 만큼 큰 호응을 얻은 이 음악 축제는 프랑스 전역으로 확산된 것은 물론이고 전 세계로 파급되어 2015년에는 120여 개국이 참여하는 세계적인 음악축제로 자리 잡았다. 이 축제가 성공을 거둘 수 있었던 것은 정부에서 축제가 상업적으로 변질되지 않도록 노력하고, 소외되어 있는 예술가들을 축제의 중심으로 끌어 들이고 그들에게 자유롭게 표현할 수 있도록 '판'을 깔아주었다는 것이다. 그리고 예산은 지원하되 간섭은 하지 않는다는 기본 원칙을 지켰다는 점이다.

아랍세계연구소의 건축 배경을 그로부터 직접 듣고 싶었다. 그는 '하나의 프랑스'를 위한 통합 차원이었다고 솔직하게 대답했다. 19세기부터 프랑스의 식민지 국가들이었던 이슬람권으로부터 수많은 아랍인들이 유입됨으로써 그들의 문화를 프랑스에 동화시키고자 하는 정책이 한계에 이르렀다고 했다. 연구소 건립을 통해 아랍 문화를 올바르게 알리고 그들과 관계를 개선하고 유대를 강화하기 위해 프랑스 정부가 알제리, 이집트, 모로코, 사우디아라비아, 수단, 요르단, 팔레스타인 등 20개국의 아랍 국가들과 협력하는 계기로 만든 것이다. 이제 IMA는 명실 공히 프랑스뿐 아니라 서구 유럽과 아랍의 만남의 공간으로서 역할을 다하고 있으며, 두 문화가 서로 공유하고 화합할 수 있도록 자신도 최선을 다할 것이라고 덧붙였다.

나는 그에게 연구소 건물을 둘러보고 그랑 프로제의 또 다른 건축물인 오페라 바스티유와 라데팡스의 그랑 다르슈를 찾아가봐야 한다고 말하면서 자리에서 일어났다. 파리 뮤지엄 패스를 보여주니 그냥 들어 갈 수 있었다. 연구소의 7층부터 4층까지 내려오면서 관람하게 되어 있는 9세기부터 19세기에 이르는 이슬람 미술품들과 서구 문화와의 교류를 보여주는 다양한 유물들을 찬찬히 구경하고 밖으로 나왔다. 여기에서 가까운 곳에 있는 오페라 바스티유 극장을 먼저 가보기로 했다. IMA에서 나와서 아까 타고 왔던 쉴리 다리를 다시 건너 앙리 4세 대로를 직진해서 따라가면 바스티유 광장이 나온다. 오페라 바스티유 극장은 광장 바로 앞에 있다. 앞에서 자크 랑이 설명했던 것처럼 오페라 바스티유

바스티유 오페라 극장 Opéra de la Bastille

캐나다 건축가 오트Carlos Ott가 설계한 현대식 오페라 공연장으로 '신 오페라극장'으로 부르기도 한다. 공사는 1984년 시작되어 1989년 7월 14일 개장되었다.

발코니 구조로 설계된 3개의 극장과 11개의 연습실로 이루어진 이 거대한 건축물은 알루미늄과 유리로 된 독특한 외관을 가지고 있다. 1990년 3월 17일 정식으로 열린 첫 공연은 베를리오즈Hector Berlioz의 <트로이 사람들Les Troyens>이었는데 지휘자 정명훈鄭明勳이 음악 총감독을 맡았다. 공연장이 완공된 이후 시민들은 예전의 절반 가격에 오페라를 감상할 수 있게 되었고 오페라가 귀족이나 일부 상류층만 즐기는 문화라는 편견이 점차 사라지게 되었다. 프랑스 오페라의 대중화에 기여했다는 평을 받고 있다. 공

도 그랑 프로제의 일환으로 프랑스혁명 200주년을 기념하여 1989년 세워진 현대식 오페라 극장이다. 역시 국제 공모로 선정된 캐나다 출신의 30대 건축가 카를로스 오토의 작품으로 정면을 반원형의 곡선과 기하학적 직선으로 구성하고 있는데, 남불의 아를이나 오랑주, 님 등을 여행하면서 많이 봤던 마치 고대 로마 원형 경기장의 외부를 현대식으로 재현한 것처럼 보였다. 1875년에 완공된 오페라 가르니에가 고전 오페라와 발레를 주로 공연하는 반면에, 오페라 바스티유는 현대적 대중 오페라를 공연하는 것으로 그 역할을 분담하고 있다. 바스티유 감옥이 있던 역사적인 자리에 들어선 오페라 바스티유는 오페라 가르니에처럼 화려한 조각 장식으로 광장을 압도하는 기념비적인 것을 거부하면서 기존 도시의 한 일부 속에 스며들어 있는 느낌을 준다. 또한 홀이 지하철 출입구와 연결되고 내부의 일부분이 상가로 활용되어 시민들의 일상생활에 노출된 새로운 개념의 오페라 극장이 아닌가 한다. 오페라 바스티유의 수용 객석은 2,745석 규모로 세계 최대 수준을 자랑한다. (시드니 오페라의 콘서트홀은 2,679석이며, 볼쇼이 극장은 1,720석이다. 세계 최대 규모는 3,800석을 수용하는 뉴욕의 메트로폴리탄 오페라 극장이다.) 1989년 오페라 바스티유의 초대 음악감독과 상임지휘자로 임명된 우리나라 정명훈은 1994년 모든 음악적 결정권을 극장의 사장에게 양도하고, 연봉을 절반 수준으로 삭감하며, 계약 조건을 단축하는 문제 등으로 정치적으로 이슈화되면서 사임하는 스캔들이 일어나기도 했다. 나는 오페라 극장의 정문 앞 계단에서 잠시 앉았다. 발바닥에 피로가 몰려왔다. 내 옆에서 삼삼오오 모여 이야기를 나누는 사람들도 있었고 스마트 폰에 열중하는 사람들도 보였다.

바스티유 광장에서 차를 몰고 파리의 제1구 가장 중심도로인 리볼리 가(Rue de Rivoli)로 들어섰다. 루브르 박물관과 튈르리 공원을 왼쪽에 두고 이어지는 리볼리 가는 콩코르드 광장까지 연결되고, 콩코르드 광장에 있는 '강의 분수'와 오벨리스크 탑을 왼쪽에 두고 오른쪽으로 돌면 샹젤리제 대로를 연결하는 개선문

고대 로마 원형 경기장을 현대적 개념으로 재현한 오페라 바스티유 외관 © 곽동준 오페라 바스티유의 내부 객석 http://i0.wp.com

까지 일직선으로 시원하게 뻗어 있다. 차를 몰고 개선문의 샤를 드골 광장에 들어서면 신호등이 없는 12갈래의 방사선 도로가 나타난다. 일종의 원형 교차로인데, 프랑스에서는 롱 푸앵(rond point)이라고 한다. 프랑스에서 자동차로 여행하다보면 교차로에서 신호등이 없는 이런 롱 푸앵이 자주 나타난다. 신호등이 없는 12갈래의 복잡한 도로에서 운전자가 지켜야 하는 한 가지 교통규칙이 있는데 그것은 바로 '진입 차량 우선권'(Vous n'avez pas la priorité 혹은 Cédez le passage)이다. 아무리 복잡한 회전 교차로에서도 왼쪽에서 먼저 진입한 차를 보고 양보하면서 자신이 갈 길을 타고 가면 자동차들이 물 흘러가듯 달려가는 것을 보고 처음에는 너무나 신기했다. 나는 샤를 드골 광장에서 핸들을 잡고 왼쪽에서 달려오는 자동차들을 보면서 여섯 번째 대로인 그랑 타르메 가(Avenue de la Grande Armée)로 접어들었다. 콩코르드 광장에서 쭉 뻗은 샹젤리제대로가 개선문을 지나 그랑 타르메 가로 직선으로 연결해 준다. 그리고 그랑 타르메 가를 따라가면 포르트 마이요 광장이 나타나고, 광장을 직선으로 이어주는 샤를 드골 가를 다시 직선으로 연결하는 세느 강의 퐁 섬(île du Pont)을 지나면 바로 라데팡스에 도착한다. 말하자면 콩코르드 광장에서 시작하는 일직선 도로가 라데팡스에서 끝나는 셈이다. 라데팡스에서 지상의 도로는 모두 지하로 연결되어 있기 때문이다.

여기는 파리처럼 고색창연한 건물이라고는 하나 없이 완전 현대식 초고층 건물들로 건설된 신도시 라데팡스이다. 소외된 지역을 활성화하고, 도로망을 재구축하며, 주거 및 상업 단지를 건설하면서 사무실로 포화상태인 파리의 상황을 완화시켜줄 수 있는 라데팡스 개발 프로그램에 따라, 1958년 CNIT(국제산업기술센터)의 건설을 시작으로 30여년에 걸쳐 완성했다고 한다. 버스, 택시, 승용차, 지하철 등 모든 교통수단은 말한 것도 없고, 전기, 가스, 수도 등의 설비 시설도 지하로 연결하고 설치해서 지상에는 사람들만 다닐 수 있는 매연과 소음이 없는 이상적인 도시를 설계한 것이다. 흔히 고층빌딩의 숲을 이루고 있는 현대적 도시와 달리 외관에서부터 예술적 감각을 살린 건물들이 즐비하고 고층 빌딩들 사이로 녹지 공간을 만들어 도시의 삭막함과 무미건조함은 거의 느낄 수 없는 곳이다. 거기다 상업시설과 주거시설이 적절히 조화를 이루고 있어 수많은 현지인들과 관광객들이 항상 붐비는 것도 도시에 생기를 주고 활력이 넘치게 만드는 요인이다. 특히 20세기를 관통하는 초현실주의, 추상미술, 개념 미술, 신사실주의의 유명한 예술가들 미로, 세자르, 칼더, 야코브 아감, 타키스, 리차드 세라 등 69점의 조각 작품들이 야외 공간에 설치되어 볼거리를 더해 준다.

나는 편리한 지하 주차장에 차를 주차하고 에스컬레이터를 타고 라데팡스 광장으로 올라왔다. 광장의 끝에 있는 라데팡스를 대표하는 '미테랑 프로젝트'의 기념물 그랑 다르슈를 보기 위해서다. 프랑스대혁명 200주년에 맞추어 1989년에 완공되었는데, 덴마크 건축가 오토 폰 스프레켈슨은 완공을 2년 앞두고 애석하게도 1987년 사망했다고 한다. 나는 10여 년 전 개선문 전망대에서 너무나 큰 기념물을 보고 호기심에 온 적이 있는데 이번에 다시 찾아오게 된 것이다. 모더니즘 미학의 정수를 보여주면서 라데팡스의 랜드 마크가 된 그랑 다르슈는 파리의 중심인 세느 강 시테 섬에 있는 노트르

라데팡스 La Défence

파리 중심에서 서쪽으로 8㎞ 정도 떨어진 곳으로, 라데팡스개발공사EPAD가 1958년부터 계획적으로 건설한 부도심이자 경제개발구역이다. 파리 시내가 오스만 시대의 19세기 건물이 주를 이루는 반면 라데팡스는 앞으로 수용해야 할 새로운 건축을 시험해보고 만들어가는 장소라고 할 수 있다. 이 방식의 가장 큰 특징은 인공지반으로 불리는 데크Deck를 만들어 빌딩과 빌딩 사이를 동일공간으로 연결시키는 데 있다. 데크 위에는 광장과 공원 등을 조성하여 보행자를 위한 공간을 만들고 아래에는 버스, 택시, 승용차 등을 위한 공간이 만들어졌다. 이렇게 대단위 지역을 고층, 고밀도로 개발할 때 건물을 비롯해 지하철, 주차장, 일반교통, 보행공간 등을 체계적으로 배치하는 기법을 '라데팡스식 복합개발'이라고 부른다.

후안 미로 <거인>

칼더 <안정>

타키스 <조각 분수>

세자르 <엄지 손가락>

http://www.homeinladefense.com

라데팡스의 그랑 다르슈와 8km에 이르는 직선대로로 연결되는 샤를 드골 광장의 개선문
http://objectwebcon06.objectweb.org

담 대성당에서 시작하여 루브르 박물관, 카루젤 개선문, 콩코르드 광장의 오벨리스크, 샹젤리제대로, 나폴레옹 개선문과 일직선상에 놓여 있는 프랑스의 상징 축이다. 멀리서 보면 하얀 대리석에 가운데가 뻥 뚫린 반투명 유리로 된 단순한 직육면체처럼 보이는데, 가까이 와서 보면 어마어마한 크기와 외관에 입을 벌리지 않을 수 없다. 그랑 다르슈는 높이 112m, 폭이 107m에 이르는데, 샤를 드골 광장 개선문의 두 배 크기라고도 하고 그랑 다르슈 안에 개선문이 들어갈 정도의 크기라고도 한다. 나는 처음 왔을 때처럼 그랑 다르슈 쪽으로 자석에 빨려들 듯 많은 사람들 틈에 끼여 발길을 옮기고 있었다.

계단 앞으로 다가가자 그랑 다르슈 가운데 공중에 떠 있는 하얀 천막은 구름처럼 보였는데 그 크기가 어마어마했다. 그리고 양쪽에 벌집 모양의 수많은 사각형들은 프랑스 주요 기업들과 다국적 기업들의 사무실, 전시장, 회의장으로 사용되고 있다고 한다. 또 세계인권보호협회와 박물관이 자리한 꼭대기 층에는 여러 개의 전망 엘리베이터로 방문객들이 올라가서 파리의 파노라마를 감상할 수 있지만 입장료 10유로에 그만 포기하고 말았다. 나는 다른 사람들처럼 계단에 서서 그랑 다르슈의 반대쪽으로 눈을 돌리니 8km의 일직선상에 놓여 있는 샤를 드골 광장의 나폴레옹 개선문이 뚜렷이 눈에 들어왔다.

더위도 피하고 쇼핑도 할 겸 라데팡스 지하철 역에서 가까운 복합쇼핑센터인 레 카트르 탕(Les Quatre Temps)으로 들어갔다. 상가의 복도 가게에서 바닐라 아이스크림을 하나 사서 손에 들었다. 상가 여기저기 들어갔다 나왔다 하면서 한참을 돌아 다녔다. 이리저리 다니면서 마음속에 두었던 유사한 물건의 디자인과 가격을 꼼꼼하게 비교해서 구입하는 나의 쇼핑 습관 때문이다. 마침내 마음에 드는 스카프를 하나 고르고 계산을 하고 나왔다. 그리고 차를 몰고 호텔로 돌아왔다. 샤워실에 들러 땀과 피로로 얼룩진 온 몸을 씻어냈다. 오늘 저녁은 호텔 가까운 터키 레스토랑에 들러 부드러운 양고기 구이에 맥주 한 잔하고 들어올 생각이다.

지은이

원윤희 부산대학교 독어교육과 전임대우강사

정인모 부산대학교 독어교육과 교수

조관연 부산대학교 한국민족문화연구소 HK교수

장세룡 부산대학교 한국민족문화연구소 HK교수

신지은 부산대학교 사회학과 교수

곽동준 부산대학교 불어불문학과 강사

공윤경 부산대학교 한국민족문화연구소 HK교수

부산대학교 한국민족문화연구소 로컬리티 교양총서 6
역사 속 인물과 함께하는 세계기행_세계의 도시를 가다 1
베를린과 파리

초판 1쇄 인쇄 2017년 4월 24일
초판 1쇄 발행 2017년 4월 28일
지은이 원윤희, 정인모, 조관연, 장세룡, 신지은, 곽동준, 공윤경
엮은이 부산대학교 한국민족문화연구소
펴낸이 전호환
펴낸곳 부산대학교출판부
등록 제카 11-2 1992. 9. 10.
주소 부산광역시 금정구 부산대학로 63번길2(장전동) **전화** (051) 510 - 1932~3 **전송** (051) 512 - 7812
홈페이지 https://press.pusan.ac.kr/ **전자우편** pnupress@pusan.ac.kr

ISBN 978 - 89 - 7316 - 550 - 6 04920 값18,000원
ISBN 978 - 89 - 7316 - 549 - 0 04920 (세트)

이 저서는 2007년 정부(교육과학기술부)의 재원으로 한국연구재단의 지원을 받아 출판되었음(NRF-2007-361-AL0001)

이 도서의 국립중앙도서관 출판예정도서목록(CIP)은 서지정보유통지원시스템 홈페이지(http://seoji.nl.go.kr)와
국가자료공동목록시스템(http://www.nl.go.kr/kolisnet)에서 이용하실 수 있습니다.(CIP제어번호: CIP2017010371)